Currency Power: Competition between the United States and Europe

币权竞争

——美欧间的强者博弈

刘明礼 ◎ 著

时事出版社

图书在版编目（CIP）数据

币权竞争：美欧间的强者博弈/刘明礼著．—北京：时事出版社，2017.10
　　ISBN 978-7-5195-0118-1

　　Ⅰ．①币… Ⅱ．①刘… Ⅲ．①货币—经济竞争—研究—世界 Ⅳ．①F821.6

中国版本图书馆CIP数据核字（2017）第213761号

出 版 发 行：时事出版社
地　　　　址：北京市海淀区万寿寺甲2号
邮　　　　编：100081
发 行 热 线：（010）88547590　88547591
读者服务部：（010）88547595
传　　　　真：（010）88547592
电 子 邮 箱：shishichubanshe@sina.com
网　　　　址：www.shishishe.com
印　　　　刷：北京朝阳印刷厂有限责任公司

开本：787×1092　1/16　印张：16.75　字数：225千字
2017年10月第1版　2017年10月第1次印刷
定价：85.00元

（如有印装质量问题，请与本社发行部联系调换）

序一

刘明礼博士的《币权竞争——美欧间的强者博弈》一书，是在其博士论文的基础上，经过反复打磨、充实改写而成的，值得一读。

刘博士首创了"币权竞争"概念并运用于美欧关系的深入研究之中，主要贡献在于揭示了当今世界强国对"金融化的国家利益"的争夺及其背后的作用机理，角度独到、剖析深刻。

作为国家高端智库的研究骨干，刘明礼同志在中国现代国际关系研究院欧洲研究所的工作任务重、责任大，在职期间攻读博士学位并以货币权力为研究方向，属于典型的"自我加压"行为。这项研究劳心费力，很是折磨人。但他以韧劲为桨、以勤勉作舟，终于克服困难、完成写作，还得到了论文评审委员和答辩委员的一致肯定，可喜可贺。

作者自我定位的写作目的是从理论、历史和现实的角度，力求展示一个美欧币权竞争的画面，洞见美欧币权竞争的未来，并对当代中国有所启示。我以为，这一目标任务完成得很好，相信读者看完这本书之后，会与我有同感。

是为序。

陶　坚
（国际关系学院院长）
2017年7月1日

序二　币缘政治的枢纽

币缘是以货币为媒介形成的社会关系，币缘政治是这种社会关系在政治领域的体现。在现代资本主义世界体系的框架下，基于国际货币体系的全球币缘，集中体现了不同国家的利益关系，决定着国家在国际社会中的权力地位。作为国际政治领域的重要现象，币缘政治引起并推进了近代以来全球社会各领域的深刻变化，对世界秩序的形成与运行产生了广泛而深远的影响。权力历来是政治的枢纽。币缘政治与所有政治一样，其核心都是权力。由谁及如何控制币权，是币缘政治的核心。

在全球金融化时代，币权是理解和把握当代国际政治的关键。作为控制及影响当代世界体系的一种权力，币权是关键货币国家和世界性金融机构通过全球货币体系的设计和运行掌控的权力。币权控制着全球货币体系、金融市场和资本流动，是金融资本集团影响世界经济体系运行和利益分配的权力，是金融全球化时代的新权力。它是一个国家或国家联盟的货币，能够有效排除其他实体限制、实现自由流通的强制性力量。与传统权力相比，币权在权力的主体、要素、结构以及使用方式等方面都发生了重大变化。刘明礼博士在其新著《币权竞争——美欧间的强者博弈》一书中，提出币权在国际关系领域的主要表现形式包括：主导国际货币体系、干扰他国货币稳定、影响他国政治与安全政策、威胁国际货币体系。币权的这些表现，实际上构成了当代国际政治中的"四大权力"。他的研究，极大推进了人们对币权的认识，把对币缘政治的研究引入到币权的关键点上。

在当下的世界，美国控制的美元体系与欧盟控制的欧元体系是世界币权的主要控制者。他们拥有着对世界金融机构的控制权，形成了对全球金融霸权的寡头垄断。然而，《币权竞争》一书揭示了美欧两强之间的币权博弈。在作者看来，欧元自诞生起，就是美元"唯一的竞争对手"。也因此，美欧之间围绕币权进行着长期、激烈的竞争。长期以来，这种竞争是要维持世界经济和政治棋盘不被打翻的博弈，因而是有限度和有底线的竞争。在特朗普总统上台后，美欧关于币权的博弈进入更为紧张的时期，是否能够避免发生全面的政治对抗还有待于进一步观察。

币缘政治博弈的焦点，就在于对币权的独占还是分享。美国作为世界经济的主导国家，希望能够独占币权，享有金融全球化带来的利益。同为虚拟经济国家的欧洲发达国家，则主张分享全球金融利益。美欧虚拟经济国家之间对全球金融利益的争夺，是币缘政治博弈中的主要矛盾。资本的本能使这一矛盾难以调和，美欧币权竞争必然日趋激化。

作为资本主义世界体系边缘地带的实体经济国家，如何保持金融体系的独立性、保持能够服务于生产和实体经济的金融体系是最重要的经济和政治问题。从公平的价值出发，合理的币权观应该是对币权的分享——从被单一大国独占或被发达国家集团占据，转向由世界各国分享。与资本商议分享，相当于与虎谋皮。这揭示出币缘政治的一个大难题——如何控制资本。让资本从属人们的生活，服务于直接生产的实体经济，而不是成为经济和社会的异己力量、成为支配世界的主宰，这是币缘政治需要解决的核心问题。

实际上，2007年起在美国和欧洲爆发的金融危机，就是金融资本全球逐利的政治经济后果。它意味着，不受监督和制衡的币权与所有绝对权力一样，绝对会引发世界性的金融腐败和危机，还将导致货币体系的瓦解和全球动荡。绝对权力导致绝对的腐败，失衡的币权意味资本力量的绝对扩张，这无疑会带来对人、社会、国家与世界秩序的致命性侵害。币权过于集中于美国和发达国家，世界其他国家和国际组织对美欧的金融权力缺少约束，导致币权领域的全球权力结构失衡，这是全球危机不断爆发的政治原因。

金融全球化是金融资本控制世界的过程，就全局而言，它已经成为一个现实，无论人们喜欢或不喜欢，它都是一个现实。现在的问题是，人们如何才能改变这一现实。建立合作性的币缘秩序，走向制度化的币权分享应是币缘政治进程的发展方向。而解决这一问题的逻辑顺序是，先认识它，再重塑它。在大工业时代诞生的地缘政治思想，契合了主权国家是资本积累空间的时代特征，因而引领了百年国际政治的行动与思考。在全球金融化时代，国家不再只是空间存在，其力量与利益形态更多具有了币缘特征。中国学者率先提出的币缘政治学说，对认识、理解和解决当代的世界性问题具有重要的启示作用。

《币权竞争——美欧之间的强者博弈》是研究币缘政治的一部专著，它对人们认识和理解币缘与币权，对未来世界政治经济秩序的建构，具有重要的认识论和方法论价值，因而值得我们认真研读。

王湘穗

（北京航空航天大学教授、战略问题研究中心主任）

2017年6月28日

目 录

引论：对币权问题的思考 1
 一、当今时代的呼唤 1
 二、站在巨人的肩膀上 5
 三、写作思路与方法 19
 四、探索与局限 21

第一篇　理论探讨

第一章　货币与权力 27
 一、主导国际货币体系 29
 二、干扰他国货币稳定 34
 三、影响其他国家政治与安全政策 37
 四、威胁国际货币体系 40

第二章　币权与国家实力 43
 一、经贸实力 44
 二、金融实力 45
 三、政治、军事和外交实力 48

第三章　币权与国家战略 50
 一、完善机制 51
 二、培育市场 51
 三、外交干预 52

四、适时调整 53

第二篇　历史回顾

第四章　布雷顿森林体系与美元霸权建立 61
一、美英竞争与布雷顿森林体系的建立 61
二、美法竞争与布雷顿森林体系的解体 65

第五章　欧元诞生对美元的冲击 67
一、欧元诞生是美欧币权竞争的产物 67
二、欧元的成就及对美元霸权的冲击 72
三、欧元的国际角色 77

第六章　美国对欧元的态度 80
一、质疑与警惕 80
二、防范与遏制 83
三、外交打压 85
四、合作维持经济稳定 87

第七章　欧元区对美元的政策 90
一、欧洲央行致力物价稳定 90
二、与美元展开"静悄悄竞争" 93

第三篇　现实观察

第八章　金融危机与美元地位 99
一、金融业元气大伤 99
二、实体经济遭到重创 100

三、外交与安全受到挑战 ………………………………… 101

第九章　美国借打压欧元转移风险 ……………………… 103
　　一、美国金融机构做空欧元 ……………………………… 103
　　二、美国政府拒绝欧金融改革要求 ……………………… 105
　　三、评级机构打压欧洲 …………………………………… 106
　　四、美国舆论唱衰欧元 …………………………………… 109

第十章　对欧元的冲击 …………………………………… 111
　　一、国际储备份额下降 …………………………………… 112
　　二、"锚货币"势力范围缩减 …………………………… 113
　　三、全球金融交易份额下降 ……………………………… 116
　　四、系统性风险上升 ……………………………………… 117

第十一章　欧元区的政策回应 …………………………… 120
　　一、欧元区运行机制改革 ………………………………… 120
　　二、紧缩政策与福利体制改革 …………………………… 123
　　三、欧洲央行政策调整 …………………………………… 127
　　四、挑战美国评级霸权 …………………………………… 129

第四篇　规律总结

第十二章　美欧币权竞争的性质 ………………………… 135
　　一、美国追求的目标 ……………………………………… 135
　　二、欧洲追求的目标 ……………………………………… 136
　　三、美欧竞争中的矛盾点和互补性 ……………………… 139

第十三章　美欧币权竞争的方式 ……………………… 143
   一、通过完善自己提升市场竞争力 ……………… 143
   二、通过外交手段影响第三方行为 ……………… 146
   三、通过直接交锋压制对手 ……………………… 148

第十四章　美欧币权竞争的前景 ……………………… 149
   一、竞争的边界 …………………………………… 149
   二、信息化的影响 ………………………………… 152
   三、可能的冲突点 ………………………………… 154
   四、最可能的态势 ………………………………… 157

第五篇　影响分析

第十五章　美欧政治关系 ……………………………… 163
   一、国际金融体系改革的主导权之争 …………… 164
   二、对新兴国际金融机构的影响权竞争 ………… 165
   三、与中东经贸合作的主导权竞争 ……………… 165
   四、国际评级市场主导权争夺 …………………… 166

第十六章　美欧经贸往来 ……………………………… 168
   一、贸易发展 ……………………………………… 168
   二、投资情况 ……………………………………… 170
   三、政府合作 ……………………………………… 172

第十七章　美欧安全合作 ……………………………… 176
   一、负面影响 ……………………………………… 176
   二、总体合作 ……………………………………… 178

第六篇 展望未来

第十八章 "反全球化"与美欧币权竞争 …………… 185
- 一、"反全球化"及其最新发展 ………………… 185
- 二、"反全球化"对全球化的影响 ……………… 190
- 三、"反全球化"时代的币权竞争 ……………… 193
- 四、"反全球化"折射出的其他问题 …………… 197

第十九章 德国重新崛起与美欧币权竞争 …………… 202
- 一、步履蹒跚的欧洲 ……………………………… 202
- 二、活力焕发的德国 ……………………………… 206
- 三、货币权力的转移 ……………………………… 208

第二十章 人民币国际化与美欧币权竞争 …………… 214
- 一、中欧货币合作快速进展 ……………………… 214
- 二、动力来自客观需求 …………………………… 218
- 三、规划未来与规避风险 ………………………… 223

结语 …………………………………………………… 229
- 一、主要结论 ……………………………………… 229
- 二、新的思考 ……………………………………… 236

参考文献 ……………………………………………… 239

后记 …………………………………………………… 251

引论：对币权问题的思考

我们生活在一个货币化的时代，货币的影响无所不在。不论是个人生活、企业经营，还是国家发展，乃至参加战争，都离不开与货币打交道。货币是国家主权的重要象征，是国家权力的重要组成部分。无论对哪个国家来讲，政府要想国家稳定，都必须牢牢掌握控制与货币相关的权力，比如确定本国的货币制度、货币发行数量、利率水平、汇率机制等等。但币权不仅存在于一个主权国家范围内，更是一种超越国家主权的权力。有些国家享有"嚣张的特权"，可以借此对其他国家施加影响；有些国家的货币主权则被侵蚀，导致在国际事务中处于被动地位，甚至国内政策也被左右。币权已经成为国家间竞相追逐的目标。

一、当今时代的呼唤

对于国家（国家集团）间围绕货币权力采取的竞争行为，可以称之为"币权竞争"，其中既包括货币权力的争夺、维系，也包括货币权力的运用。本书就币权竞争问题展开论述，离不开当今的时代背景。或者说，时代呼唤国际关系研究能够对币权问题给予更多关注。

（一）币权是影响国际关系的重要因素

在国际关系研究当中，学者已经习惯于以地缘的视角观察和解释国家行为和国际关系，比如布热津斯基的经典著作《大棋局：美国的首要地位及其地缘战略》。然而，随着信息技术的大规模应用，以及经济全球化和金融化的深入发展,当代国际关系的基础正在发生重大变化。这一变化影响了国家利益和国家力量的内涵与形态,改变了国家的行为方式,也改变了当代的国际关系,世界格局的演变已经突破了原有的地缘框架。

在这一背景下,有中国学者提出了"币缘"的概念,即指不同国家和经济体与核心货币之间构成的复杂利益关系。作为金融全球化时代的国际关系,币缘的实质是不同国家和经济体围绕核心货币进行利益分配的博弈。[1] 这一提法颇受国内国际关系研究学者的认同,也在一定程度显示出货币问题在国际关系研究领域上升的重要性。而研究币缘关系或者说是币缘政治,当然离不开研究货币权力的争夺和博弈。此外,还有学者从资本主义发展史的角度分析认为,在商业资本和产业资本阶段,因资本扩张形成的以资源地理控制为目标的地缘关系,成为了殖民化时代国际关系的核心。但自20世纪70年代以来,金融资本愈益成为世界劳动分工和利益分配的核心,遂使货币权力超越地缘势力,成为金融资本主义时代国家间关系的新枢纽。[2]

还有学者提出了"虚拟资本主义"的概念,认为在经历了自由资本主义、垄断资本主义等阶段后,以美国为代表的当代资本主义发展到了虚拟资本主义阶段,经济的主体已经从物质生产部门转移到了非物质生产部门,其特点之一是虚拟资本主义与货币霸权相结合,也就是说拥有货币霸权的资本主义国家才会拥有"硬通货",才可以享受到虚拟经济带来的好处。[3] 这些观点从资本主义发展的角度说明,要研究当代资本主义经济体之间的关系——其中当然包括美欧关系,币权问题的重要性已经十分突出。过去几十年,时代

---

[1] 王湘穗:"币缘:金融化时代的国际关系",《现代国际关系》2008年第3期,第7页。
[2] 兰永海、贾林州、温铁军:"美元'币权'战略与中国之应对",《世界经济与政治》2012年第3期,第121页。
[3] 王建:《货币霸权战争:虚拟资本主义世界大变局》,北京:新华出版社,2008年版,第13—19页。

发展的一个重大特点就是全球化席卷世界，尤其是冷战结束后，全球经济进一步融合，国家间的联系日益紧密，彼此间的合作、竞争、博弈愈加复杂，其中货币不论作为支付中介、价值尺度、储备手段还是权力工具，都在国与国关系中扮演更为重要的角色。货币在国际关系中的政治属性值得深入挖掘。

（二）金融危机后美欧币权竞争激烈

2008年的华尔街金融危机被认为是"百年一遇"，冲击力巨大，暴露出美国财政赤字、贸易赤字、债务沉重、金融过度自由化等多重难题，已经威胁到对美国称霸全球至关重要的美元霸权地位。金融危机中，美国还失去了AAA主权信用评级，这对美元来讲是一个十分危险的信号。美国为在危机中维系货币霸权，选择向欧元区转移风险，通过打压欧元这一"唯一对手"来间接保护货币特权。欧洲深受其苦，随后爆发了债务危机，债务国陆续被迫申请外界救援，希腊不得不进行债务重组，欧元区经济也陷入"二次衰退"，甚至一度面临解体风险。欧元为在币权竞争中扭转不利局面，也出台了多项政策，如调整产业结构以提升竞争力、深化一体化以弥补"机制缺陷"，以及对美国评级霸权发起挑战等。

这是欧元诞生后，两大货币背后的权力主体第一次发生激烈的竞争，美欧金融市场的每一次血雨腥风、美欧政府每一次重大政策出台，都牵动着世界的神经，但这还不是美欧之间最为激烈的币权竞争。回顾过去一个多世纪，国际货币权力的竞争可以说书写着国际货币史的重要篇章，有些竞争直接导致了国际货币体系的"推倒重来"，比如20世纪40年代美元取代英镑成为霸权货币，70年代在法国的冲击下布雷顿森林体系解体。此次危机中两大货币的竞争提醒我们，美欧在国际货币领域不论是过去还是现在，都占据着绝对的影响力，是币权的"绝对主宰"，有必要对美欧之间币权竞争的历史和新情况进行梳理，从理论的深度、历史的高度、战略的角度，系统地研究美欧间的币权竞争。

本书研究国际关系中的币权问题，之所以选择美欧作为研究对象，这和过去一百多年来美欧在币权问题上的"绝对影响力"密不可分。

（三）美欧关系发展到新的历史阶段

冷战后，美欧关系一直处于变化和调整当中。由于共同敌人的消失，过去维系美欧关系的纽带弱化，相互竞争与冲突增加，美国继续谋求霸权领导和欧洲希望平等合作的诉求之间必然产生矛盾，美欧关系有松散化的趋势。但美欧仍互为最重要的盟友，利益紧密交织，冷战结束并没有改变美欧关系的盟友性质。总的来看，美欧关系在相互合作与冲突中发展，有时冲突多一点，有时合作多一点，经常会出现一些波动和变化。

小布什执政期间，伊拉克战争给美欧关系留下深深的裂痕，之后随着美国单边主义收敛，美欧关系有所回暖。奥巴马担任美国总统后，把外交重点聚焦在亚太，一度冷落欧洲，导致"大西洋变宽"。但奥巴马第二任期开始后，又有意拉拢欧洲，共同应对新兴国家崛起，美欧还突破阻力启动了"跨大西洋贸易与投资伙伴关系"（TTIP）谈判，美欧关系又似乎"走近"。2013年以后，伴随"斯诺登"、"监听门"、"亚投行"等事件的影响，美欧关系又显得矛盾重重。2016年11月的美国总统大选中，共和党候选人特朗普获胜，他强调"美国优先"，要求北约的欧洲盟友增加军费，在移民、难民问题上与欧洲有着明显的分歧，美欧关系又面临新的考验。

美欧关系作为全世界规模最大、最重要的盟友关系，进入了一个新的阶段。全球化深入发展让美欧利益交织紧密，但经济竞争的一面也愈加凸显。共同的传统外部安全威胁降低，但却面临新兴经济体带来的挑战。面对新形势，美欧都处于调整和适应过程之中，美国既想联手欧洲应对共同挑战但又不愿放弃领导地位，欧洲既想继续寻求美国的安全庇护又想要与其平起平坐。金融危机冲击后，双方将从自己的内部形势出发，重新审视对方和国际形势的变化，寻找新的定位。

（四）美元和欧元发展前景备受关注

美元是当今世界唯一的霸权货币，欧元是美元唯一可能的挑战者，或者说是竞争者。在金融危机以及债务危机爆发后，两大货币的前途命运都备受关注，也引发了激烈的讨论。

金融危机暴露出美国经济的缺陷，美国经济实力的下滑令外界质疑美元是否能继续"如日中天"。关于美元命运的观点不一，悲观论者认为美元霸权行将崩溃，乐观论者认为金融危机尚不足动摇美元的根基。不论如何，美元地位不能孤立地看，除了自身情况，还要看其竞争对手如何发展，主要是欧元的前景，二者存在着"此消彼长"的竞争关系。而对于欧元而言，前途命运更是充满争议，也是国际社会讨论的热门话题。欧元诞生后即不断遭到质疑，债务危机更显示其结构性缺陷，"崩溃论"不绝于耳。债务危机是欧元诞生以来的第一次考验，虽然欧洲国家在危机中反应迟缓且分歧不断，但仍然显示出其捍卫欧元的政治决心。问题在于，欧元区作为单一货币区，其政治决心是否强大到足以弥补经济上的"先天缺陷"，尤其是在民粹主义盛行的今天。金融危机、债务危机后，美元、欧元各自发展到一个新的阶段，其国际地位不仅取决于自身问题的解决，还要看相互的竞争和比较，前景复杂多变。

以上问题，都是时代发展到当前阶段国际社会关注的重点或者说是热点，且都与币权竞争有关。对美欧间的币权竞争予以系统梳理和分析，有利于丰富和充实我们对上述问题的理解，解释其中的一些迷惑。"横看成岭侧成峰"，在拥有了币权竞争的视角以后，也许我们能把当今世界看得更清楚一些。

二、站在巨人的肩膀上

关于币权问题的研究有一定的难度，由于直接材料难以获取，很容易陷入"阴谋论"或者"不可知论"。关于"币权竞争与欧美关系"这一问题，笔者检索和查阅了中国国家图书馆、中国现代国际关系研究院图书馆、同方知网（CNKI）数据库以及国内外智库等机构的资料。撰写书稿期间，本人还赴美国丹佛大学科贝尔国际关系学院访学半年，查阅了丹佛大学图书馆的馆藏图书以及该馆电子化的期刊、数据库，并就这一问题与一些学界同仁进行了交流。就本人查阅资料的情况看，从币权竞争角度对美欧关系进行系统研究的较少，相关研究可见于欧元研究、美元研究、币权研究、国际货币体系研究、美欧关系研究、货币金融史研究等领域。这些文献从某一个角度或者方面论及了"币权竞争与美欧关系"问题，并且已经取得了相当的进展，为本书的写作奠定了坚实的基础。如果说本书能够为美欧币权问题研究有所贡献的话，也是得益于诸多学者铺垫的坚实学术基础，正所谓"站在巨人的肩膀上"。这些研究成果按照来源可以分为国外和国内两部分。

（一）国外文献

20世纪80年代末、90年代初，欧洲先后推出《德洛尔报告》《马斯特里赫特条约》等文件后，欧洲使用共同货币的想法逐渐从"乌托邦"走向现实。关于欧元诞生对美元国际地位的影响，以及货币问题可能对美欧关系的影响，开始引起学术界的关注。

欧元诞生前后，美国战略界对欧元诞生可能对美欧造成的竞争关系甚至冲突感到担忧。马克·尼尔森（Mark Nelson）和约翰·伊肯贝里（John Ikenberry）认为，欧洲单一货币将减少美国货币政策的自主性，美国的经济、商业和政治权力将会受到一个更加自信的欧洲的挑战，欧元甚至会取代美元成为主要的国际货币，美国有理由对欧洲货币联盟保持警惕。[①] 马丁·费尔德斯坦（Martin Feldstein）撰写的"欧洲货币联盟与国际冲突"一文认为，美国不支持

---

① Mark Nelson & G. John Ikenberry, *Atlantic Frontiers*, *A New Agenda for US-EC Relations*, Washington D. C.: Carnegie Endowment for International Peace, 1993, p. 26.

欧洲单一货币的经济、财政和政治目标,就是因为欧洲货币联盟将改变欧洲的政治性格,从而可能导致与美国的对抗。① 美国得克萨斯大学教授弗朗西斯·加文(Francis Gavin)在《黄金、美元与权力:国际货币关系的政治 1958—1971》一书中,研究了美国与欧洲之间相互交织的货币和安全事务关系。通过研究美国和欧洲解密的档案材料,加文认为"货币问题不是在真空中讨论的",对货币问题的关注常常影响美国和欧洲的大战略和政策,国际货币体系的政治化使一些国家可以通过货币强权来达到政治和安全目的,这会导致大西洋联盟出现激烈冲突。② 对于 2003 年的伊拉克战争给美欧关系带来的裂痕,有分析认为,美国的一个考虑是借发动战争打压欧元,进而维持美元的霸权地位。

但也有学者对币权竞争对美欧关系影响的看法较为乐观。美国加州大学教授本杰明·科恩(Benjamin J. Cohen)撰写的《全球货币的未来:欧元与美元》一书,专门用一章(第二章)讨论了欧元的诞生对美欧关系的影响。科恩认为,美元与欧元的竞争将会越来越激烈,双方政府都会尽其所能地提升本国货币的市场吸引力,但竞争相对来说是温和的。在政府间层面,市场竞争这一"低政治"问题不至于演化成外交对抗这样的"高政治"问题,这主要是因为欧洲还不急于触怒美国。当然,不能排除错误计算的可能,欧洲可能在中东推广欧元做得过火。总体来讲,彼此克制将不至于导致地缘政治紧张。③

2008 年华尔街金融危机后,美欧货币关系再次引起学术界关注。美国加州大学伯克利分校经济学教授、美国国家经济研究所(NBER)研究员巴里·埃森格林(Barry Eichengreen)撰写的"美

---

① Martin Feldstein, EMU and International Conflict, *Foreign Affairs*, Vol. 76, No. 6, 1997, p. 63.

② Francis J. Gavin, *Gold, Dollars, and Power: The Politics of International Monetary Relations 1958 – 1971*, The University of North Carolina Press, 2004.

③ Benjamin J. Cohen, *The future of global currency: the euro versus the dollar*, London and New York: Routledge, 2011, pp. 51 – 52.

元的困境：世界首要货币面临挑战"一文认为，欧元是唯一能够挑战美元地位的货币，并分析了欧元的优势与不足。① 随着2010年以后欧债危机的爆发，学术界对美元地位的稳定基本形成共识，认为美元作为霸权货币的地位并未受到威胁，债务危机显示欧元在近期内还不会成为美元的"真正竞争者"。②

除上述直接研究"币权竞争与美欧关系"的文献外，相关研究还可见于以下几个方面：

一是从理论上分析币权与国际关系问题。这些研究虽未直接论述美欧币权竞争，但为研究币权竞争提供了理论基础和分析框架。美国康奈尔大学教授、雷皮和平与冲突研究所所长乔纳森·科什纳（Jonathan Kirshner）深入研究了货币政治和币权竞争问题，他的《货币与强制：国际货币权力的政治经济学》分析了一个国家如何将国际货币关系和国际货币安排当作一种强制性权力工具来运用，以实现其政治目的。科什纳首先对货币权力的形式及其发挥影响的条件进行了分类，认为一个国家可以通过三种方式向其他国家施加影响，分别是货币操纵、金融依附和系统扰乱。他从逻辑上深入分析了这些政策工具发挥作用的原理，讨论了货币权力运用在理论上的可行性。科什纳随后引用了大量的历史事实，以印证货币权力的真实存在。在此基础上，科什纳还总结了不同的货币体制如何影响货币权力的运用，货币权力运用成败的条件，以及影响国家使用货币权力的因素。③

"霸权稳定论"也是研究国际币权竞争问题的重要理论，在西方国家的学术界有着广泛的影响。美国麻省理工学院的著名经济学家查尔斯·金德尔伯格（Charles P. Kindleberger）的《萧条中的世

---

① Barry Eichengreen, The Dollar Dilemma: The World's Top Currency Faces Competition, *Foreign Affairs*, Vol. 88, No. 5, September/October, 2009, pp. 53 – 68.

② David Fields & Matías Vernengo, Hegemonic currencies during the crisis: The dollar versus the euro in a Cartalist perspective, *Review of International Political Economy*, Vol. 20, No. 4, 2013, pp. 740 – 759.

③ [美] 乔纳森·科什纳著，李巍译：《货币与强制：国际货币权力的政治经济学》，上海：上海世纪出版集团，2013年版。

界 1929—1939》一书对大萧条进行了深入研究，并率先提出了"霸权稳定论"。① 罗伯特·吉尔平（Robert Gilpin）发展了"霸权稳定论"，其《全球政治经济学：解读国际经济秩序》认为，竞争机制使市场上经济力量分布和格局不断发生深刻的变化，新的竞争强国必然要求政治权力的再分配，霸权必然走向衰落。② 罗伯特·基欧汉（Robert Keohane）的《霸权之后：世界经济中的合作与纷争》一书，对于研究关于国际货币的竞争与合作，在理论上做出了新的贡献。该书提出了一个中心命题：在美国霸权衰落之后，国际合作是否还有可能？基欧汉进行了跨学科研究，将新制度经济学研究成果和方法运用于研究货币问题，认为即便在美国霸权衰落的情况下，美国战后设计的制度仍然会得以保持，制度存在惯性，并不会和霸权的衰落同步变化。③ 美国斯克里普斯学院学者、加利福尼亚欧盟中心主任大卫·M. 安德鲁（David M. Dndrews）主编的《国际货币权力》一书，集中了本杰明·科恩（Benjamin J. Cohen）、斯科特·库珀（Scott Cooper）、埃里克·赫莱纳（Eric Helleiner）、兰德尔·亨宁（Randal Henning）、乔纳森·科什纳（Jonathan Kirshner）、路易斯·W. 保利（Louis W. Pauly）、安德鲁·沃尔特（Andrew Walter）等多位学者的观点，从多个角度对国际货币权力进行了阐述，如货币权力的宏观基础、国际货币主导权的国内来源、货币权力的限制等等，致力于理清国际货币权力的性质与后果。④

二是对美元、欧元实力与发展前景的分析。这类论述虽然并未重点谈美欧之间的货币关系，但却是讨论美欧币权竞争的基础。关于美元霸权以及美元在国际货币体系中的地位，相关研究可以分为

---

① Charles P. Kindleberger, *The World in Depression 1929 – 1939*, Revised and Enlarged Edition, Oakland: University of California Press, 1986, p. xiv.
② ［美］罗伯特·吉尔平著，杨宇光、杨炯译：《全球政治经济学：解读国际经济秩序》，上海：上海人民出版社，2013年版。
③ ［美］罗伯特·基欧汉著，苏长和、信强等译：《霸权之后：世界政治经济中的合作与纷争》，上海：上海世纪出版集团，2012年版。
④ ［美］大卫·M. 安德鲁编，黄薇译：《国际货币权力》，北京：社会科学文献出版社，2016年版。

两类：一类可以叫做"衰落论"。理查德·邓肯（Richard Duncan）的《美元危机：成因、后果与对策》认为，国际货币体系的缺陷使得美国的贸易伙伴把美元盈余重新投资于美元资产，造成美国经济过热和资产价格过度膨胀，也助长了美国的债务扩张，达到一定程度就会影响美国企业和消费者的信用，曾被视为全球经济增长引擎的美国经济，已经开始摇摇欲坠，国际经济失衡最终将导致美元体制失败。① 彼得·希夫（Peter D. Schiff）的《美元大崩溃》认为，不论从经济还是货币角度看，美国都是一座"空中楼阁"，经济迟早要崩溃，原因有三：一是经济泡沫破裂，如17世纪荷兰的郁金香泡沫；二是企业虚假信息导致了非理性繁荣；三是监管过度放松。当人们认识到美元及其背后的本质后，危机就会发生，世界各国的储备将转向欧元，或者采取储备多样化的方式，所有过剩的美元都会回流美国，引发美国的恶性通货膨胀。② 另一类看法可以叫做"延续论"。巴里·埃森格林（Barry Eichengreen）在其撰写的《嚣张的特权：美元的兴衰和货币的未来》一书中认为，在过去半个多世纪里，由于美元的单一货币角色，它成为美国的力量源泉，使美国享有"超级特权"。但当前，美国在经济上的支配地位比半个世纪前已经明显下降。随着华尔街金融危机的爆发，批评美国享有"超级霸权"的声音在全世界响起。但实际上，美国的金融地位在危机中进一步加强，因为在全世界看来，在大动荡时期，美元仍是最安全的货币。埃森格林认为，关于美元将失去国际地位的观点是错误的。虽然美元存在问题，但其他货币亦是如此，关于美元将与其他货币展开生死战的观点也是错误的，欧元、人民币都无意"罢黜"美元，未来的世界将是一个多种国际货币共存的世界。③ 日本

---

① Richard Duncan, *The Dollar Crisis*: Causes, Consequences, Cures, Singapore: John Wiley & Sons, 2003.

② Peter D. Schiff, *Crash Proof*: How to Profit from the Coming Economic Collapse, Hoboken: John Wiley & Sons, Inc., 2007.

③ Barry Eichengreen, *Exorbitant Privilege*: The Rise and Fall of the Dollar and the Future of the International Monetary System, Oxford and New York: Oxford University Press, 2011.

学者小林正宏和中林伸一合著的《从货币读懂世界格局：美元、欧元、人民币、日元》对主要国际货币逐一进行了分析，展望了国际货币体系的发展前景，认为欧元的问题已经超过美元成为国际关注焦点，人民币国际化还需要很长时间，日元的国际化已经失去了过去的气势，当前向多元国际货币的过渡"没有进展"。[1]

关于欧元问题，在欧洲债务危机爆发后，涌现出大量研究成果，借欧债危机讨论欧元区的深层难题，并展望了发展前景。美国普林斯顿大学历史与国际关系学教授哈罗德·詹姆斯（Harold James）撰写的《欧洲货币联盟的建构》，运用最近获得的史料，对欧元区以及欧洲央行的历史进行了深度剖析，解释了为什么货币联盟成立时没有建成财政联盟，为什么欧元区没有转移支付、共同债券、最后贷款人和统一的银行监管机构。詹姆斯认为，欧洲危机的根源并不在于欧元，而是欧元背后政治家以及官僚机构的分歧。而未来，不管欧元是否存在，这种分歧都将会持续。[2] 美国学者迪米特里斯·克拉法斯（Dimitris N. Chorafas）撰写的《欧元解体：共同货币的终结》，对债务危机后欧元区的行动进行了分析，如欧盟峰会、欧洲央行的政策反应、欧洲成立的稳定机制、欧盟的财政契约等等，认为这些举动不足以挽救欧元，欧元区内部的经济失衡仍将会继续，金融风险会继续加大，欧元的最终解体难以避免。[3] 德国法兰克福歌德大学金融研究中心高级研究员托马斯·迈尔（Thomas Mayer）撰写的《欧洲未完成的货币：欧元的政治经济学》认为，欧元设计有缺陷，《稳定与增长公约》未能有效约束成员国的预算，低利率和宽松的贷款环境导致了私人部门和公共部门的债务扩张，许多欧元区成员国的国际竞争力也出现下滑。为重建各界对欧元的信

---

[1] [日] 小林正宏、中林伸一著，王磊译：《从货币读懂世界格局：美元、欧元、人民币、日元》，东方出版社，2013年版，第265页。

[2] Harold James, Making the European Monetary Union: the Role of the Committee of Central Bank Governors and the Origins of the European Central Bank, *Financial History Review*, August 2013, pp. 233–236.

[3] Dimitris N. Chorafas, *Breaking up the Euro: the End of a Common Currency*, London: Palgrave MacMillan, 2013.

心，迈尔建议成员国必须为自己的金融决策负责；欧洲央行必须保证物价稳定和扮演"最后贷款人"角色；建立欧洲货币基金，监控成员国的经济政策；建立有效的欧洲金融监管体系。[1]

三是货币金融史的相关著作。这些著作为研究美欧币权竞争提供了史料。查尔斯·金德尔伯格（Charles P. Kindleberger）的《西欧金融史》介绍了西欧货币的演变、金本位的出现和复本位的产生、欧洲大陆和不列颠群岛银行体系的建立、欧洲金融一体化等内容，对英国、法国、德国、意大利等国的银行业发展做了系统介绍，并对比了1929年经济大萧条期间的美欧金融情况。[2] 金德尔伯格的另一本专著《疯狂、惊恐和崩溃：金融危机史》，则介绍了近代的重大金融危机。通过总结历史，金德尔伯格发现，自20世纪80年代以来，几乎所有的金融危机都与货币危机有关，货币危机与金融危机表现出很强的一致性。[3] 美国著名经济学家、1976年诺贝尔经济学奖得主米尔顿·弗里德曼（Milton Friedman）和美国经济史学家、美国国民经济研究局高级研究员安娜·雅各布森·施瓦茨（Anna Jacobson Schwartz）合著的《美国货币史（1867—1960）》研究了美国近一个世纪的货币发展历程，及其对美国一系列重大历史事件的影响。作者通过对货币供应变化和通胀水平因果关系的细致描绘，证明了货币政策对于一国经济运行的深远影响，尤其是货币在稳定经济周期中的重要地位。[4] 詹姆斯·理查德（James Rickards）所著的《下一波全球货币大战》介绍了20世纪以来的几次"货币大战"的来龙去脉，认为美元霸权难以持续，未来将存在几种可能：加入多重储备货币体系、附属于特别提款权、重新与黄金挂钩

---

[1] Thomas Mayer, *Europe's Unfinished Currency: the Political Economics of the Euro*, Copenhagen: Anthem Press, 2012.

[2] Charles P. Kindleberger, *A Financial History of Western Europe*, Second Edition, Oxford and New York: Oxford University Press, Inc., 1993.

[3] Charles P. Kindleberger & Robert Aliber, *Manias, Panics and Crashes: A History of Financial Crises*, London: Palgrave MacMillan, 2011.

[4] Milton Friedman & Anna Jacobson Schwartz, *A Monetary History of the United States* 1867 – 1960, Princeton and Oxford: Princeton University Press, 1963.

或陷入混乱局面。① 巴里·埃森格林（Barry Eichengreen）的《镜厅》回顾了1929—1933年的大萧条，并与2008—2009年的大衰退进行了对比，对美欧在这两场大危机中的处境和应对都进行了深入分析，认为人们没有认识到美国霸权时代已经过去，世界经济结构正在发生变化，所以才有长期的经济失衡和金融动荡，以及全球经济领导者的缺位。② 尼克松政府时期的财政部副部长、美联储前主席保罗·沃尔克（Paul Volcker）和日本大藏省前副相行天丰雄，作为重大国际经济制度安排的谈判参与者和历史见证者，其合作撰写的《时运变迁：世界货币、美国地位与人民币的未来》，回顾了国际货币体系的演进，以及作者对国际货币事务的一系列"反思"。③

四是国际关系学界对美欧关系的论述。这类研究成果具有战略高度和历史深度，但货币问题在其中受到的关注并不多。冷战结束后，美欧关系发展出现转折点，苏联威胁的消失降低了西欧对美国军事保护的依赖，导致美欧联盟的基础发生动摇，欧盟加紧推进内部整合，并要求与美国发展更加平等的伙伴关系。由于时代格局的转变，学界对美欧关系的看法也出现分歧，可以分为两派：即乐观派和悲观派。乐观派认为，联盟是建立在双方价值观一致和经济相互依存基础上的，冷战后美欧关系出现的紧张不会对大西洋联盟造成严重影响。约瑟夫·奈（Joseph S. Nye）在《美国霸权的困境》一书中持这种观点。④ 斯滕·赖宁（Sten Rynning）在《新北约：跨大西洋合作的权力与目的》一书中，也对大西洋联盟满怀信心，称北约仍然具有非常好的前途。⑤ 悲观派则另执一词，认为美欧关系

---

① James Rickards, *Currency Wars: The Making of the Next Global Crisis*, New York: Portfolio, 2011.
② ［美］巴里·埃森格林著，何帆等译：《镜厅》，北京：中信出版集团，2016年版。
③ ［美］保罗·沃尔克、［日］行天丰雄著，于杰译：《时运变迁：世界货币、美国地位与人民币的未来》，北京：中信出版集团，2016年版。
④ Joseph S. Nye, *The Paradox of American Power: Why the World's Only Superpower Can't Go It Alone*, Oxford and New York: Oxford University Press, 2002.
⑤ Sten Rynning, *Nato Renewed: The Power and Purpose of Transatlantic Cooperation*, London: Palgrave MacMillan, 2005.

一直以来就是紧张的，而苏联解体和冷战的结束进一步加剧了这种紧张，曾经使双方团结在一起的粘合剂已不复存在，北约也因此失去了继续存在下去的理由。① 在悲观论者看来，欧盟加紧发展共同外交与安全政策，表明了要摆脱美国控制的愿望和决心，这也将加速大西洋联盟的瓦解。罗伯特·卡根（Robert Kagan）在《权力与虚弱》一文中称，"当涉及到确定国家议程、界定威胁和挑战、制定和实施外交和防务政策时，美国和欧洲就分道扬镳了"。② 德国地缘政治学家斯特凡·弗勒利希（Stefan Fröhlich）结合小布什和奥巴马上台后的新形势和政策，认为尽管美欧对于安全威胁有共同的理解，有共同的民主和价值观，以及奥巴马上台后打造新的伙伴关系的愿望，但美欧在未来无法回到二战后和冷战期间那种传统意义上的战略盟友，美欧关系将越来越走向务实。③ 特朗普"出乎意料"当选美国总统后，在自由贸易、移民难民、北约军费、欧元汇率等诸多问题上，与欧洲出现重大分歧，欧洲领导人也纷纷公开表达与特朗普的"不同意见"，美欧关系在"特朗普时代"又将面临新的挑战。

（二）国内研究

关于"币权竞争与美欧关系"，国内直接研究这一问题的主要成果是北京航空航天大学战略问题研究中心主任王湘穗教授在《现代国际关系》2012年第1期发表的"从大西洋同盟到太平洋世纪——全球力量重心转移的历史趋势"一文。该文从货币角度分析了跨大西洋关系，认为欧元区在危机中正加紧内部一体化，不愿再继续充当美国的附庸，今天的欧洲正在成为"欧洲人的欧洲"，或者说是"欧元区的欧洲"。美国拒绝欧洲加强金融监管的意见和美国评级机构对欧洲国家主权债务降级的威胁，已经成为欧元区摆脱

---

① Stephen M. Walt, "The Ties That Fray", *The National Journal*, Vol. 54, Winter, 1998/1999, pp. 3 – 11.
② Robert Kagan, Power and Weakness, *Policy Review*, No. 113, 2002
③ Stefan Fröhlich, *The New Geopolitics of Transatlantic Relations: Ccoordinated Responses to Common Dangers*, Washing D. C. : Woodrow Wilson Center Press, 2012, p. 14.

危机、重获发展的障碍，欧元体系与美元体系的竞争成为美欧关系的主要矛盾。①

国内其他关于美欧币权竞争的文献，散见于以下几个领域当中。其一，国内的货币政治研究已经具有相当基础，并且近年来不断取得进展。王湘穗教授撰写了一系列相关论文。"币缘秩序的解体与重构——当前国际政治的新焦点"一文认为，金融危机是美元本位制的危机，危机使原有币缘秩序濒临解体，世界将进入后美国霸权时代，而如何建立新的国际货币体系和全球格局将成为未来国际政治的焦点。②"币缘政治：世界格局的变化与未来"一文认为，币缘是国家在国际货币体系中维护自身利益的行为，是左右当代全球资源配置和利益分配的主要杠杆。币缘政治的核心是控制主导国际货币体系的权力。③"地缘与币缘交织的格局之变"一文认为，在地缘和币缘因素的交互作用下，目前国际格局已经并继续发生重大变化，其中还出现了博弈的广泛性、过程的复杂性、目标的多维性及手段的多样性等新特点。④ 2017年4月，王湘穗教授出版了《币缘论：币缘政治的演化》，系统阐述了对币缘政治的思考，包括币缘的历史和概念体系、金融化时代的币缘政治以及发展趋势等，这一开创性的专著也被喻为"币缘政治学说的开山之作"。

中国人民大学的李巍副教授近年也撰写了相当数量的关于货币政治的文章。"货币竞争的政治基础——基于国际政治经济学的研究路径"一文认为，国际货币能够给该种货币的发行国带来超额的经济利益和特殊的政治权力。货币国际化的成败不仅取决于市场条件，还受制于广泛的国际政治因素，包括国际政治结构和国家战略

---

① 王湘穗："从大西洋同盟到太平洋世纪——全球力量重心转移的历史趋势"，《现代国际关系》2012年第1期。
② 王湘穗："币缘秩序的解体与重构——当前国际政治的新焦点"，《现代国际关系》2009年第3期。
③ 王湘穗："币缘政治：世界格局的变化与未来"，《世界经济与政治》2011年第4期。
④ 王湘穗："地缘与币缘交织的格局之变"，《现代国际关系》2013年第4期。

选择。①"制衡美元的政治基础——经济崛起国应对美国货币霸权"一文认为，中国货币地位的提升除了需要夯实经济基础之外，还需要不断加强国际政治领导力，并在此基础上加强与周边国家的区域货币合作。②

中国现代国际关系研究院刘军红研究员对货币政治有深入研究，金融危机后不久撰写的文章"美元贬值：全球资本的政治博弈"认为，金融危机后国际货币力学关系激变，世界货币战线的前沿风高浪急，全球资本的政治博弈日益突出。③"全球化与国际金融货币体制改革"一文指出，金融危机后，美国主导的"金融资本主义"受怀疑，贸易保护主义、货币多极主义、金融分权主义乃至资源国家主义渐成潮流，以G20、联合国气候大会等更具广泛性、反映多重利益关系的全球治理机制及国际金融和货币体制改革日渐主导国际秩序基本走向。④中国社会科学院世界经济与政治研究所副所长何帆研究员撰写的"货币即政治"一文认为，表面看似设计精巧的经济工具，在历史火炬的照射下，都会看到背后是政治利益的博弈。⑤他还认为，"货币和权力存在着紧密的联系，政客喜欢用这一话题煽动民族主义情绪，阴谋论者惯于借其制造耸人听闻的效果，经济学家却对这个重要的问题长期漠视和忽略"。⑥

其二，在美元、欧元及国际货币体系等问题的研究中，美欧货币问题有所涉及。鲁世巍博士撰写的《美元霸权与国际货币格局》一书，在总结了美元霸权的历史演变、经济基础、战略调整的基础

---

① 李巍："货币竞争的政治基础——基于国际政治经济学的研究路径"，《外交评论》2011年第3期。
② 李巍："制衡美元的政治基础——经济崛起国应对美国货币霸权"，《世界经济与政治》2012年第5期。
③ 刘军红："美元贬值：全球资本的政治博弈"，《瞭望》2010年第44期。
④ 刘军红："全球化与国际金融货币体制改革"，《现代国际关系》2010年第7期。
⑤ 该文为《嚣张的特权》一文中文版的序，见［美］巴里·埃森格林著，陈召强译：《嚣张的特权：美元的兴衰和货币的未来》，北京：中信出版社，2011年版。
⑥ 参见《国际货币权力》封面书评，［美］大卫·M.安德鲁编，黄薇译：《国际货币权力》，北京：社会科学文献出版社，2016年版。

上，用一章分析了欧元对美元霸权的影响。① 黄河、杨国庆、赵嵘合写的"美元霸权的困境及其走向"一文认为，冷战后支持美元滥发的经济基本面已不复存在，正在形成的美、欧、亚三足鼎立的国际货币格局，预示着国际金融权力正从霸权结构向均势结构转变。② 中国人民大学前校长陈雨露教授在"东亚货币合作中的货币竞争问题"一文中，对货币竞争的历史和现状进行了总结，用于分析东亚的货币竞争。③ 中国现代国际关系研究院欧洲所孙晓青研究员撰写的"欧元的国际化与欧美地缘经济之争"分析道，欧元启动和国际化正引起欧美地缘经济之争，这既反映出欧洲经济实力上升过程中的新要求，也说明欧美经济关系需要新的平衡。④

其三，国内关于美欧关系有较多著述，但货币问题在该领域涉及较少。外交学院赵怀普教授的《当代美欧关系史》对美欧关系进行了系统研究，该书按时间顺序梳理和评述了美欧关系的发展史，并展望了未来美欧关系的前景。⑤ 其他关于美欧关系的研究有一个特点，就是和美欧关系形势变化密切相关。伊拉克战争后一段时间，国内关于美欧关系的研究涌现出很多成果。⑥ 中国现代国际关系研究院副院长冯仲平研究员撰写了系列论文，包括"欧洲国家对美关系考虑及其影响"（《现代国际关系》2003年第4期）、"欧洲安全观与欧美关系"（《欧洲研究》2003年第7期）、"欧美关系：'合而不同'——析伊拉克战争对欧美关系的影响"（《国家安全通讯》2003年第7期）。国务院发展研究中心世界发展所研究员丁一凡的"从伊拉克战争看美欧关系的走向"，从国家利益、宗教、政

---

① 鲁世巍：《美元霸权与国际货币格局》，北京：中国经济出版社，2006年版。
② 黄河、杨国庆、赵嵘，"美元霸权的困境及其走向"，《现代国际关系》2008年第11期。
③ 陈雨露："东亚货币合作中的货币竞争问题"，《国际金融研究》2003年第11期。
④ 孙晓青："欧元的国际化与欧美地缘经济之争"，《现代国际关系》2000年第6期。
⑤ 赵怀普：《当代美欧关系史》，北京：世界知识出版社，2011年版。
⑥ 丁一凡："从伊拉克战争看美欧关系的走向"，《世界经济与政治》2003年第8期。

治文化等角度分析了美欧关系。中国国际问题研究所邢骅研究员的"跌宕起伏的美欧关系",通过考察美欧关系的不同阶段,挖掘了美欧关系波动的根源。[①] 上海国际问题研究院孙溯源研究员认为,美欧之间在世界观、安全观和治理观等方面的分野是造成美欧分歧的主要观念性成因。在大西洋关系结构性变迁的可能前景中,相比美欧分裂并对抗、美欧和解并合作而言,美欧形成新的既合作又竞争的平等关系,更具有现实性。[②]

伊拉克战争后,国内学术界对美欧关系的关注一度有所降温,但之后又有回升的趋势,"跨大西洋贸易与投资伙伴关系"(TTIP)问题再次引发了学界对美欧关系的关注,如国际关系学院国际经济系主任张士铨教授主笔的"美国主导下的跨太平洋伙伴关系与中国的对策"深度分析了美国的意图和中国的应对之策,[③] 中国现代国际关系研究院欧美关系课题组的"评欧美'跨大西洋贸易与投资伙伴关系'前景"全面总结了TTIP背后的战略考虑。[④]

梳理上述文献可以看出,现有的关于"币权竞争与美欧关系"的研究有以下几个特点:

第一,系统、深入研究这一问题的文献较少。现有文献中,国内外还没有专门讨论这一问题的专著,对这一问题的研究主要是一定数量的期刊论文,以及相关领域专著中的个别章节。从地域分布上看,国内的研究文献明显少于国外。从货币角度研究美欧关系的文献少,首先与冷战后国际格局转变有关,尤其是近年来"全球战略重心东移""美国重返亚洲"等等,国际问题的研究也向亚太倾斜,美欧关系研究"受到冷落"。此外,从货币角度研究美欧关系,涉及多个领域,属跨领域研究,难度也较大,从事这方面研究的学

---

① 邢骅:"跌宕起伏的美欧关系",《国际问题研究》2007年第2期。
② 孙溯源:"认同危机与美欧关系的结构性变迁",《欧洲研究》2004年第5期。
③ 张士铨、杨大鹏、王晨:"美国主导下的跨太平洋伙伴关系与中国的对策",《国际关系学院学报》2012年第4期。
④ 王莉、曲兵、余翔、李超:"评欧美'跨大西洋贸易与投资伙伴关系'前景",《现代国际关系》2013年第4期。

者人数有限。

第二，这一问题涉及领域较多，每个领域都已经有深厚的研究基础。"币权竞争与美欧关系"可以分解为若干子题目，包括货币政治、美元、欧元、国际货币体系、美欧关系、国际货币史等，而每一个领域都有大量的研究成果，为研究"美欧币权竞争"奠定了良好的基础。

第三，综合利用现有的文献，研究工作有望取得新的突破。对现有的文献材料进行梳理、加工、分析，利用多学科、多领域知识，结合金融危机、债务危机等新素材，学术上对"币权竞争与美欧关系"的认识有望取得新的收获。合理利用相关领域已经取得的学术成果，"站在巨人的肩膀上"，有望使美欧币权竞争这一问题的研究再进一步。

三、写作思路与方法

本书结构上分为六篇，总体写作思路为：理论分析—历史梳理—现实观察—总结规律—影响研究—展望未来。第一篇是理论分析，即从币权这一基本概念入手，分析货币与国家权力之间的关系，从理论上阐述国家之间进行币权竞争的原因，一国进行币权竞争所需要的实力，以及是否需要主动制订国家货币战略。第二篇是历史梳理，即梳理近代以来美欧进行的币权竞争，包括布雷顿森林体系建立以及崩溃过程中的美欧竞争、欧元的诞生及与美元的竞争等。第三篇是现实观察，将以2008年的金融危机以及之后的欧债危机作为案例，进行深入分析，研究这场危机中两大货币相互竞争的原因、手法、后果等。第四篇总结规律，分析美欧币权竞争的规律性特点，包括美欧币权竞争的性质、方式等等。第五篇分析影响，也就是进一步探讨2008年金融危机后双方激烈的币权竞争，给双边的政治关系、经贸往来以及安全合作带来哪些影响。最后一篇展望未来，也就是将美欧币权竞争放到新的时代背景之下，讨论在英国公投脱离欧盟、特朗普当选美国总统、"反全球化"盛行的年代，美欧间的币权竞争将如何展开，对世界其他国家又意味着什么，其中也包括对中国和人民币国际化进程之影响。

国际政治经济学（IPE）方法是本书采取的主要研究方法。20世纪70年代以来，随着全球化逐步深入发展，国际经济与政治议题相互交织和渗透愈加紧密，IPE作为一门学科或者研究方法，打破了学界在国际经济问题与政治问题上的界限，顺应了时代发展潮流，已经成为分析国际问题的重要方法。从学术团体看，IPE研究可以分为两派：一是美国学派，该学派的IPE研究与国际关系学研究的整体框架基本契合，着重于寻求"国际经济关系的政治解释"，目前看是IPE的主流，代表性理论是"霸权稳定论"。二是英国学派，该学派将IPE视作超出传统国际关系学分析范畴的交叉学科，试图以IPE框架整合经济学和政治学两个研究领域，代表人物是英国政治经济学家苏珊·斯特兰奇（Susan Strange）。斯特兰奇试图用世界市场的权力结构解释世界政治，实际上是"政治关系的经济解释"。[①] 本书虽然从货币问题入手，但并非将货币仅作为经济问题来分析，而是重点分析货币问题背后的国家战略、国家间竞争、国际关系等问题，因而计划采用IPE研究方法，统筹考虑经济和政治因素。正如美国俄勒冈大学教授拉松·斯卡尔尼斯（Lars S. Skalnes）所言，一个国家的对外经济政策往往是大战略的一部分，因而一个国家的对外经济政策目标往往并非是经济利益最大化，而是帮助其实现安全目的，国际经济与安全问题存在紧密联系。[②]

此外，本书写作还采用了以下方法：一是历史分析方法。通过回忆录、金融史等文献，梳理美欧币权竞争的历史和现状，弄清楚问题的来龙去脉，进而总结规律和展望未来。二是案例研究法。由于币权竞争在重大案例中体现的较为明显，文中将侧重对重大案例

[①] 吉宓："全球化背景下的国际政治经济学——分析基础与研究纲领的拓展"，《世界经济与政治》2007年第2期。

[②] Lars S. Skalnes, *Politics, markets, and grand strategy: foreign economic policies as strategic instruments*, Ann Arbor: The University of Michigan Press, 2000, p. 1.

的研究，尤其是华尔街金融危机和欧债危机。三是分析排除法。鉴于档案未到解密期、政府或金融机构等不愿披露或承认等因素，对于一些案例的分析，可能很难找到充分的直接证明材料。对于这种情况，考虑提出几种可能，然后根据已获得的材料和逻辑推理，分析出哪种可能性最大，作为结论参考。

四、探索与局限

在现有研究的基础之上，本书努力在以下几个问题上进行了探索，力求能够在学术上有所贡献和创新。

第一，系统阐述国家间围绕币权形成的竞争关系。此前已有学者提出"币权"的概念，并分析其在国际关系中的重要性。本书在此基础上，进一步提出"币权竞争"的概念，强调国家间围绕币权的竞争关系。同时，本书还归纳了"币权"在国际关系领域的四种体现形式，也就是文中所说的"四大权力"，具体指出国家间币权竞争的对象到底是什么，重要性和意义在哪里。

第二，美欧币权竞争的历史梳理和规律总结。社科类学术研究的一个重要目标就是总结规律，以指导实践。本书总结了近代史上美欧币权竞争的重点案例，尤其是华尔街金融危机后美欧之间的币权竞争，通过对大量案例的梳理和分析，总结出美欧币权竞争的性质、方式、前景等。

第三，分析币权竞争对美欧关系的影响。近年来，随着全球战略中心东移，国际问题研究的重心也出现了东移，对于中美关系、亚洲安全等问题的研究升温，而对西半球的美欧关系关注相对下降。本书从币权角度切入，深化和充实美欧关系的研究，从新视角得出一些新结论，有助于进一步充实现有的美欧关系研究。

第四，运用新材料分析问题。2008年的华尔街金融危机以及随后的欧债危机可谓"百年一遇"，给学者研究世界经济与政治提供了丰富的新素材。危机发生后，相关学术研究已经陆续展开，但从币权的角度研究的成果还较少。这是继布雷顿森林体系的建立与解体、欧元诞生之后，美欧之间又一次重要的币权竞争，运用这一重大案例反映出的信息，可以帮助我们在新时代更加深入地理解美欧货币关系，有助于我们把握未来。

同时，本书的研究也不可避免地受到多种局限。这些对研究结论的形成构成制约，笔者在写作过程中也竭力想办法克服其中的困难。这些难点包括：

首先，材料获取有难度。一方面，围绕美欧币权竞争这一主线，目前文献缺乏系统材料，需要从各种分散的材料中梳理，难度较大，工作量也不小，一些历史较远的事件材料未必充足。另一方面，文章的一些判断涉及到国家博弈的真实意图，第一手材料很难获取，国家为维护自身利益，往往掩饰其政策及其背后的真实意图。金融机构为保守商业秘密和自身利益，也不会承认其金融市场的操作有何"阴谋"。

其次，市场行为与政府意图的区分。币权竞争并不一定是政府间的直接较量，很多情况下都表现为市场行为。比如，在欧债危机中，华尔街评级机构、金融机构确实在打压、做空欧元，但这些是市场行为，这些机构的目的是贯彻政府政策还是追求经济利益，还需要细致研究和区分：有可能是政府与金融巨头"合谋"，有可能是政府纵容金融机构的逐利行为，有可能是政府引导金融机构，还有可能两者没有关系。总之，不能把政府行为和市场行为等同起来，要分析清楚两者的联系和区别，有一定难度。本书处理这一问题的方法是，首先尽可能收集能够证明本书观点的直接材料，如果所掌握的材料还不足以充分说明问题，则在已经掌握的材料基础上，通过有说服力的逻辑关系和推理来得出参考结论。

第三，整体把握美欧关系有难度。本书从货币角度切入，但要对整个美欧关系进行分析，需要一定的战略高度，宏观上要把握全球格局变化，以及美欧关系在全球格局中的位置，同时也要求有比较宽的知识面。除经济和货币外，还需要熟悉美欧关系中涉及的政治、外交、安全、防务等问题，把握起来有难度。其实，研究欧洲和任何一个国家的关系都是有相当难度的。作为一个由多个主权国家组成的国际组织，其成员国在对外政策中往往意见不一，难用"一个声音说话"，因而概括欧盟的外交和对外关系是一个不小的挑战，这一点同样适用于对美关系。

第一篇　理论探讨

本篇的主要目的是阐述为什么货币问题是影响国际关系的因素之一，以及货币问题如何影响国际关系。为此，本篇将首先从货币的基本概念和职能入手，从理论上解释，货币与国际关系的关联性——货币为什么会衍生出权力，国家间为什么会为币权展开争夺，一个国家参与币权竞争的条件有哪些，以及采取了哪些战略措施。

第一章 货币与权力

货币首先作为一种经济现象，长久以来都是经济学家研究的课题，但经济学家在既定的框架下研究效率问题，也就是如何利用汇率、利率、货币供应量等工具实现经济效益最大化，把货币当作是一种设计精巧的经济工具。而在货币问题的背后，是复杂的政治利益博弈。[1] 也就是说，货币的政治属性往往被经济分析所忽略。围绕国际货币体系形成的全球性币缘，更多体现了国家间的竞争，因而具有鲜明的国际政治特征。[2] 一个国家货币的命运很大程度上和政权的命运联系在一起。著名经济学家罗伯特·蒙代尔认为，"伟大的国家都有伟大的货币"。[3] 反过来看也是如此，一些国家政权的更迭、倒台，与该国货币的失败不无关系。[4] 美国金融学家金德尔伯格认为，就像战争大事不能全交给将军们处理一样，货币政策也不应该彻底交给银行家。[5] 国家政权要保持稳定，必须牢牢控制货币权力，包括确定本国的货币体制、货币的铸造和发行数量、利率水平、汇率机制、外汇管制等等，这些权力不容其他政治力量和非法团体染指。很多国家都把国王或者开国元勋的头像印在货币上，

---

[1] 何帆："货币即政治"，载［美］巴里·埃森格林著，陈召强译：《嚣张的特权：美元的兴衰和货币的未来》，北京：中信出版社，2011年版，第 xi 页。

[2] 王湘穗：《币缘论：货币政治的演化》，北京：中信出版集团，2017年版，第15页。

[3] Benjamin J. Cohen, *The future of global currency: the euro versus the dollar*, London and New York: Routledge, 2011, p. 61.

[4] ［美］乔纳森·科什纳著，李巍译：《货币与强制：国际货币权力的政治经济学》，上海：上海世纪出版集团，2013年版，第11页。

[5] ［美］查尔斯·金德尔伯格著，徐子健、何建雄、朱忠译：《西欧金融史（第二版）》，北京：中国金融出版社，2010年版，第486页。

以象征权力。① 不论是在哪个国家，伪造货币都是重罪。

以上是从国家层面看，主权国家政府都竭力掌控着本国货币权力。但从国际层面看，对于当代社会和国家而言，完全享有货币主权很大程度上是一种"幻觉"，几乎是不可能的。随着历史进程的推进，尤其是全球化进程的发展，国与国之间的联系愈加紧密，实际上绝大多数国家都无法掌控自己国家货币的汇率、利率和发行量，也就是说丧失了部分币权。中国工商银行副行长张红力认为，较高的专业门槛和技术含量实际上掩盖了一个事实，那就是国际金融市场和国际货币体系的运转一定程度是由霸权力量推动的。② 王湘穗教授认为，币权是关键货币国家和世界性金融机构，通过全球货币体系的设计和运行，去控制及影响当代世界体系的权力，是金融资本集团影响世界经济体运行和利益分配的权力。③ 可见，币权不仅存在于国家层面，更存在于国际层面。从近代史看，国家之间围绕币权归属，进行着激烈的竞争。一个国家如果能掌控币权，便可借此对其他国家施加影响，推行对本国有利的对外战略，实现自身国家利益，这其中既包括经济利益，更包括政治和安全利益。对于国家（国家集团）间围绕货币权力采取的竞争行为，其中既包括货币权力的争夺、维系，也包括货币权力的运用，本书称之为"币权竞争"。

现实主义在国际关系领域占据着重要位置，对很多现实问题有较强的解释力。这一理论强调权力政治，关注国家之间的权力平衡和对国家利益的追求。汉斯·摩根索认为，权力是政治的枢纽，而国际政治和所有的政治一样，都不过是追逐权力的斗争。④ 但相对于现实主义所说的权力而言，货币能赋予一个国家的权力更为和平、隐秘和无形，因而在国际关系领域的研究中未能受到充分的重

---

① 王湘穗："币权：世界政治的当代枢纽"，《现代国际关系》2009年第7期，第3页。
② 张红力："金融安全与国家利益"，《金融论坛》2015年第3期，第4页。
③ 王湘穗：《币缘论：货币政治的演化》，北京：中信出版集团，2017年版，第348页。
④ ［美］汉斯·摩根索，徐昕、郝望、李保平译：《国家间政治》（第七版），北京：北京大学出版社，2006年版，第55页。

视。《币缘论：货币政治的演化》作者王湘穗教授认为，币缘本质上是一种权力关系，新的本位货币的出现往往是世界性权力转移的标志。[①] 本章将阐述，一个国家如果能在货币问题上居于主导地位，究竟能够获得哪些权力。也就是说，究竟是何种权力的诱惑驱动国家间进行币权竞争。

下面所列举的币权中，并非为一个国家所同时拥有，有些是货币体系的主导国所拥有，有些国家虽不是最重要的主导国，但由于具备相当的实力，也拥有一些权力。这些权力未必同时存在，货币权力存在方式与货币体系形态和现实情况有关，在不同的时代、不同的货币体系当中有着不同的存在形式。这些权力也未必是通过国际法的形式授予某个国家的，但拥有这些权力的国家在实践中可以加以运用，而且不违反任何国际协定。总体而言，在国际关系层面，币权可以归结为以下四个方面，或者说是四种表现形式，也可以称之为"四大权力"。

一、主导国际货币体系

从世界经济的发展进程看，随着国与国之间经济联系的日益紧密，建立国际货币体系是处理国与国经济关系的必然需要，或者说是经济全球化的内在要求。区域乃至全球层面的货币体系安排已经成为必需，而国际货币事务的主导国可以在这种安排中发挥关键作用，使得规则对自己有利。国际政治经济学家罗伯特·吉尔平认为，由谁来支配国际货币体系的准则和惯例，将对各国权力分配产生重大影响，因而各国都努力让体系服务于自己的利益。[②] 王湘穗教授认为，世界行为体围绕货币问题形成了币缘关系，谁控制世界

---

① 王湘穗：《币缘论：货币政治的演化》，北京：中信出版集团，2017年版，第1—15页。

② [美] 罗伯特·吉尔平著，杨宇光等译：《国际关系政治经济学》，上海：上海世纪出版集团，2011年版，第111—112页。

货币体系，谁就控制资本，谁就控制了世界。①

通过主导国际货币体系，主导货币国能够形成一个势力范围，其他国家直接使用主导货币或者钉住主导货币，或者在交易中将其作为国际货币使用，这赋予主导国一定权力和地位。

第一，该国能够主导国际货币体系的规则，使之服务于自己的战略目标。游戏规则至关重要，它决定了各国在游戏中的地位以及利益分配。美国学者罗伯特·基欧汉的"霸权稳定论"可以说明这一点。这一理论对国际机制进行了深刻分析，认为二战后美国经济实力相对下滑，但美元依然能够处于霸权地位，很大程度上得益于国际货币体系的制度设计，制度的"惯性"让美元地位得以保持。②王湘穗教授从权力的角度分析了掌握规则制定权的重要性，认为每一个时代都有自己的代表性权力，金融全球化时代的代表性权力是币权，也就是核心货币国家和世界性金融机构通过全球货币体系的设计和运行去控制及影响当代世界体系的权力。③

第二，主导国能够享有自主的宏观经济政策，追随者的货币政策很大程度上要受到主导国的影响。除了世界核心货币发行国外，绝大多数国家都无法完全掌控自己国家货币的汇率、利率和发行量，并承受着国际货币市场波动带来的汇兑损失和金融风险。更为重要的是，资本的跨国界流动不断削减着国家货币的主权，普通国家的货币主权受侵蚀甚至丧失，而核心货币国家和金融机构则得到了支配当代世界的权力。④ 比如在二战后美国主导的国际货币体系中，美联储一旦进行货币政策调整，全球都势必受到影响。而其他"不重要"的经济体调整货币政策，对美国的影响可以说是微乎其微。这种影响不仅在全球层面，在区域层面也存在。在二战后的欧洲货币体系中，德国居于主导地位，如果德国央行收紧银根，欧洲

---

① 王湘穗："认清币缘政治，中国方能不败"，《环球时报》2013年2月8日。
② [美]罗伯特·基欧汉著，苏长和、信强等译：《霸权之后：世界政治经济中的合作与纷争》，上海：上海世纪出版集团，2012年版，第200—203页。
③ 王湘穗："币权：世界政治的当代枢纽"，《现代国际关系》2009年第7期，第3页。
④ 同上。

其他国家货币政策都不得不随之调整。

第三，主导国可以享受"铸币税"的好处，特别是使用信用货币的今天。美国铸币局"生产"一张百元美钞成本不过几美分，但其他国家要获得一张百元美钞，需要提供价值相当于100美元的实实在在的商品。据估计，在美国之外，大约有5000亿美元在流通，这意味着外国人需要提供等量价值的商品和劳务。这意味着，美国可以长期无偿占有其他国家的商品和劳务。不仅如此，除了现金和电子货币外，由于美元的特殊地位，美国还面向世界发行国债和机构债券，比如房利美和房地美的债券，利率要比其他国家低很多，这实际上也赋予了美国政府和机构低成本融资的权力。

一个国家对国际货币体系的主导，具体内容可能依不同年代和不同货币体系形式而不同，但有一个共同的也是核心的规律——让本国货币成为国际通用的主导货币。从历史上看，崛起的大国，甚至是中等强国，一直坚持不懈地尝试扩大自身货币的国际影响力。一旦有机会建立隶属于自己的货币体系，几乎每一个国家都这样做了，可见追求国际货币体系规则主导权对一个国家的吸引力。下面将分析历史上的一些案例。

英国是主导建立国际货币体系的第一个国家，也是运用这一权力的经典案例。英国在产业革命帮助下崛起后，利用国际货币体系在世界层面推行其倡导的"自由贸易"。1776年，亚当·斯密发表了著名的《国富论》，引发英国乃至全世界经济理念和经济体制的一次革命。他严厉抨击了重商主义，提出"自由贸易"和"自由竞争"的概念，认为"看不见的手"能够调节经济，每个人虽然都从利己的角度谋求个人利益最大化，但客观上会形成利他效果，增进整个社会的福利，促进社会发展。

英国为推行自由贸易政策，出台了多项重要举措。首先，废除《谷物法》。《谷物法》是当时重商主义保护贸易的重要立法，用于限制谷物进口。经过工业资产阶级与地主贵族之间的长期斗争，《谷物法》终于在1846年被废除，工业资产阶级实现了降低粮价和工资，争取到自身利益，这被视为英国自由贸易主张的巨大胜利，成为英国向全世界推行自由贸易的标志。其次，削减关税壁垒。1842年英国进口征税项目共有1052个，1859年减至419个，并基本上废除出口税。第三，与贸易伙伴签署自由通商条约。1860年英法签署通商条约，还有后来的英意、英荷、英德等通商条约，约定相互提供最惠国待遇，放弃贸易歧视。第四，用坚船利炮打开其他国家的通商大门。但英国的主要目的是与这些国家通商，不同于之前的霸权国家赤裸裸地掠夺资源和财富。

除上述政策外，英国更是利用主导国际货币体系，帮助推行其"自由贸易"主张。英镑霸权以及英国主导的国际金本位制，在国际货币史上影响深远。所谓金本位制就是以黄金为本位货币的货币制度。在金本位制下，每单位的货币价值等同于若干重量的黄金，即货币含金量。当不同国家使用金本位时，国家之间的汇率由它们各自货币的含金量之比来决定。1816年，英国制定《金本位制度法案》，在世界上首先实行了金本位制。1844年的《英格兰银行条例》赋予了英格兰银行垄断货币发行的权利，1872年英格兰银行开始对其他银行负起在困难时提供资金支持的责任，也就是扮演"最后贷款人"角色，成为世界上第一个真正意义上的中央银行，对世界其他国家中央银行制度的建立产生了重大影响。英镑逐渐成为全世界普遍接受的国际货币，伦敦成为国际金融中心。

英国凭借其经济、军事优势，在国际经济交往中对许多国家的货币制度施加影响，促成了国际金本位体系在19世纪70年代的最终形成。从英国1816年率先实行金本位制以后，到1914年第一次世界大战以前，主要资本主义国家都实行了金本位制，而且是典型的金本位制——金币本位制，可见英国对国际货币体系影响之大。在"不列颠治下"时期，在英镑主导的国际金本位制下，全球贸易迅速扩展，如果按照国际贸易量占GDP的比重来衡量，英国霸权时期的世界经济开放程度甚至可能超过现在。在这一案例中，我们可以看出，英国利用主导国际货币体系，成功帮助其实现了在"全世界"推进自由贸易的战略目标。

另一个案例是法国主导的"拉丁货币联盟"。主导国际货币体系未必是全球性的，也可以是区域性的。在世界范围内算不上最强大但也有相当实力的强国，也都尝试建立自己主导的区域性的货币体系。1865年，在法国皇帝拿破仑三世的倡议下，法国、比利时、意大利和瑞士四国在巴黎召开会议，签订了货币协议，成立了拉丁货币联盟。根据协议，各国货币保持原来的名称（除意大利外都称为法郎），以法国的货币为基础，主币的含金量都定为0.2903225克黄金或者4.5克白银，可以在各国间等值流通。拉丁货币联盟的货币体系是金银复本位制，为成员国之间的资本流通、金融往来和商业、旅游带来了很大的便利。欧洲各国都想把自己的货币与这种稳定的货币挂钩，以稳定币值。1868年，西班牙和希腊加入拉丁货币联盟。奥匈帝国、罗马尼亚、塞尔维亚、黑山、保加利亚、圣马力诺和委内瑞拉于1889年加入。

表1　19世纪以来尝试主导国际货币体系的国家

主导国家	主导货币	货币体系名称	时间	范围
英国	英镑	国际金本位制	19世纪70年代到20世纪30年代	英国殖民体系国家
法国	法国法郎	拉丁货币联盟	19世纪70年代到一战	法国、比利时、意大利、瑞士等
法国	法国法郎	非洲金融共同体法郎区	二战后到欧元成立	非洲的法属殖民地
德国	德国马克	欧洲货币体系（欧元）	二战后到欧元成立	西欧国家
日本	日元	未能形成体系	二战后	亚洲部分地区
苏联	转账卢布	未能形成体系	19世纪50年代到80年代末	经济互助委员会成员国
美国	美元	布雷顿森林体系与牙买加体系	二战后至今	IMF和世界银行成员国

资料来源：根据历史资料整理。

第二次世界大战后，随着世界大国的更迭，美国迎来了主导国际货币体系的良机，美国当然没有错失这一机遇，取代英镑建立起了美元主导的国际货币体系。① 除了美国外，二战后，一些区域性的经济大国也在建设自己主导的区域性的货币体系，比如在欧洲形成了以德国马克为核心的货币体系，法国则在非洲持续经营自己的法郎区，日本也尝试主导亚洲的货币事务。②

二、干扰他国货币稳定

货币的稳定对于一个国家的经济安全至关重要，比如稳定的物价水平、汇率水平、外汇储备、资金跨境流动等等，如果其中哪一方面突发混乱，决策当局都可能措手不及。而拥有币权的国家，则有能力左右其他国家的货币稳定，进而危及其经济安全，比如，令目标国通货膨胀上升、资本外逃、投资吸引力下降、汇率波动、实际债务上升、居民生活质量下降等等。币值的大幅波动还可能扰乱该国的经济发展规划，因为发展规划依赖持续和可预见的外汇收入，进而造成难以预料的经济与政治后果。干扰他国货币稳定是一种简单而强有力的权力工具，尤其是针对一些相对弱小的目标。这种攻击也可以是"温和的"，通过缓慢释放信号，有限度地影响目标国货币。具体做法包括：在市场上大量抛售目标国货币；精心设计一场谣言，让市场感受到某种货币的弱势前景，促成投资者撤离；③ 通过操纵本国货币和对象国货币的汇率，迫使对方中央银行进行政策调整，等等。④ 这一权力也可以理解为一种能力，虽然没

---

① 这一部分是本书分析重点，相关讨论将在后面的章节中详细论述，在此提及主要是论证大国只要有机会都会建立自己主导的国际货币体系这一观点。
② ［美］乔纳森·科什纳著，李巍译：《货币与强制：国际货币权力的政治经济学》，上海：上海世纪出版集团，2013年版，第1页。
③ 同上，第53页。
④ ［美］大卫·M.安德鲁编，黄薇译：《国际货币权力》，北京：社会科学文献出版社，2016年版，第153页。

有法律上的授权，但也没有其他力量能够予以制约，因而颇具杀伤力。以外汇储备下降为例，曾有官员这样比喻，目睹外汇储备的减少就如同"看着一个孩子失血致死却无能为力"。①

运用这一权力的典型案例是1956年的苏伊士运河危机。1956年10月31日，英国和法国军队进攻埃及，宣称要夺取苏伊士运河。英法两国要对埃及动武，各有原因。英国的原因在于持有苏伊士运河44%的股份，而且苏伊士运河还是英国航运的重要通道。据统计，1955年大概有1.5万艘船通过苏伊士运河，其中约1/3为英国船只。法国动武的原因主要在于埃及支持阿尔及利亚的解放运动，而二战后的法国对于维系对殖民地的影响力十分敏感。但是，二战后的超级大国美国却乐见欧洲在石油资源丰富的中东地区影响力下降，因而不支持英法对埃及发动战争。令人感慨的是，美国没有动用一兵一卒，就实现了阻止英法动武的战略目标。能够做到这一点，正是美国巧妙地使用了货币权力。

1956年11月5日，在美国财政部长乔治·汉弗莱（George Humphrey）的命令下，纽约联邦储备银行开始大量抛售英镑，虽然表面上声称英镑有贬值压力，此举是为了避免外汇损失，但当时的英国财政大臣麦克米伦却认为，"纽约联邦储备银行抛售英镑的数量远远超出了资产保值的需要。"数据显示，当时英国外汇储备面临的"异常"和压力。在英法宣布要动武之前，英国外汇储备在9月减少了5700万美元，10月减少了8400万美元；而在宣布要动武之后，英国外汇储备11月骤减了2.79亿美元，比之前两个月总和的两倍还多。历史资料显示，英国首相艾登的高级顾问巴特勒（R. A. Butler）和麦克米伦给美国财政部长汉弗莱打了电话，得到回复"除非英国按照联合国的决议撤军，否则总统也爱莫能助。"麦克米伦向内阁递交了详细数据，认为美国的行为是对IMF宗旨和精神"不可饶恕的背叛"，对英镑的挤兑是华盛顿"邪恶且精心策

---

① [美]乔纳森·科什纳著，李巍译：《货币与强制：国际货币权力的政治经济学》，上海：上海世纪出版集团，2013年版，第9页。

划的",除非午夜之前英国停火,否则美国不会提供援助。① 在苏伊士运河问题上,麦克米伦也从强硬的鹰派转为温和的鸽派。麦克米伦的传记作者费希尔(Fisher)指出,"英国撤军的真正原因是英镑遭到抛售",另一位传记作者霍恩(Horne)也认为,英镑问题是"决定性因素"。②

苏伊士运河事件中,英国之所以如此被动,关键在于币权已经大打折扣,或者说是拱手让人。二战后,英镑对世界的"统治"走向结束,美元成为霸权货币,币权已经从英国转移到了美国手中,当时的世界货币是美元而不是英镑,英镑的比值是否能保持稳定很大程度上要看英国的美元储备。在这一事件之前,英国的外汇储备水平已经降低到了被视为最低安全水平的20亿美元,在埃及的冒险行动又加深了市场对英国能否维持1英镑兑2.8美元的汇率的怀疑。③ 这给了美国运用货币权力的大好机遇。如果汇率持续大幅下降,一些国家可能选择与英镑脱钩,转而与美元挂钩,这对英镑区的凝聚力以及英镑区成员国在伦敦的业务来讲,都将造成灾难性后果。要想维持汇率,英国需要IMF的帮助,而美国政府警告称,美国可以提供支持,但前提是英国必须撤离在埃及的军队。

资本管制虽然延缓了资本的外流,但也引来了更多的投机者。12月4日,英国将会公布外汇储备月度报告。就在此前2天,也就是12月2日,英国内阁同意将12月22日作为撤军的最后期限。12月3日,刚刚休假回来的美国财政部长汉弗莱同意支持英国获得IMF贷款。12月4日英国公布外汇储备报告时,英格兰银行的储备已经降到20亿美元以下,但同时也声明,美国支持英国从IMF提取全部的13亿美元信贷额度。时间上可以说明,美国成功干扰了英镑币值的稳定,并以此为筹码对苏伊士运河危机的走向产生了直接

---

① [美]乔纳森·科什纳著,李巍译:《货币与强制:国际货币权力的政治经济学》,上海:上海世纪出版集团,2013年版,第73页。
② 同上,第73—75页。
③ [美]巴里·埃森格林著,陈召强译:《嚣张的特权:美元的兴衰和货币的未来》,北京:中信出版社,2011年版,第194页。

影响。美国利用币权成功阻止了一项已经被动员起来的军事行动，这支军队要实现目标只需要几天时间。①

利用币权对其他国家进行干扰，除了直接瞄准目标国货币外，还可以包括对目标国进行金融制裁。一个国家在国际层面掌控了币权，其他国家就会对该国货币形成依赖，也会对该国的金融体系形成依赖，这样拥有币权的国家就可利用金融手段对其他国家进行干扰。对于美国而言，金融制裁已经成为其实现外交目标的重要工具。在乌克兰危机中，美国对俄罗斯进行金融制裁就是一个典型案例。自2014年乌克兰危机爆发以来，俄美关系持续紧张，俄罗斯指责美国利用乌克兰问题对俄实施孤立政策，美国则指责俄罗斯干涉乌克兰内政，并同其他西方国家一道对俄实施制裁。2014年7月29日，美国总统奥巴马在白宫发表讲话，宣布扩大对俄罗斯金融和军事行业的制裁范围，中断对俄罗斯能源行业特定的物品与技术出口，同时正式暂停对俄出口激励措施以及对其经济发展项目的融资。据媒体2015年3月6日报道，美国实施的经济制裁程度惊人，给俄罗斯一些和政府关系最密切的公司带来冲击，受影响最严重的是"俄罗斯银行"，该行美国账户至少有5.72亿美元的资产被冻结，根据当时汇率计算，相当于该行2013年资产的10%左右。②

三、影响其他国家政治与安全政策

这一权力尽管不是法律赋予的，但却是一种客观存在，享有这种权力的是国际货币体系或者区域货币合作区中的主导国。与前面的利用货币手段干扰他国经济安全相对应，如果一个国家在货币方面实力足够强大，可以在金融危机中对其他小型经济体施以援手，

---

① [美]巴里·埃森格林著，陈召强译：《嚣张的特权：美元的兴衰和货币的未来》，北京：中信出版社，2011年版，第84页。
② Russian News Agency, "Two Russia banks hit hardest by US sanctions over Ukraine", http://www.presstv.ir/Detail/2015/03/06/400515/US-sanctions-hit-2-Russia-banks-hardest.（上网时间：2015年12月2日）

甚至可以扮演"避风港"的角色，从而增强本国对其他国家的影响力。这种权力得以存在，其逻辑关系与干扰他国经济安全相似，都是一个国家货币实力强大到一定程度，可以对其他经济体直接施加影响，前面所说主要是对对手的干扰或者打击，这里谈的是对"盟友"的保护。这种保护对于其他小国来说是一种安全感，具有很强的吸引力，一定程度赋予主导国影响其他国家的权力。

对于货币区而言，那些追求区域性或全球性货币秩序领导地位的国家，除了经济因素外，也都有政治上的考虑，希望借助这种货币秩序安排来获得更大的政治影响力。王湘穗教授从币缘政治的角度阐述了这一道理。他认为，从币缘政治的角度看，世界呈两大币缘圈，在美元圈和欧元圈内部，各国基本利益的一致性导致相近的政治态度，随之而来的是对国际事务包括应对金融危机的一致立场，而最终将着手建立币缘圈的共同安全体制。[①] 货币区的建立从来不是单纯的经济问题，而具有深刻的国际政治意涵。[②]

货币区中，小国对货币体系贡献较小，但经济上得益却相对多，这些好处包括：第一，保障货币稳定。货币区中，不仅成员国之间汇率保持稳定，而且成员国加起来规模变大，这样可以降低受区外其他强国货币干扰的风险。这一点，可以理解为是小国为应对其他大国干扰本国国货币稳定采取的"对冲"措施——把自己融入到一个更大的经济体当中，增强抗风险能力。第二，消除贸易壁垒。即便在经济衰退的情况下也可以保证区内的市场准入，免受保护主义的影响。这一点对于小国十分有诱惑力，这意味着小国有了制度保障，不会轻易受到区内其他国家的经济制裁或者其他歧视性措施。第三，享受区内特权，如货币支持、融资渠道等等。货币区要稳定运转，一定会有应对债务、汇率危机的手段，而这常常用在小国身

---

① 王湘穗：《币缘和中国的币缘战略》，原载《战略与管理》，2009年第5/6期合编本，转引自：http：//www.aisixiang.com/data/70351-2.html。（上网时间：2015年12月5日）

② 王湘穗：《币缘论：货币政治的演化》，北京：中信出版集团，2017年版，第405页。

上，小国是受益者。所以，小国一般都希望成为货币区的参加国，或者说是追随者。

虽然小国经济收益多，但大国却通常积极地希望成为货币体系的领导者，并且愿意不断作出经济上的牺牲来建立和维持这种地位。对于核心国家来说，为了维持一个货币体系做出的牺牲，可以被理解为一桩长线投资。① 以法国为例，法国宁愿牺牲自己的经济利益，也要维持货币区运转，不论是19世纪70年代的拉丁货币联盟还是20世纪60年代的法郎区都是如此。法国宁愿为货币区的领导地位做出经济牺牲，目的在于：在欧洲，通过货币联盟加强各方的政治和安全纽带；在非洲，借法郎区推广法国的语言和文化，强化法国的声誉，利用非洲的资源对抗德国日益增强的经济和军事影响力，法国还把法郎区的成员纳入其整体的军事战略当中。②

小国经济上好处多，但会形成依赖，会受到主导国的影响。而这种依赖赋予主导国权力，在政治上和安全上影响目标国的行为，使之符合自己的利益和战略目标，或者说是在政治上和安全上控制目标国。比如，如果一个小国退出货币区，本国货币的声誉将会受到损害，造成资本外流、贸易量萎缩、货币急剧贬值、外汇储备减少、融资成本上升甚至偿债困难，失去货币区庇护的小国的结果是形单影只、孤立无援，付出巨大的代价。小国为维系在货币区的资格，或者说是享有货币区的好处，其利益和立场会"不知不觉"地向主导国靠拢。

前面我们讨论过，在不同年代，英国、法国、德国、美国等都曾建立过自己的货币区。领导国能够在区内货币安排框架下，通过操纵资源与其他国家协同"惩罚"一个特定国家，最严厉的惩罚就

---

① ［美］乔纳森·科什纳著，李巍译：《货币与强制：国际货币权力的政治经济学》，上海：上海世纪出版集团，2013年版，第169页。
② 在第一次世界大战中，有22.5万名非洲人服役于法国军队，其中2.5万人丧生。第二次世界大战中，法国计划在非洲部署50万名士兵，但这一计划随着法国的战败而告终。参见：［美］乔纳森·科什纳著，李巍译：《货币与强制：国际货币权力的政治经济学》，上海：上海世纪出版集团，2013年版，第182页。

是威胁将其驱逐出去，从而直接获得强制力。这一权力的典型运用莫过于欧洲债务危机中，德国对希腊的态度和影响力。同时，即便不直接运用这一权力，主导国也可以对小国潜移默化地施加影响。对于小国而言，参与一种货币体系，就是重塑了该国的利益偏好，使得小国越来越倾向于维持和主导国的和谐关系，同时也加强了目标国内部那些倾向于与主导国维持紧密关系的社会行为体的地位。

在货币区合作中，强国更加希望自己处于货币安排的核心位置，小国则倾向于在全球金融风暴中寻求庇护，因而参与国际货币安排对他们来说是有利的。① 货币区的主导国不需要强制手段或者威胁，就能够改变其他国家的偏好。美国加州大学经济学教授本杰明·科恩认为，二战以后的几十年来，美国一直在想办法利用美元的特权地位来实现外交政策目标。②

四、威胁国际货币体系

这种权力的突出特点是，实施的主体是货币体系的参与国，而针对目标却是主导国，这与前面的三大权力刚好"反其道而行之"。我们前面讨论过，主导国希望货币体系稳定和持续存在，但如果其他国家在货币领域实力足够强大，尤其是拥有破坏货币体系权力的时候，就会对货币体系的主导国形成威胁，进而在货币体系中发挥影响力。乔纳森·科什纳将这种权力按照实施程度和目的不同，分为两类：一是"颠覆性破坏"；二是"策略性破坏"。"颠覆性破坏"是指货币强国（非主导国）运用自身的货币实力，摧毁整个货币体系。"颠覆性破坏"的最大威力在于促进世界末日般的场景，即核心国的崩溃，而整个体系是建立在核心国基础之上的。"颠覆

---

① [美]乔纳森·科什纳著，李巍译：《货币与强制：国际货币权力的政治经济学》，上海：上海世纪出版集团，2013年版，第1—2页。
② Benjamin J. Cohen, *The future of global currency: the euro versus the dollar*, London and New York: Routledge, 2011, p. 1.

性破坏"是柄利器,锐利无比但却鲜有用武之地。它不是谈判桌上的讨价还价,而是孤注一掷、视死如归的战地搏杀。这种权力的运用极少发生,一个国家在运用这种权力时也十分慎重,最多用于"虚张声势"而不是真正实施,原因在于这种权力的运用如同核武器战争,结果可能是双方同归于尽。以中国为例,中国由于拥有巨额的外汇储备,但中国不太可能利用手中的外汇储备摧毁美国经济和国际货币体系,果真如此的话,美元贬值和体系崩溃对中国来说也是一场灾难。相对而言,"策略性破坏"在实践中更为常见。这种权力运用的目标并非摧毁货币体系,而是通过让体系的一部分发生"震荡",让对手意识到自己权力的存在以及可能造成的影响,进而实现自己的目标。即便体系破坏没有成功,目标国也可能付出沉重代价,因为防御本身也是有成本的。核心国可能要调整其财政和货币政策,提高利率、减少货币供给、提高税收、削减政府开支,结果是核心国的经济指标恶化,如经济增长、失业、通货膨胀等方面。①

破坏者在体系内部活动,从而能更好地找准位置来干扰体系运作。但这也意味着破坏者希望体系能够继续存在。体系内的破坏者具有很强的破坏力,但他们在行动时也总是因为自己身处体系之中而投鼠忌器,畏首畏尾。该权力的运用有两个风险:一是实施国的破坏行为可能在不经意间破坏整个货币体系;二是这种行为可能遭到强烈的对抗。对于这种权力的运用,托马斯·谢林称之为"摇船"(boat-rocking)。"摇船"之所以能奏效,并不在于他不惜玉石俱焚、铁了心要把船弄翻,而是摇船者的鲁莽行为说不定什么时候就会使大家"同舟共覆",也就是不小心把船弄翻。这个策略不是通过摧毁体系来惩罚对手,而是通过敲诈体系内的核心国家或者其他成员国来获得收益,也就是通过承诺不摇船来获得好处。②

最善于威胁货币体系的国家是法国。在"英镑时期",每当法

---

① [美]乔纳森·科什纳著,李巍译:《货币与强制:国际货币权力的政治经济学》,上海:上海世纪出版集团,2013年版,第17页。
② 同上,第187—188页。

国和英国在重大国际问题上有分歧时，法国就会不时运用这种权力要挟英国，希望英国迁就法国的立场。20世纪30年代的金融危机中，由于法国抛售英镑，黄金从英国流向法国，这场金融危机导致英镑最终脱离了金本位。在"美元时期"，法国将手中大量美元兑换成黄金并运回法国。1962年至1966年，法国共向美国兑换28.64亿美元的黄金，占同期美国外流黄金总额的85.5%。① 同时，法国还公开在国际社会打击美元信心，1965年2月4日，戴高乐将军在记者会上公开表示"金汇兑本位制"赖以生存的条件已经发生了变化，美元的国际地位所依赖的基础已经不复存在，美国将迟早面对美元兑换成黄金的困境，法国建议对这一体系进行改革。这被认为是法国公开向美元体系"宣战"。② 法国对美元的挑战，成为布雷顿森林体系解体的直接推力。

威胁货币体系目的在于，将货币区的相关收益进行重新分配，从货币体系的主导国分得特权，同时也可以从严重依赖体系运转的国家身上获益。货币体系中，核心国家和小国都存在"脆弱因素"：核心国家必须维持国际收支逆差以提供流动性，这一定程度成为自己的弱点；小国对体系安排获益很大，依赖程度也高，对货币体系的稳定高度敏感。实际上，中等强国最有可能成为这一权力的实施国，他们拥有足够的实力，但却不是一个具有统治地位的利益攸关方。③ 法国不仅在理论上符合运用这一权力的国家定位，而且在实践中屡有"突出表现"。法国虽然不具备主导全球性货币体系的实力，但两次国际货币体系的"推倒重来"，也就是英镑体系的瓦解和布雷顿森林体系的崩溃，都和法国有直接关系。从对国际货币体系的影响这个角度来看，法国可谓"成事不足、败事有余"。

---

① 鲁世巍：《美元霸权与国际货币格局》，北京：中国经济出版社，2006年版，第95页。

② De Gaulle, Major Address, pp. 79—81。转引自：[美]乔纳森·科什纳著，李巍译：《货币与强制：国际货币权力的政治经济学》，上海世纪出版集团，2013年版，第210页。

③ [美]乔纳森·科什纳，李巍译：《货币与强制：国际货币权力的政治经济学》，上海世纪出版集团，2013年版，第16页。

第二章 币权与国家实力

币权的获得，一般可以通过以下几种方式：在国际货币体系建立时主导规则的制订，比如英国主导的国际金本位制，美国主导的布雷顿森林体系和牙买加体系，这种情况下本国货币自然成为主导货币；在国际货币体系已经建立后，通过自身实力修改现有规则，更多体现本国的国家利益和目标，比如新兴国家要求增加在世界银行和国际货币基金的投票权；不修改国际货币体系规则，但在既定的体系下实现本国货币更大程度的国际化，让更多国家接受和使用本国货币，进而借此对其他国家施加影响，"一国货币成为国际货币，实质上是权力扩张的过程"；[1] 拥有巨大规模的主导国货币作为外汇储备，可以影响甚至威胁主导货币的稳定，进而施加影响，也就是获得体系破坏的权力。在实践中，由于建立国际货币体系规则的历史机遇难得，体系一旦建立就会形成制度惯性，修改起来也比较缓慢，进行体系破坏风险也非常大。因此，通过让本国货币国际化来获得币权，成为更常见的方法。一种货币在国际上之所以具有吸引力，原因在于发行货币的国家是大国、富国，背后的国家是强大的、安全的。一国经济的健康状况对该国货币取得并维持国际货币地位至关重要，当然外交和军事安全方面也很重要，甚至包括"软实力"。总的来看，一个国家在国际货币角力中处于何种位置、享有哪些权力，根本上是由该国的综合国力决定的。因为国力强大，所以在货币问题上才有发言权和影响力。

不论用哪种方式获得币权，一个国家要参与币权竞争，都需要

---

[1] 王湘穗：《币缘论：货币政治的演化》，北京：中信出版集团，2017年版，第14页。

具备一些条件。也就是说,币权竞争是大国、强国之间的博弈,或者说是"游戏",小国、弱国很难有发言权,只能作为"看客"。

一、经贸实力

一般来说,在经济权术的使用过程中,大国是实施国,小国是目标国。有研究显示,实施国往往在国民生产总值上有压倒性优势。① 经济实力强大不是一国货币国际化的充分条件,但却是必要条件。经济实力越强,抵御外部冲击的能力就越大,国内市场的稳定性就越好,该国货币自然也就越坚挺,更容易受到市场的追捧。首先看看德国的例子。二战后,联邦德国经济迅速发展,与世界经济头号强国美国的差距也日益缩小,1950年联邦德国的GDP仅为美国的14%,1990年已达到美国的26%,② 这意味着德国经济占世界的比重大幅提高。1980年联邦德国跃居欧洲第一大经济强国,在世界经济中的排名第三,仅次于美国和日本,稳定的经济增长势头为马克国际化打下了坚实的基础。

回顾历史,我们不难看到,英国和美国建立各自主导的国际货币体系时,本国经济规模都已经在全球层面具有压倒性优势。英国之所以失去货币强国地位,主要原因也是本国经济丧失了在全球范围的领导地位。同理,美国的经济表现,也将是决定美元命运的关键因素。历史上不乏相关的例子。随着日本成为世界第二大经济体,许多日本官员幻想着日元成为主要国际货币、在国际上享有币权,进一步提升日本的国际影响力。但20世纪90年代以来,随着日本经济的长期停滞,这一幻想成为泡影。③

---

① [美]乔纳森·科什纳著,李巍译:《货币与强制:国际货币权力的政治经济学》,上海:上海世纪出版集团,2013年版,第23页。
② 王紫嫣:"德国马克国际化的历程回顾与经验总结",《中国外资》2013年7月(下)刊,第4页。
③ [美]乔纳森·科什纳著,李巍译:《货币与强制:国际货币权力的政治经济学》,上海:上海世纪出版集团,2013年版,第3页。

比较起来看，因为经济规模的关系，目前的英镑和瑞士法郎很难成为至关重要的国际货币。英镑在已经确认的全球储备中所占份额不足4%，瑞士法郎则不足1%。加拿大元也是如此，虽然俄罗斯中央银行2009年宣布将实现储备多样化并将加拿大元包括在内，但加拿大政府债券市场规模有限，不足以影响全球储备投资组合，俄罗斯购买加拿大元的决定也并未对美元产生明显影响。

与经济实力因素相同，贸易规模虽然不是一国货币国际化进而享有币权的充分条件，但却是必要因素之一。贸易规模扩大会增强本国货币在国际结算中充当计价工具的优势，进而提升本国货币的国际地位。在以往的很多研究中，不少学者都总结出了发达国家出口多以本币计价的规律。英国、美国建立属于自己的国际货币体系时，都是雄霸世界的贸易大国。

除了"超级大国"外，作为"中等国家"，德国马克的国际化很大程度上也得益于德国的贸易水平。德国对外贸易的发展，尤其是德国出口的发展，还促进了德国金融业的国际化。1975—1990年间，德国在海外的分支机构由68家增加到225家，这也间接为马克国际化提供了有利条件。自1980年起，德国的进口商品以马克计价的份额约为50%左右，而同期德国的出口商品中大约有82%都以马克计价。[①] 德国保持强劲的出口，是马克走向国际化的重要有利条件。同时，由于德国的出口额及增速都高于进口，几十年来德国的经常账户几乎一直处于顺差状态，巨额的贸易顺差还为德国积累了充足的外汇储备，这为稳定马克币值提供了有力保障，也对德国马克国际地位的提高产生巨大的促进作用。

二、金融实力

经济与贸易的规模庞大不可或缺，但这还不足以保证一国能够

[①] 王紫嫣："德国马克国际化的历程回顾与经验总结"，《中国外资》2013年7月（下）刊，第5页。

掌握货币权力，从以下英国、美国、德国的比较中可以看出，强大的金融实力对获得币权的重要性。

英国成为第一个掌握货币霸权的国家，这与伦敦发达的金融体系有直接关系。19世纪中叶，英国已经拥有高度发达的金融系统。1694年，英国设立了英格兰银行，用于筹集与法国作战的经费，并逐渐承担起现代中央银行的职能。英国1816年开始实行金本位制，拥有了稳定的货币。到19世纪末，英国已经拥有了世界最重要的金融中心。英国银行的贷款当然倾向使用英镑。在伦敦借款时，外国政府都会开设并保留那里的账户，以及一定的英镑存款，用于以后偿还债务。伦敦还有一流的贸易服务，如航运和保险等。此外，伦敦还有发达的信贷体系，这也让伦敦成为各种金融服务的集散地。当时，世界上60%的贸易都以英镑作为报价和结算货币。这也是为什么在19世纪末，美国的经济规模已经超越英国，但美国和美元的国际货币地位却"无足轻重"。即便是在美国自身的进出口贸易中，美元也基本上不扮演重要角色。①

从美国的角度看，美元在19世纪末未能取代英镑的国际地位，很大原因在于美国的金融市场不够发达，没有为国家获取币权提供足够的支持。这一时期，美国规定境内银行不得在境外设立分支机构，甚至在州外都不能设立分支机构，有的州还禁止银行设立分支机构。当然也有银行可以从事国外业务，但为了防止银行利用这一优势控制国内市场，这些银行被禁止在境内从事银行业务。私人银行为美国对外贸易提供的融资也非常有限。相比之下，伦敦市场是一个流动性非常好的市场。银行的承兑汇票可以转让给投资者，由于交易量庞大和投资者活跃，交易价格基本上可以确定，受此激励，越来越多的投资者涌入伦敦，进一步提高了市场的流动性，使伦敦成为各国政府和央行持有储备的首选地。19世纪末，英格兰银行已经成为伦敦市场上最大的票据购买者，而且有时在交易中占大

---

① ［美］巴里·埃森格林著，陈召强译：《嚣张的特权：美元的兴衰和货币的未来》，北京：中信出版社，2011年版，第9—10页。

多数份额。与英国相比，美国的金融市场这一时期很不稳定。对很多人来说，美元利率过高，信贷遥不可及，人们在贸易融资时，很少会考虑这一市场。在第一次世界大战前夕，尽管当时美国已经是世界最大的经济体，但在国际货币排序中，不仅法国法郎、德国马克、瑞士法郎、荷兰盾位于美元之前，连意大利里拉、比利时法郎和奥地利先令也都排在了美元前面。[①]

德国马克的国际化进程也说明金融实力的重要性。20世纪70年代，布雷顿森林体系解体后，虽然关于美元将失去超级特权的言论一度甚嚣尘上，但历史的发展却显示，美元仍继续占据着国际货币主导地位。这其中一个重要原因是德国马克作为竞争者，虽然具有币值坚挺的优势，但却缺乏一个强有力金融市场的支持。联邦德国虽然预算一直处于平稳状态，但不仅经济规模与美国相距甚远，更重要的是，德国不是金融证券供应大国，对各国央行和其他外国投资者并没有太大吸引力。二战后，德国由于历史教训一直警惕通货膨胀。自20世纪70年代起，联邦德国出台多项措施，限制可能导致通货膨胀的资本流入，比如向非常住人口出售固定收益证券时需主管部门事先批准、提高外国银行的存款准备金等等。1979年，当伊朗威胁将所持有的美元转换为德国马克时，德意志联邦银行竟告诫其远离马克，原因在于担忧资本流入会加大货币供应量，进而拉高通货膨胀。德意志联邦银行的想法是，作为一个更大规模的经济体，美国可以为其他国家提供所需的国际储备，资本流动不会损害其经济政策，但德国的情况却不同。德国经济规模比美国小得多，大规模的资金流入可能让德国经济吃不消，加剧通胀的风险，这是德国非常不愿意看到的。因此，由于德国金融市场规模有限而且不愿意更大程度对外开放，德国马克在国际舞台并没有"太大吸引力"，整个20世纪80年代，德国马克在全球外汇储备中所占份

---

① ［美］巴里·埃森格林著，陈召强译：《嚣张的特权：美元的兴衰和货币的未来》，北京：中信出版社，2011年版，第19页。

额从未超过15%。[①]

以上两部分讨论的是经济和金融实力，这对于争取币权十分重要。对于这一问题，王湘穗教授提出了"币缘圈"的概念，认为当今世界被分为两个巨大的币缘圈：一是以环太平洋地区为主体的美元圈；二是欧洲大陆及周边形成的欧元圈。每个币缘圈都存在一个垂直分工体系：高端是提供金融服务和各种金融产品的资本国家；中间是从事制造业的国家；底层则是提供初级资源的国家。[②] 可见，币权掌握在具有强大经济和金融实力的核心国家手中，也就是美欧手中，他们借助金融市场制度性设计，控制着工业产品和初级资源的定价权，享受着经济利润的主要部分，能够在国际分工和利益分配中处于有利位置。

三、政治、军事和外交实力

历史上看，首要的国际货币向来都是由主要大国发行的，没有其他国家能够威胁其生存。美元在二战后之所以享受超级特权，原因之一是美国是安全的。正如英国政治经济学家苏珊·斯特兰奇在冷战期间所言，"我们可以想象这样一个未来场景，联邦德国被强大的苏联占领，而大西洋彼岸的美国仍然保持完好。反之则不然，如果美国遭到入侵或者北美大陆遭到核攻击成为废墟，联邦德国将无以生存。只要这种根本的不对称继续存在，德国马克就不会成为国际货币体系的中心货币。"[③]

稳定是一种货币被广泛用于国际交易的必要条件。对于出口商、

[①] [美]巴里·埃森格林著，陈召强译：《嚣张的特权：美元的兴衰和货币的未来》，北京：中信出版社，2011年版，第77页。

[②] 王湘穗：币缘和中国的币缘战略，原载《战略与管理》，2009年第5/6期合编本，转引自：http://www.aisixiang.com/data/70351-2.html。（上网时间：2016年4月12日）

[③] [美]乔纳森·科什纳著，李巍译：《货币与强制：国际货币权力的政治经济学》，上海：上海世纪出版集团，2013年版，第139—142页。

进口商和投资者来说，不管他们依赖的是货币的支付手段、记账单位，还是价值储藏功能，稳定和安全都是首先要考虑的因素。出口商希望限制其产品相对于其他产品的价格波动，避免给顾客造成困惑，如果其他出口商都以美元作为交易、报价和结算工具，他们也会做出同样选择。金融服务的出口商也同其他竞争者一样，使用同一种货币为其产品计价。对很多中央银行来说，美国虽然不是他们的主要贸易和金融交易国，但他们同样希望以美元来稳定他们的汇率。由于大家都钉住美元，这不仅稳定了本国货币和美元的汇率，还稳定了和其他国家货币的汇率。大家都用美元，结果是强化和放大了美元的优势，在全球层面形成了"路径依赖"，而这一切的前提是美国和美元的安全保障。世界相信，美国的政治、经济和外交实力能够保障其国家安全，以及货币的稳定。

可以看出，一个国家想要掌握币权，除了经济、贸易、金融实力外，还必须要有强大的政治、军事和外交实力，这样才能让别人相信这个国家和这个国家的货币是安全可靠的，否则很难广为国际社会所接受。也就是说，币缘政治与地缘政治密不可分，币权的支撑仍然是国家军事实力所掌控的地缘政治纵深和对资源的控制力。[1] 美国和其他国家相比，这一优势是无可比拟的。

---

[1] 兰永海、贾林州、温铁军："美元'币权'战略与中国之应对"，《世界经济与政治》2012年第3期，第132页。

第三章 币权与国家战略

布雷顿森林体系解体后,国际货币体系进入牙买加体系时代,至今已有40余年。牙买加体系的主要特点是黄金的非货币化和汇率制度的自由选择,这给人一种感觉,就是一种货币在国际上的使用程度和地位,取决于市场的"自由选择",是由市场来决定的。有学者这样形容,一个货币的国际化程度就类似达尔文的"物竞天择",能够更好满足市场需求的货币会打败其他货币,优胜劣汰。[1]但实际上,一个货币要在国际竞争中占据优势,或者说一个国家要在币权竞争中占据优势,该国政府的国家战略必不可少。币权竞争是国家实力的竞争,更是国家战略的竞争。也就是说,前面所说的经贸、金融、政治、军事和外交实力必不可少,但币权的获得并不会随着实力的提升而自动到来,还需要进行主动的战略谋划。张红力认为,和平年代,金融市场就是没有硝烟的战场,而在国际金融战场上,利益博弈是表象,战略对抗才是内涵。[2]

下面将以美国为例,说明国家战略的重要性。美国在币权上称霸世界,除了自身超强实力外,也是战略运用的结果,依靠的不仅是市场这只"看不见的手",更有官方的"强有力的手"。正如何帆所言,在美元国际化的背后,有政府强力推动的力量。[3]

---

[1] Benjamin J. Cohen, *The future of global currency: the euro versus the dollar*, London and New York: Routledge, 2011, p. 10.
[2] 张红力:"金融安全与国家利益",《金融论坛》2015年第3期,第4页。
[3] 何帆:"货币即政治",该文为《嚣张的特权》一文中文版的序,见巴里·埃森格林《嚣张的特权》,中信出版社,2011年版,第VIII页。

一、完善机制

美国在第一次世界大战之前，共发生过14次金融危机，其中以1907年的金融危机最为严重。当时金融体系摇摇欲坠，政府却束手无策，最后靠金融巨头摩根出面协调，才使美国躲过一劫。经历这场危机后，美国国内开始酝酿关于成立中央银行的想法，并在1913年正式成立了美联储。此后，美元国际化步伐明显加快。到20世纪20年代，美元已经开始挑战英镑的国际货币地位，美国进出口贸易中，已有一半以上通过银行承兑汇票结算。经济学家向松祚认为："美联储诞生看起来是偶然的事件，实际上代表着美国整体的综合国力已经超越了英国，所以美联储一诞生就已经是世界最强大的中央银行，标志着美元已经开始取代英镑成为世界最主要的货币。"①

二、培育市场

美联储在使纽约成为商业承兑汇票市场方面煞费苦心。美元承兑汇票发展初期，由于缺少投资者，难以发展壮大。美国承兑汇票理事会（American Acceptance Council）认为，投资者"必须接受教育，首先要了解银行承兑汇票的性质，其次要知道它作为一项投资的吸引力"。在这一问题的解决上，美国依赖的并不是"看不见的手"，而是时任纽约联邦储备银行主席本杰明·斯特朗的手。斯特朗秉持汉密尔顿主义传统，认为官方控制金融事务是很有必要的。斯特朗看到了用商业承兑汇票稳定美国金融的必要性，这一市场的壮大有利于增强美国的竞争力，扩大美国的对外贸易。在斯特朗的支持下，联邦储备委员会要求储备系统各地区分支购买承兑汇票，

---

① 新华网：http://news.xinhuanet.com/fortune/2009-04/07/content_11141669_2.htm。（上网时间：2015年11月30日）

这样可以稳定和降低承兑汇票的贴现率,而这反过来又有利于市场的发育。一些颇有见识的投资者被吸引到了这一市场,主要是持有大量美元结余的外国银行,包括外国中央银行。① 正是基于商业承兑汇票的发展,美元最终开始在国际上扮演重要角色。

三、外交干预

美国虽然名义上宣扬"经济自由主义",但为了掌控币权,实际上在全球范围内推行"货币帝国主义"。在美国经济学家迈克尔·赫德森看来,除了法西斯国家之外,美国政府比任何政府都更严密地控制了经济,让美国公司的行动高度服从于美国的国家利益,抑制大公司盲目地、短视地增加自己财富的冲动。② 一战结束后,美国一些私人银行家本来想免除一些欧洲国家的债务,以启动日益萧条的欧洲经济,但受到美国政府的严令禁止,后果就是欧洲经济的萧条以及美欧之间的贸易战,为第二次世界大战埋下祸根。二战结束后,美国再次使用逼债手段,让英国让出金融霸权。在瓦解了英镑区后,美国官员建立起了美元区。20世纪60年代中期后,美国要求本国公司的海外分公司遵守美国的法规,而不是遵守这些分公司所在国的法规,如禁止同古巴等社会主义国家以及不遵守"华盛顿共识"的国家进行贸易。

美国为了获得和利用货币权力,将世界经济美元化,使全球经济特别是依赖美国的经济体为美国的财政赤字、国际收支赤字融资,也为美国的对外战争和美国公司收购海外资产融资,赫德森称之为"货币帝国主义"。美国的做法包括:第一,国际大宗商品以美元计价。由于交易量巨大,这些商品以美元计价的结果就是买方

---

① [美]巴里·埃森格林著,陈召强译:《嚣张的特权:美元的兴衰和货币的未来》,北京:中信出版社,2011年版,第28—29页。
② [美]迈克尔·赫德森著,嵇飞、林小芳译:《金融帝国:美国金融霸权的来源和基础》,北京:中央编译出版社,2008年版,第3页。

和卖方都需持有大量美元，夯实美元的国际地位。第二，竭力阻止欧洲和亚洲建立区域性货币清算集团。二战后日本曾经尝试建立亚洲货币基金，但由于美国的反对"胎死腹中"。2009年欧债危机爆发后，欧洲出现过建立"欧洲货币基金"的主张，但也未能实现。第三，将世界银行和国际货币基金组织变为美国操纵的、为美国利益服务的机构。世界银行和国际货币基金组织的财政紧缩计划是为了落实"华盛顿共识"，也就是为美国的贸易和投资目标服务，因而美国反对对这些机构进行改革，更反对新的国际金融机构取而代之。赫德森认为，美国政府控制信贷流动的策略是高度机密的，美国的金融外交家毫无兴趣宣传之。①

四、适时调整

20世纪60年代初，欧洲和日本的经济得到了快速恢复，缩小了与美国的经济差距。而美国随着军事扩张，经济地位下降，美元危机频频，布雷顿森林体系的内在矛盾日益凸显，其他国家对美元的不满增多。

随着形势变化，美国对其霸权战略做出重大调整，将保卫美元地位作为重要目标，具体表现为对国际货币体系进行了两大调整：一是由美国单边管理转向集体管理。20世纪60年代初，艾森豪威尔政府和肯尼迪政府都很重视美元危机，多次出台保卫美元措施，如减少海外开支，要求其他国家用美国的援助购买美国货，分担美国海外驻军费用。在国际方面，美国与有关方面建立了"黄金总库"，签订了"互惠信贷协议"和"借款总安排协议"，通过利用其他西方国家向美国或者国际货币基金组织提供黄金、本国货币，平抑抢购黄金、抛售美元的风潮。创立"特别提款权"是美国领导

---

① ［美］迈克尔·赫德森著，嵇飞、林小芳译：《金融帝国：美国金融霸权的来源和基础》，北京：中央编译出版社，2008年版，第28页。

下集体管理的一项重要内容，这种新的结算工具不是由美国单方面管理，而是"十国集团"联合管理。二是由布雷顿森林体系向牙买加体系转变。"特里芬难题"决定了布雷顿森林体系终将走向解体，但美国仍在通过各种手段维系美元的地位。1971年8月15日，尼克松采取了重大行动，单方面宣布暂停按1盎司等于35美元的价格出售黄金，征收10%的进口附加税，削减10%的对外援助，并要求其他国家分担维护世界"自由"的费用。尽管美国不再承担美元兑换黄金的义务，但美国政府还是通过游说欧洲等国家，保持着其他主要货币与美元汇率的基本稳定，一直维系到1973年布雷顿森里体系彻底解体。1976年，《牙买加协定》正式通过黄金非货币化、国际储备货币多元化和汇率安排多样化等内容，国际货币基金组织也通过了内容一致的第二次修正案。1978年，修正案被3/5的成员接受，这些国家有4/5的表决权，在手续上完成了布雷顿森林体系的终结和向牙买加体系的过渡。

从这一系列事件可以看出，美国并没有把布雷顿森林体系的存亡以及牙买加体系的诞生完全留给市场决定，而是通过一系列手段进行维系或引导，以维系其已经获得的币权。

本篇小结

币权作为影响其他国家行为的工具，一直是大国追求的目标。拥有币权，就可以左右国际货币体系规则，对他国货币予以干扰，甚至可以影响其他国家的外交和安全政策。币权在实践中有以下一些特点，对国家政府来说十分有诱惑力。

第一，政府使用货币权力遭遇的国内压力较小。这与贸易事务有很大的不同。大多数普通公民对贸易事务略知一二，有些人甚至直接受贸易的影响。采取一项新的贸易政策，比如对从某国进口的产品加增关税，或者限制本国产品对某国的出口，不仅容易遭到对手的报复，还有可能引起国内相关利益团体的阻挠和反对。而货币问题对大多数人来说，要比贸易问题更难理解。20世纪80年代美国《纽约时报》和哥伦比亚广播公司调查显示，当美元价值居高时候，60%的受访者认为强势美元有利于美国贸易，只有25%受访者表示不利。① 政府在运用货币权力时，可能绝大多数人都无法搞清楚正在发生什么，更不用提加以反对，1956年的苏伊士运河危机就是很好的例子。

第二，币权是实现国家战略目标的有效工具。凭借美联储和财政部，行政部门能够独立控制货币事务。即便加上金融业，货币权力也相当集中，因为央行、财政部和私人银行彼此联系密切，融为一体。② 货币权力的实施不需要通过立法程序，就能够被相当秘密地使用。而且，货币制裁很有针对性，剑指目标国的统治根基——法定货币。理论上讲，作为一种经济权力工具，货币权力所受制约最少，效果也好，具有轻而易举实施精确打击的潜在能力。

第三，使用币权可更大程度避免对方报复。与其他经济权力工具相比，使用币权更有利于规避对方的报复。贸易制裁势必公之于众，极容易引起对方政府和民众的反弹，结果两败俱伤；取消援助虽然简单可行，但却违背了当初援助的初衷，丧失对对方的影响力。相比之下，使用币权给对方政策调整留下更多操作空间，对象国不至于"下不来台"，更不容易受到国内反对力量的牵制，因而招致报复的可能性也小。

基于货币权力的上述优点，对于一个国家或者国家集团来说，追逐这些权力并加以运用是非常有诱惑力的，这也是币权竞争原因所在。拥有这些权力，即便不实施，也可以给本国带来实实在在的好处。但从国际层面看，币权只能掌握在少数国家手中，因而参与

---

① I. M. Destler & C. Randall Henning, *Dollar Polictics*: *Exchange Rate Policy Making in the United States*, Washington, D. C.：Institute for International Economics, 1989, p. 104.

② ［美］乔纳森·科什纳著，李巍译：《货币与强制：国际货币权力的政治经济学》，上海：上海世纪出版集团，2013年版，第30页。

竞争的只能是在经济、金融、政治、军事等具有强大实力的大国、强国中展开。国家实力是根本，是决定性的，是获得币权的必要条件，但国家战略也必不可少，可以帮助获得或者维持已有的货币权力。

部分强国之所以能享受币权带来的好处，还可以从公共产品理论中得到解释。在全球化背景下，国际经济活动需要稳定的货币作为结算、储备、支付手段，"硬通货"一定程度上可以视为公共产品。作为公共产品，理论上讲应该由政府来提供，就像某个国家国内流通的货币由政府来提供一样。但在全球范围内，没有一个世界性政府能够提供这种公共产品，只能由个别国家来提供，也就是由"私人"来提供。根据新制度经济学的理论，由私人部门提供公共产品存在可行性，但前提是清晰界定产权。① 由于核心国家提供了这一公共产品，自然拥有了产权，以及相应的权力。从这一点看，币权也可以视为核心国家为提供公共产品所付出代价的回报，这一回报当然要超过代价，这样才有动力。其他国家认可核心国家的权力，也可以视为使用公共产品付出的代价。

尽管币权有很多好处，享有币权的国家也有一些问题需要注意。其一，货币权力不宜滥用。一个国家即便成为货币上的主导国，其权力的使用也要十分小心，持续滥用其垄断权力很可能会招致抵抗。② 主导国需要维护本国、本国货币以及其主导的货币体系的声誉，以保持体系的良好运转，因为体系只要存在，就会给本国带来经济、政治、安全等实实在在的收益，持续滥用货币权力则可能最终导致权力的丧失。"拙劣的权力表演和肆无忌惮的耀武扬威"可能会招致后院起火，结果事与愿违。③ 长期看，货币体系的核心国

---

① 贾晓璇："简述公共产品理论的演变"，《山西师大学报》2011年5月，第33页。
② [美]大卫·M.安德鲁编，黄薇译：《国际货币权力》，北京：社会科学文献出版社，2016年版，第87页。
③ [美]乔纳森·科什纳著，李巍译：《货币与强制：国际货币权力的政治经济学》，上海：上海世纪出版集团，2013年版，第2页。

如果因为滥用货币权力，可能导致体系的吸引力和稳定性下降，这就会给竞争对手带来机会和动力，鼓励他们创建一个新的体系取而代之，或者利用核心国和体系的弱点，对核心国进行"要挟"。

对于主导国家来说，维系体系存在而做出的牺牲可以视为一种长线投资。布雷顿森林体系建立后的相当长一段时间，美国都不愿意公然使用其货币主导地位，原因在于只要美元体系存在，就足以保证美国获取利益，并且对别国进行限制。[1] 20世纪60年代，时任美联储主席威廉·迈克切斯内·马丁曾表示，根据他长时间的观察，美元的稳定最终将比美国在德国具体拥有多少军队更有利于美国的安全。[2] 对于除核心国外的其他货币强国而言，货币权力的运用也要把握好"度"。比如对体系破坏者而言，如果运用不当很可能导致体系的崩溃，自己的目标也无法实现。

其二，货币权力的使用过程中，必须考虑市场因素。在经济全球化，尤其是金融全球化条件下，市场规模扩不断扩大，而市场有其自身的运行逻辑，并非听命于某国政府。在这样的形势下，货币权力实施能否成功，很大程度依赖于巧妙引导市场的能力。一些特殊手段，比如公开和秘密的手段交替使用，以及选择采取行动的时间点，对于影响市场具有决定性意义。比如在欧债危机期间，直接出面打压欧元的并非美国政府官方举动，而是美国的评级机构频繁降低评级、对冲基金公开大肆做空、新闻媒体竭力唱衰欧洲等等，这些对市场产生了巨大影响，放大了债务危机，帮助美国实现转移风险的战略目标。此外，有时市场还会成为货币权力实施的主体，或者说货币权力不完全掌握在政府手中，而是分散到市场之中，比如索罗斯在亚洲金融危机中的表现。

一个国家是否拥有币权，一个重要表现就是该国是否有强大的

---

[1] ［美］乔纳森·科什纳著，李巍译：《货币与强制：国际货币权力的政治经济学》，上海：上海世纪出版集团，2013年版，第159页。

[2] ［美］保罗·沃尔克、［日］行天丰雄著，于杰译：《时运变迁：世界货币、美国地位与人民币的未来》，北京：中信出版集团，2016年版，第56—57页。

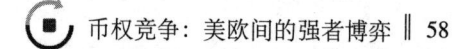

货币。正如前面所言，伟大的国家必然有伟大的货币。强大的货币既是本国拥有货币权力的表现，也是本国实施货币权力或者避免成为其他国家实施货币权力对象的工具。一些国家追求本国货币的"国际化"，从币权和国际关系的角度看，目的也正在于此。

第二篇 历史回顾

在第一篇就币权与国际关系进行了理论分析后，本篇将就第二次世界大战后美欧币权竞争的历史进行梳理，其中既包括布雷顿森林体系建立过程中美英的激烈币权竞争、布雷顿森林体系建立后的美法竞争，也包括布雷顿森林体系解体后美国和欧元区之间的竞争，重点分析美国在币权竞争中对欧元的政策，以及欧元的应对举措。

第四章 布雷顿森林体系与美元霸权建立

布雷顿森林体系是在二战结束后新的历史条件下，美国和欧洲——主要是英国，进行币权竞争的结果，该体系确立了美国的货币霸权地位，也设定了此后美欧币权竞争的基本框架，意义深远。

一、美英竞争与布雷顿森林体系的建立

从政治学角度看，布雷顿森林体系的建立是美国把能力变为权力的制度化过程。[①] 在二战后的资本主义世界，在美国的主导下，资本主义国家建立起布雷顿森林体系。这一秩序的建立过程，经历了美英两个崛起大国与守成大国之间的博弈，充分反映了国际力量对比的变化及其后果。1943年，二战尚未结束之时，美英两大国就开始规划战后的国际经济秩序，分别提出了各自的方案，也就是英国的"凯恩斯计划"和美国的"怀特计划"。

所谓"凯恩斯计划"也就是英国财政部顾问凯恩斯提出的"国际清算同盟方案"，内容主要包括：由国际清算银行发行一种名为"班柯"的国际货币，用于各国之间的相互结算，班柯与黄金之间有固定比价；各国货币与班柯之间建立固定汇率，该汇率可以有序进行调整，但不能竞争性贬值；各国中央银行在国际清算同盟中开设账户，彼此用班柯进行结算。一国发生盈余时，将盈余存入账

[①] 王湘穗："币权：世界政治的当代枢纽"，《现代国际关系》2009年第7期，第5页。

户；发生赤字时，可以申请透支。清算后，一国不论盈余过度还是赤字过度，都需要对不平衡采取调节措施。从上述方案中可以看出，凯恩斯计划强调盈余方和赤字方都有调节国际收支失衡的责任。

美国财政部部长助理怀特提出了"怀特计划"，也叫"联合国平准基金计划"。怀特建议：成立一个资金总额为50亿美元的国际货币稳定基金，资金来源由各成员国以黄金、本国货币等形式认缴，各国根据认缴的份额确定在这一基金内的投票权；基金组织发行名为"尤尼他"的货币，该货币有确定的黄金含量，可以兑换黄金，可以在会员之间转移；各国货币与尤尼他建立固定汇率制，不得随意更改；基金组织的主要任务是稳定汇率，帮助成员国应对国际支付危机。根据"怀特计划"，由于美国经济实力超强，可以很大程度上控制基金组织。

两个方案相比，"凯恩斯计划"更为强调机制和原则的作用，不论实力如何，不论是顺差方还是逆差方，都有调节国际收支的责任，霸权国家并不享有明显的特权。而"怀特计划"将国际收支的管理权更多地交给了"基金"，而美国凭借经济实力可以主导"基金"，事实上也就是将国际经济问题的主导权更多地交给了美国。英美两国提出两个方案后，进行了激烈的争论与较量，鉴于美国在实力对比上的明显优势，英国不得不接受美国的方案，当然美国对自己的方案也有所调整，根据英国的诉求做出一定的让步，双方最后达成一致。1944年7月，在美国布雷顿森林召开的"同盟国家国际货币金融会议"上，通过了以"怀特计划"为蓝本的《国际货币基金协定》和《国际复兴开发银行协定》，也就是"布雷顿森林协定"，根据这一协定所建立的国际货币体系我们称之为"布雷顿森林体系"。

布雷顿森林体系主要特点可以概括为"双挂钩"，也就是美元和黄金挂钩，其他货币和美元挂钩。美元规定了黄金官价，即1美元等同于0.888671克黄金，参加该体系的国家政府和央行可按照官价将其持有的美元向美国政府兑换黄金。参加国货币与美元挂钩，也就是以美元的含金量为平价，确定兑换率或者直接规定比价。在汇率安排机制方面，实行"可调节的钉住汇率安排机制"，各参加国货币按比价直接钉住美元，平价汇率一经确定不能随意更改，汇率波动上下限均为1%，各国货币当局有义务维持波动幅度；参加国汇率变动接受IMF统一安排和监督，国际收支出现严重不平衡时，可要求变更汇率，幅度在10%内可自行调整，幅度超过10%的需经IMF批准。在储备货币方面，以黄金为基础的美元成为主要国际储备货币，美国保证提供用于国际储备和国际支付的美元，保证各国按官价向美国兑换黄金。

布雷顿森林体系的建立使美国获得了史无前例的超强货币霸权，包括主导国际货币体系规则的权力、对其他国家进行货币打击的权力、影响其他国家政治与外交安全政策的权力等等。美元的特殊地位成为美国权力的主要来源，美国也借此解决了全球霸权的经济负担。[1] 布雷顿森林体系是美国在币权竞争中打败英国的结果，从英国手中夺取了货币霸权，体现了美国的超强实力和精妙的战略设计。英国在竞争中几乎完败，而遭受严重创伤的法国甚至在这场竞争中没有发言权，也就是说连竞争资格都没有，战败的德国更是无从谈起，又一次说明币权竞争是"强者的博弈"。但美欧之间的币权竞争并没有就此结束，随着战后欧洲经济和综合国力的不断恢复，在币权的诱惑下，又多次向美国的货币霸权发起挑战，或者说是争取与自身实力相适应的货币权力。

虽然"凯恩斯计划"输给了"怀特计划"，但在布雷顿森里体系的建立过程中，英国和美国仍在进行着竞争，国际金融机构的选址成为了博弈焦点。英国主张世界银行和IMF总部应该放在欧洲，最好是伦敦。英国清楚地认识到美国要从英国手中拿走货币霸权的接力棒，手段之一就是让英国在战后国际事务中影响力下降，因此

---

[1] ［美］罗伯特·吉尔平著，杨宇光等译：《国际关系政治经济学》，上海：上海世纪出版集团，2011年版，第126页。

英国希望私人债权人而不是美国政府在国际金融机构中扮演更为重要的角色。但美国在世行中股份近40%，对世行的操作具有决定性发言权，调子最后还是由美国人来定——世行坐落在美国。当争论世行应该坐落在美国哪座城市时，英国和法国倾向于纽约，认为纽约不仅是世界经济和金融的中心，还便于开展与联合国的合作。但美国强调世行和IMF的办事处应坐落于华盛顿，进而加强政府而不是私人金融机构对它们的控制力。美国财政部长弗瑞德·M.文森（Fred M. Vinson）认为，世行和IMF是各国政府间合作机构，主要是政府间业务，放在华盛顿更方便，因为这里有各国政府的代表机构。世行和IMF虽然需要以富有成效的方式运营其资产，但并不是盈利机构，不仅仅是两家金融机构。最后，联合国放在了纽约，而世行和IMF则被放在了华盛顿，紧挨着财政部和国务院。此外，美国政府还组建了国际货币与金融问题国家委员会（NAC），用以监督世行、IMF和其他政府间借贷机构的运作，其负责人是财政部长，组成人员包括国务卿、商务部长、美联储主席和进出口银行管委会主席。在世行和基金组织投票时，美国在这些组织中的执行董事要直接向NAC负责。[①] 在国际金融机构的选址问题上，美国再一次战胜了英国。

除布雷顿森林体系外，美国与英国还有一个竞争点，就是如何对待英镑体系。英镑体系是美国向拉美和亚洲市场渗透的直接威胁，或者说是障碍，需要加以清除。比如，根据英国与阿根廷1933年签署的协定，阿根廷在英国市场上出售商品获得的英镑收入，在偿还外债等合理扣除后，剩余部分只能用于购买英国的商品、支付英国船只的货运费，或者支付英国持有的阿根廷债券的利息。美国解决这一问题的方法是与英国签署美英贷款协定，以提供战后英国亟需的贷款为条件，迫使英国在战后谈判中的重要问题上都做出让步。从美英的博弈可以看出，美国凭借二战后的超强实力步步为

---

① ［美］迈克尔·赫德森著，嵇飞、林小芳译：《金融帝国：美国金融霸权的来源和基础》，北京：中央编译出版社，2008年版，第161—163页。

营，英国则因为国力衰弱不得不屡屡退让。而其他国家，在币权问题上只能看着美英逐鹿，自己没有发言权。

二、美法竞争与布雷顿森林体系的解体

布雷顿森林体系一定程度上为国际经济活动提供了可使用的国际货币、稳定的汇率机制，以及国际支付危机的应对工具，有利于维持国际金融稳定和国际贸易增长，但也有自身难以克服的缺陷。美国对外负债增长快于黄金储备增长，也就是国际流通中的美元数量增长快于黄金的增长速度，美元要维持与黄金的汇价越来越困难。随着世界经济的增长，美国要满足参加国不断增加的对美元储备的需求，但却面临黄金因为产量制约而供应不足的困境，使得美国陷入两难。同时，美国需要给不断扩张的国际经济活动提供流动性，因而保持国际收支逆差，而持续的国际收支逆差又会引发外界对美国经济和美元兑换黄金承诺的担忧，这似乎是一道无解的难题，也称之为"特里芬难题"。在布雷顿森林体系下，美元危机的爆发只是时间问题。

法国对美国的货币霸权素有不满，认为美国滥用了货币特权。戴高乐总统经常抱怨，美国人随心所欲地印美元，用于越南战争、收购外国公司以及维护在欧洲和其他地方的政治霸权。[1] 法国人也最先意识到，美国长期经常项目逆差掩盖着美元危机。20 世纪 60 年代，随着越南战争的进行，美国军事开支结余流到外国中央银行，尤其是法国的手中。法国利用手里的外汇储备，向美元发起攻击。1965 年以后，法国、德国央行几乎每个月都将手中结余的钱兑换成黄金。[2] 法国总统戴高乐曾半开玩笑地对他的财政部长建议，

---

[1] ［美］罗伯特·吉尔平著，杨宇光等译：《国际关系政治经济学》，上海：上海世纪出版集团，2011 年版，第 128 页。

[2] ［美］迈克尔·赫德森著，嵇飞、林小芳译：《金融帝国：美国金融霸权的来源和基础》，北京：中央编译出版社，2008 年版，第 401 页。

让他开着法国的巡洋舰"科尔贝"号，把法国的美元储备换成黄金运回法国。① 美国中央情报局的秘密报告显示，"法国政府的态度以及法国一些官员的举动，是引起大规模投机美元的重要因素"。②

1971年，终于爆发了美元危机，美元兑换黄金的平价体系再也无法稳定维持。1971年8月15日，尼克松政府被迫宣布实行"新经济政策"，停止美元兑换黄金，并对进口增加10%的附加税。"新经济政策"的实施直接导致了国际金融市场的紊乱，外汇市场上各国纷纷抛售美元，汇率波动剧烈，布雷顿森林体系土崩瓦解，主要西方国家汇率开始自由浮动。1973年，第一次石油危机爆发，西方经济陷入混乱，浮动汇率却在衰退和混乱中表现良好。1975年西方六国在首次首脑会议上决定接受现实，放弃重建固定汇率的尝试，要求IMF修改章程，承认浮动汇率。1976年1月，IMF"国际货币制度临时委员会"在牙买加召开会议，讨论修订《国际货币基金协定》条款。各国经过多次协商，最终达成《牙买加协定》，承认了既定事实，正式开始了牙买加体系时代，并一直延续至今。

---

① 法国与美国的竞争和博弈过程第二章第一节"威胁国际货币体系"部分已做阐述，此处不再赘述。

② Central Intelligence Agency, "French Actions in the Recent Gold Crisis", Mar 20, 1968, 转引自：[美] 弗朗西斯·加文著, 严荣译：《黄金、美元与权力：国际货币关系的政治（1958—1971）》, 北京：社会科学文献出版社, 2011年版, 第220页。

第五章 欧元诞生对美元的冲击

二战后，欧洲在与美国的币权竞争中，几乎每次都是一败涂地。法国虽然利用"特里芬难题"搞垮了布雷顿森林体系，但自己未能得到任何权力和好处，美国在牙买加体系中依然独揽霸权。1999年欧元的诞生，被视为国际货币史上的重大事件，欧洲通过统一货币整合了内部力量，美国的货币霸权迎来旗鼓相当的对手，美国和欧洲的币权竞争进入到新的阶段。

一、欧元诞生是美欧币权竞争的产物

欧元的诞生是人类的一个伟大实践，此前从来没有货币统一先于政治统一的先例。欧元之所以能从幻想走向现实，是多重因素共同促成的结果。

从经济方面看，欧洲国家经济相互依赖，联系紧密，客观上确实需要一个稳定的货币合作机制，从欧洲近代史上看，欧洲国家尝试过多种形式的货币合作。[1] 欧洲央行前首席经济学家托马·伊辛认为，欧洲统一货币的准备工作可以追溯到20世纪50年代的"欧洲经济共同体"。[2] 1969年12月，欧共体国家起草了《维尔纳报告》，计划用10年时间实现经济与货币联盟，后因为70年代美元

---

[1] [荷] 玛德琳·赫斯莉著，潘文、石坚译：《欧元：欧洲货币一体化简介》，重庆：重庆大学出版社，2011年版，第7—10页。
[2] [德] 奥托马·伊辛等著，康以同、陈娜、刘潇潇译：《欧元区的货币政策：欧洲中央银行的策略和决策方法》，北京：中国金融出版社，2010年版，第1页。

停止兑换黄金和石油危机的冲击,而未能实现;再后来又尝试了蛇形浮动、欧洲货币单位、欧洲汇率体系等等。① 欧元的诞生,使得在金本位后,欧洲国家第一次不再需要担忧汇率波动的风险,这很大程度上促进了内部大市场和经济发展。②

从安全考虑看,发动两次世界大战的德国再次实现统一,必然会引起其他国家的警惕,也将引起欧洲内部的复杂博弈。欧洲货币一体化不是一个纯粹的经济现象,而是基于更高政治目的的事件。德国前总理施密特曾说过:"如果我们找不到办法把德国拴在欧洲,德国还会回头去找他的恶魔。"③ 作为国家统一的代价,德国交出了他最珍贵的、代表德国实力与成就的象征——马克。④ 德国放弃马克和其他国家一起使用欧元,既有利于消除欧洲国家对德国重新崛起的顾虑,也有利于德国在欧洲摆脱孤立。

从币权角度看,欧洲国家打造欧元,也是欧洲国家不甘臣服美元霸权,力求掌握自己经济命运的结果,是美欧币权竞争的一个结果。荷兰政治经济学家玛德琳·赫斯莉认为,欧盟在全球经济与贸易中的份额,与其在全球政治事务中的"轻量级地位"相矛盾,经济与货币联盟长远看有望成为其政治一体化的工具。⑤ 美元霸权建立后,美欧之间进行着激烈的竞争,而面对强势的美元霸权,欧洲往往是输家,这一定程度上刺激和加快了欧洲货币统一的进程。丁一凡研究员认为,如果没有美元危机以及对欧洲的冲击,欧共体国家在货币一体化上也许不会走得这么快。⑥ 王湘穗教授也认为,欧元币缘圈的出现,在很大程度上是由于美元体系推动的金融全球化

---

① 丁一凡:《欧元时代》,北京:中国经济出版社,1999年版,第33—45页。
② Benjamin J. Cohen, *The future of global currency: the euro versus the dollar*, London and New York: Routledge, 2011, p. 2.
③ [日]小林正宏、中林伸一,王磊译:《从货币读懂世界格局:美元、欧元、人民币、日元》,东方出版社,2013年版,第106页。
④ 丁一凡:《欧元时代》,北京:中国经济出版社,1999年版,第52页。
⑤ [荷]玛德琳·赫斯莉著,潘文、石坚译:《欧元:欧洲货币一体化简介》,重庆:重庆大学出版社,2011年版,第2页。
⑥ 丁一凡:《欧元时代》,北京:中国经济出版社,1999年版,第25页。

侵蚀了欧洲的利益,并威胁到欧洲各国的生存,欧元体系是保护欧洲经济利益的城堡。①

在第一章中,我们讨论的"四大币权"的第一种就是主导国际货币体系的权力,既包括体系规则的制定权,也包括经济政策的自主权。就欧洲而言,虽然二战后经济得到有力恢复,但要取代美国、夺取国际货币体系规则制定权,自然实力未到,欧洲对此当然也有清楚认识。但欧洲也意识到,团结起来争取经济政策的自主权,还是有可能的,而且也是必要的。因为在经济政策自主方面,欧洲受到美国影响太大,也深受其害。欧洲汇率体系的建立,部分原因就是欧洲对美国没能管理好自身经济并转嫁风险给其他国家的一个反应。②德国前总理施密特认为,推进欧洲货币一体化,让欧洲其他国家的货币与马克紧密联系在一起,有利于减小美元贬值对德国经济的冲击。③欧盟首任驻华大使杜侠都(Pierre Duchateau)曾表示,从经济规模上看,欧洲国家都属于中等规模国家,这让他们无法控制本币的利率,只有像美国那样的大国可以做到。在经济实力不够强、货币覆盖面不够大时,货币主权实际上是一种幻觉。欧元区各国只有共同行使货币主权,才有可能采取有效的货币政策。④

美元的不稳定和政策失误促使欧洲人创造单一货币。⑤ 20世纪60年代起,美国就断断续续出问题,美国人喜欢借钱消费、贷款投资,还要与苏联争夺霸主地位,在天上开展人造卫星、宇宙飞船、太空探险等竞争,在地上打了一场旷日持久的越南战争。这些庞大

---

① 王湘穗:《币缘论:货币政治的演化》,北京:中信出版集团,2017年版,第381—382页。
② [美]大卫·M.安德鲁编,黄薇译:《国际货币权力》,北京:社会科学文献出版社,2016年版,第87页。
③ Barry Eichengreen, *Globlizing Capital: History of the International Monetary System*, second edition, Princeton and Oxford: Princeton University Press, 2008, p.158.
④ 丁一凡:《欧元时代》,北京:中国经济出版社,1999年版,第105页。
⑤ [美]查尔斯·金德尔伯格著,徐子健、何建雄、朱忠译:《西欧金融史(第二版)》,北京:中国金融出版社,2010年版,第478—491页。

的政府开支使得美国财政捉襟见肘,预算赤字不断扩大,公债节节攀升。①

当美元出现问题导致资金流出美国市场时,这些资金不会均等地流向欧洲各国市场,而是主要会流向德国,因为德国马克是欧洲乃至全世界最坚挺的货币。德国马克对法郎升值使德国出口商失去竞争优势,资金流入也会加剧德国通胀的压力,而德国人对通胀的警惕又根深蒂固。让德国人更难以接受的是,美国还把美元危机的责任推给德国,认为导致资金从美国流向德国的原因是"德国利率过高"。1971年6月,时任美国财政部副部长保罗·沃尔克(Paul Volcker)在国会听证时表示,"近期的危机不是美元外逃,而是涌向德国马克"。德国联邦银行前行长奥特玛·埃明格尔(Otmar Enminger)称,对欧洲来说,与美元共存就好比与一只大象同船,即使它只是小心翼翼地一侧身,整条船都会让人头晕目眩地摇晃,摆脱困境最重要的办法是欧洲国家采取共同行动。②

美元给欧洲带来的问题不止于德国,还有欧洲的另一大经济体——法国。不同的是,与德国马克的升值压力相比,法郎的贬值使法国决策者"失去面子",戴高乐政府认为货币贬值就是失败,当时"五月运动"的抗议活动此起彼伏,戴高乐政府处于危机边缘。美元的问题给欧洲国家带来巨大麻烦,也促使欧洲积极思索应对办法。法国前总统德斯坦认为,欧洲共同货币可以成为美元强有力的竞争对手,而且法国将获得该货币的控制权。法德等国的共同政治意志对欧洲货币一体化产生了决定性影响。③ 有学者指出,欧洲货币合作的深化,意味着国际货币体系的分权。④

---

① 丁一凡:《欧元时代》,北京:中国经济出版社,1999年版,第27页。
② 周弘、彼得·荣根、朱民:《德国马克与经济增长》,北京:社会科学文献出版社,2012年版,第185—192页。
③ 李晓、丁一兵:"欧洲货币一体化的推动力与大国关系——从国际政治经济学角度的考察",《学习与探索》2007年第5期,第148页。
④ [美]罗伯特·吉尔平著,杨宇光等译:《国际关系政治经济学》,上海:上海世纪出版集团,2011年版,第136页。

第五章 欧元诞生对美元的冲击

美国著名经济学家保罗·克鲁格曼（Paul Krugman）和茅瑞斯·奥伯斯法尔德（Maurice Obstfeld）认为，欧共体之所以在20世纪60年代末开始寻求货币政策的一致性和汇率的更大稳定性，其中一个重要原因就是提高欧洲在国际货币体系中的地位。1969年的货币危机让欧洲对美国货币政策的可靠性失去了信心，美国越来越多地把国家利益放在其国际货币职责之前。面对美国越来越"自私"的政策，欧洲国家为了捍卫自己的经济利益，决定在货币问题上采取一致行动。而美国不愿欧洲国家的货币与美元保持稳定，而是希望他们升值，因为这样会引发欧洲国家间的矛盾，让欧洲货币整合变得困难。[1] 布雷顿森林体系崩溃后，欧洲国家为了稳定汇率，决定建立欧洲货币体系，这不仅仅是出于维持汇率稳定和扩大内部市场的考虑，更有抵御美元波动影响和实现与美国分庭抗礼的意义。[2]

欧元诞生的过程，再一次验证了法国对美国货币霸权的不满和两者之间的竞争。二战以来，法国一直在寻求一种威慑力量和独立于美国之外的防御联盟。联邦德国虽然经济实力强大，货币也更为坚挺，但却与法国不同，在安全上更为依赖美国。只要苏联军队驻扎在柏林周围，联邦德国就要依靠美国的防务保护伞。因而，联邦德国是一个"顺从的盟国"，当美国要求他支持美元时，他就会遵命而行，不愿意或者说是不敢于在币权问题上与美国过度竞争。秉持戴高乐主义传统的法国人希望有一种能够挑战美元的货币，想从德国央行那里得到货币政策控制权，掌握欧洲货币政策的话语权。在法国人看来，货币权力与军事权力都很重要，法国人希望减少对美国的依赖，欧元是他们的货币震慑力量。[3]

---

[1] Michael Hudson, *Global Fracture: The New International Economic Order*, London: Pluto Press, 2005, p. 96.

[2] 鲁世巍：《美元霸权与国际货币格局》，北京：中国经济出版社，2006年版，第208页。

[3] ［美］巴里·埃森格林著，陈召强译：《嚣张的特权：美元的兴衰和货币的未来》，北京：中信出版社，2011年版，第85页。

二、欧元的成就及对美元霸权的冲击

1999—2002年，欧元的启动总体上是成功的，没有遇到技术上的问题，顺利取代了12个欧洲国家的主权货币。作为一个新生事物，欧元站稳了脚跟。

欧元的成就首先是带给欧洲和平与稳定。正如前述，欧元是个政治工程，欧元的成就很大程度上也体现在政治和安全上，使用共同货币的欧洲，成功解决了德国统一可能给欧洲带来的安全威胁，让德国成为"欧洲的德国"，但这些成就往往为经济学家所忽略。从经济角度看，欧元的成就主要体现为对欧元区内经济的促进，包括消除了成员国间的汇率波动风险、进一步消除贸易壁垒、促进价格透明和市场整合、降低交易成本等等，给欧元区带来了很多好处。[1]

但从美欧币权竞争的角度看，欧元取得的成就是有限的，美元的地位并没有受到明显的挑战。在欧元诞生的最初几年，欧元的国际使用的确有所增加，尤其是在债券市场，欧元也成为仅次于美元的第二大国际货币。但在新货币发行引起的"短暂激情"过后，欧元的国际化变得止步不前，而且主要发生在有限的市场部门和地区。欧元诞生后，在国际货币方面的份额，与欧元所取代的货币相当。也就是说，欧元的诞生对于取代美元，可以说是没有发挥作用。根据国际清算银行的数据，2001年，全球外汇交易有90%使用美元结算（与1989年相同），欧元只有38%，这比德国马克的30%要高，但是要低于欧元所取代的货币的总和（53%）。[2] 从金融

---

[1] Barry Eichengreen, *The European Economy Since* 1945, Princeton and Oxford: Princeton University Press, 2007, pp. 370–378.

[2] 因为外汇交易涉及两种货币，所以各种比例加起来的总额是200%，而不是100%。

市场来看，世界上投资组合中的欧元资产比重变化很小。① 而且，这一趋势主要是欧元债券供给的增加，从需求的角度看，投资经理们还是不太愿意转向欧元。欧洲发行的债券，主要是欧洲自己买。② 正如经济学家埃德温·杜鲁门（Edwin Truman）所言，"目前为止，能够证明积极的从美元向欧元转换的证据是非常有限的"。③ 同时，欧元诞生后的一段时间，欧元的贬值让很多人失望。从1999年1月到2002年初，欧元对美元贬值25%，外界对欧元的稳定产生了质疑。之后一段时间，欧元汇率明显上升，2005年初达到1∶1.3，外界信心才有所恢复。④ 总体看，欧元的诞生并没有给世界带来"惊喜"，既没有像批评者所说的那样引发灾难，也没有像支持者期待的那样取得巨大成就。⑤

经济与货币联盟的成立，也没能让欧盟国家政府在IMF和其他国际金融机构中发挥更大的作用。美元的地位可能因为美国持续的财政和贸易赤字受到挑战，但欧元的命运是区域性的，而不是全球性的。欧元作为国际货币的使用，主要限于欧盟以及周边的"后院"。欧洲与货币联盟之外的其他经济体之间的贸易中，极少有用欧元结算的。⑥ 欧元在币权竞争中，的确有很多优势：经济规模大、政治稳定、通胀率低、币值稳定。⑦ 但是，欧元也有很多不容忽视的缺陷：

第一，统一大市场尚不完善，交易成本高。不同国家使用不同的清算、结算系统，税收体制不尽相同，会计准则和商业习惯也不

---

① Benjamin J. Cohen, *The future of global currency: the euro versus the dollar*, London and New York: Routledge, 2011, pp. 62–63.
② Ibid., p. 109.
③ Ibid., p. 110.
④ ［荷］玛德琳·赫斯莉著，潘文、石坚译：《欧元：欧洲货币一体化简介》，重庆：重庆大学出版社，2011年版，第74页。
⑤ Barry Eichengreen, *The European Economy Since 1945*, Princeton and Oxford: Princeton University Press 2007, p. 370.
⑥ Benjamin J. Cohen, *The future of global currency: the euro versus the dollar*, London and New York: Routledge, 2011, p. 122.
⑦ Barry Eichengreen, *Globilizing Capital: History of the International Monetary System*, second edition, Princeton and Oxford: Princeton University Press, 2008, p. 222.

一样,银行等比较敏感的部门也归各国政府自行监管。① 尤其各个成员国都有自己的债券,不能像美国那样提供单一的金融工具。债券市场的分割这一问题很难解决,这意味着交易成本高这一缺陷将持续影响欧元作为国际货币的吸引力。与美国和英国相比,欧洲大陆的金融市场总体上仍处于较低的发展水平,这是欧洲取得货币主导权的主要和持续障碍。② 美国金融市场的深度和流动性,仍然是美元独一无二的优势。③

第二,经济增长慢,长期看这限制了欧元的吸引力。人口老龄化限制了人力资源的增长,并且对养老金支付形成沉重负担;僵化的劳动力市场,阻碍了经济的适应性;过多的政府干预,限制了创新和企业家精神。欧盟在2000年颁布的《里斯本议程》中曾提出研发支出占GDP的比例要达到3%。但由于企业承担了过重的福利负担,创新意愿和经费均不足。10多年过去了,研发支出占GDP的比例仅为2%左右。同时,财政与货币政策制度条款也成为增长的限制。在财政政策方面,各国需要遵守《稳定与增长公约》,成员国财政赤字占GDP比例不能超过3%,公共债务占GDP的比例不能超过60%。虽然包括德国、法国等在内的多个成员国,都曾违反这一公约,但公约还是有约束力的,限制了成员国利用财政政策刺激增长。④ 货币政策方面,欧洲央行与其他国家的央行明显不一样,它似乎只有一个目标,就是物价稳定。而且,欧洲央行在法律上还被赋予了极大的独立性,不受政治的干扰。这样,欧洲央行可以"自由地"控制通胀,即便这限制了经济增长。很多批评意见认为,

---

① [美]巴里·埃森格林著,何帆等译:《镜厅》,北京:中信出版集团,2016年版,第70页。
② [美]大卫·M.安德鲁编,黄薇译:《国际货币权力》,北京:社会科学文献出版社,2016年版,第92页。
③ Barry Eichengreen, *Globilizing Capital: History of the International Monetary System*, second edition, Princeton and Oxford: Princeton University Press, 2008, p. 226.
④ Benjamin J. Cohen, *The future of global currency: the euro versus the dollar*, London and New York: Routledge, 2011, p. 106.

欧洲央行的货币政策应该"更有弹性"。① 在实践中，虽然欧洲央行没有对增长完全置之不理，但其通胀导向的政策目标是十分清楚的。受到这些因素影响，欧洲和美国在产出和劳动生产率方面存在鸿沟，而且这一差距呈扩大趋势。②

第三，货币政策效率有问题。货币政策的实际操作在欧洲央行的执行董事会（Executive Board）手中，由央行主席、副主席和其他四位成员组成。货币政策的决定权属于管理委员会（Governing Council），其成员除了执行董事会的六名成员外，还有各成员国的央行主席，每个人的投票权相同。③ 这样的治理结构必然导致低效率，缺陷是明显的。即便在 2004 年和 2007 年欧盟扩大前，管理委员会已经比其他主要国家央行的决策机构要大很多。随着欧盟的扩大，新成员的加入，这样的治理机构显得更加笨拙。加入欧盟后，新成员国都会成为管理委员会的观察员国，一旦加入欧元区就有投票权。由于决策圈人数很多，讨论问题必然耗时，而且复杂。有人这样形容，扩大使得管理委员会人太多了，连在哪里吃晚饭都决定不了，更别提为 4 亿人制定货币政策。④

第四，欧元区的币权主体不明确，也就是究竟谁代表欧元区对外争取和使用币权的问题。对于这一点，《马约》并没有给出明确答案。没有一个单一的机构能够在国际事务中代表欧元区。有观点认为这有利于维系欧元区内部的平衡，但实际上这是对无法达成共识这一失败的掩饰。这让欧元处于次要地位，因为这限制了欧元区作为一个整体在国际货币事务上的能力。比如在 IMF 和 G7，每个国家都在为自己而不是欧元区代言。⑤ 政治学家凯瑟琳·麦克纳马拉

---

① Barry Eichengreen, *The European Economy Since* 1945, Princeton and Oxford: Princeton University Press, 2007, p.375.

② Ibid., p.414.

③ [荷] 玛德琳·赫斯莉著，潘文、石坚译：《欧元：欧洲货币一体化简介》，重庆：重庆大学出版社，2011 年版，第 38 页。

④ Benjamin J. Cohen, *The future of global currency: the euro versus the dollar*, London and New York: Routledge, 2011, p.107.

⑤ Ibid., p.141.

（Kathleen Mcnamara）和索菲·默尼耶（Sophie Meunier）认为，只要欧元区对外不能用一个声音说话，就像美国财政部长对外代表美元一样，美元作为国际货币的领先地位就无可动摇。[①] 理论上讲，有几个机构可以对外代表欧元。但实际上，没有哪一个足以解决问题。首先，第一个可能的选择是欧洲央行。作为欧元区唯一的共同机构，欧洲央行在全球货币事务中对外代表欧元区，似乎是理所当然的。但这有悖一个传统，就是一个经济体通常为一国的财长和央行行长共同代表，因为财长对自己所在政府有政治影响力。欧洲央行当然没有这一权力。事实上，也很难想象成员国政府会赋予欧洲央行这一权力，因为央行的设计初衷就是极力避免受到成员国的政治影响。同时，由于"民主赤字"问题的存在，欧洲央行作为"超国家机构"，其合法性还引来质疑，不少批评意见认为欧洲央行的问责制和民主合法性都存在不足，[②] 这更让其难以担当实施币权的重任。其次，也有人曾经建议设立一个新职位，有足够的权力扮演欧元区财政部长的角色，就像欧盟外交与安全事务的高级代表。但外交与安全事务代表的经验已经表明，内部意见不一致极大损害了这一职位的权威。一个新设的职位既不能忽视，也不能统一成员国五花八门的意见，实际效果有限。第三个可能是欧元集团。事实上，欧元集团主席2005年起已经开始参加G7会议，尽管没有明确的职责。在IMF层面，欧元集团主席也被邀请代表欧洲经济与货币联盟发表声明。但在任何情况下，欧元集团主席都无权代表欧洲经济与货币联盟对外谈判。背后的根本原因在于利益的多元化，大家都不愿意把权力交出来，即便在欧元诞生10年后，国家认同仍然优先于共同利益。[③] 只要欧元区不是一个国家，由谁来充当代表的争

---

① Benjamin J. Cohen, *The future of global currency: the euro versus the dollar*, London and New York: Routledge, 2011, p. 111.
② ［荷］玛德琳·赫斯莉著，潘文、石坚译：《欧元：欧洲货币一体化简介》，重庆：重庆大学出版社，2011年版，第44页。
③ Benjamin J. Cohen, *The future of global currency: the euro versus the dollar*, London and New York: Routledge, 2011, p. 112.

论就会一直存在。没有必要的改革,欧元区尽管是一个经济巨人,但却是一个政治侏儒,很难在国际舞台展现其货币权力。①

总之,尽管欧元在其他领域取得了成功,但在应对外部挑战方面没有明显改善,没有给美国的货币霸权带来冲击。根源在于内部分歧和机构设置困扰了决策。或者说,欧洲尚缺乏与美元相抗衡的政治意志。②只要欧洲经济与货币联盟还是一个"非主权货币区"而不是一个真正的联邦,结构性缺陷就会存在,也难以对美国的货币霸权构成显著影响。③

三、欧元的国际角色

欧元诞生后,内部汇率波动风险得以消除,对于近代以来一直受到汇率波动困扰的欧洲大陆来说,这是一个了不起的成就。但从国际层面看,欧元的表现是难以令人满意的,欧元并没有对美元构成显著威胁,其货币外交的潜力也未全部释放。

虽然欧元在很大程度上是政治协议塑造的,但驾驭欧元的并不是这些政治协议,而是一个独立运作的欧洲央行。④欧元是一个没有国家主权的货币,欧洲经济与货币联盟应对外部挑战的能力受到了极大的限制,如果"用这么多声音对外说话",很难成为一个重要角色。某种程度上说,欧元仍然是国际货币事务领域的"旁观者"。欧洲央行"优先目标"是物价稳定,这一点在《马约》做了明确规定,国际收支问题则留给了成员国自己解决。在国际收支方面,欧洲经济与货币联盟总体上是平衡的,不论是顺差还是逆差,

---

① Benjamin J. Cohen, *The future of global currency: the euro versus the dollar*, London and New York: Routledge, 2011, p.147.
② [美]迈克尔·赫德森著,嵇飞、林小芳译:《金融帝国:美国金融霸权的来源和基础》,北京:中央编译出版社,2008年版,第358页。
③ Benjamin J. Cohen, *The future of global currency: the euro versus the dollar*, London and New York: Routledge, 2011, p.113.
④ [荷]玛德琳·赫斯莉著,潘文、石坚译:《欧元:欧洲货币一体化简介》,重庆:重庆大学出版社,2011年版,第72页。

基本上没有超过 GDP 的 1%。汇率波动相对大，主要反映的是美元币值的变化。欧元诞生时正值美元强势，欧元汇率从 1.18 贬值到 0.82（2000 年 10 月），其后随着美元贬值，欧元又开始升值。这种汇率变动更多是因为美元虚弱，而不是欧元势强。与美国对美元汇率的控制相比，欧洲中央银行对于介入汇率市场一直比较谨慎。实际上，欧洲基本上是币值波动的旁观者，几乎没有主动出手干预过汇率。

欧元有一个重要风险，就是没有准备好应对来自外部的金融不稳定，也就是没有明确一旦发生危机，由谁来管理。根据《马约》，欧洲央行没有权力应对金融波动，这一权力仍然属于成员国，成员国的央行对本国内的金融机构和市场负责。只有一个例外，就是《马约》让欧洲央行支持 TARGET。这是一个泛欧清算机制，一旦支付出现问题时，欧洲央行有促进支付体系平稳运转的职责，但却没有说一旦发生金融机构的严重流动性不足该怎么办，没有提及欧洲央行是否有权力扮演"最后贷款人"。《马约》的这一"沉默"也引起了许多讨论，有法律方面的评论家认为，这是一种"建设性模糊"，"补充性原则的措辞为联盟介入留下了可能的空间"。但很多人不同意这种看法，认为既然这一责任没有明确赋予欧洲央行，只能是留在成员国。实际操作中，"最后贷款人"的职责留给了各个成员国央行。很显然，没有人为整个欧元的稳定直接负责。[①] 这一体系能确保欧元区的稳定运转吗？虽然欧洲央行表示乐观，认为这是一个"全面的、多层次的、有弹性的框架"，有潜力适应特定的挑战，但如果拥有大量跨境交易的金融机构出现问题，怎么办？该国的监管机构对于本国和欧元区其他国家的利益相关者，能否做到公平、一视同仁呢？该国的监管机构是否仅采取保护本国公民或者机构的措施，甚至与欧元区其他国家发生冲突？观察家加里·斯基纳西（Garry Schinasi）认为，很难想象成员国会把欧洲利益置于

---

① Benjamin J. Cohen, *The future of global currency: the euro versus the dollar*, London and New York: Routledge, 2011, pp. 98 – 102.

本国利益之上。欧元面临的核心问题是：一方面是一体化的冲动，另一方面是青睐分散管理，这两者之间存在矛盾。这样的规则让有效率、有效果的危机管理变得不可能。[1] 这些问题在我们后面将讨论的欧债问题中，都暴露了出来。

---

[1] Benjamin J. Cohen, *The future of global currency: the euro versus the dollar*, London and New York: Routledge, 2011, p. 103.

第六章 美国对欧元的态度

二战后，美国支持欧洲一体化进程，主要目的是让欧洲团结起来与美国一起遏制苏联，但这并不意味着美国希望欧洲成为自己的竞争对手。随着欧洲一体化取得显著成就，即便在冷战时期，美国的态度也出现了变化。20世纪60年代后期，随着经济快速恢复，欧洲与美国的实力差距不断缩小，谋求自主自立和重振国际地位的愿望上升，与美国的利益矛盾和摩擦开始增多。冷战后，国际安全局势缓和，美国调整了对欧洲的政策，由过去的单纯支持转变为支持与压制并用。欧洲由于东部面临的威胁减轻，欧洲一体化的发展使得欧洲的整体实力增强，他们利用这一历史契机吸收东欧国家，既扩大了自己的实力，也扩大了自己的市场，并且寻求政治一体化，试图与美国建立某种平等的伙伴关系。这一趋势引起了美国国内越来越多的忧虑，许多人担心欧洲一体化的发展，会让欧盟成为美国真正的竞争对手。在此形势下，美国对欧洲货币一体化进程的警惕、防范和遏制进一步上升。[①]

一、质疑与警惕

对于几个主权国家如何使用共同货币，经济学家在20世纪60年代就已经构建了"最优货币区"（OCA）理论，该理论的创建者

[①] 鲁世巍：《美元霸权与国际货币格局》，北京：中国经济出版社，2006年版，第206页。

就是后来被称为"欧元之父"的诺贝尔经济学奖获得者罗伯特·蒙代尔（Robert Mundell）。根据这一理论，单一货币区要稳定运行，资本、劳动力等生产要素必须能够自由流动，各国经济指标也必须趋同。而欧元创建时，欧元区显然不能满足这些标准，各国的经济差异仍然比较大，劳动力的流动也受到语言、文化、福利制度等方面限制。这一理论也成为了后来美国经济学家如何看待欧洲创建共同货币的理论基础。

欧元诞生前几年，美国的舆论普遍质疑欧洲统一货币，认为那是不切实际的乌托邦。[①] 20世纪90年代初，由于欧洲汇率体系危机，导致了欧洲货币一体化遭遇严重挫折，对欧洲使用共同货币的质疑是有理由的。[②] 米尔顿·弗里德曼和马丁·费尔德斯坦等著名经济学家，都估计欧元不会有好的结局。[③] 还有美国经济学家认为，由于欧洲各国经济发展步调不一致，使用共同货币会引发内部的不和与冲突，从而损害成员国的繁荣与发展前景。[④]

欧元启动后，"乌托邦"变成了现实。表面上，美国的官方和企业都表示支持欧元，认为欧元可以加强欧洲这个美国盟友的力量，可以给美国企业开发欧洲市场创造条件，欧元成为储备货币也可以分担美国的责任。美国虽然不承认欧元有什么可怕，但实际上心里还有忧虑。美国学者小约瑟夫·奈（Joseph S. Nye. Jr.）认为，随着欧洲一体化的推进，可能欧洲国家还不在一条船上，但是所有的船只都被各种方式拴在一起，这种情形与过去大不相同。[⑤] 美国前财政部副部长劳伦斯·萨默斯（Lawrence H. Summers）也对欧元

[①] ［荷］玛德琳·赫斯莉著，潘文、石坚译：《欧元：欧洲货币一体化简介》，重庆：重庆大学出版社，2011年版，第6页。

[②] Barry Eichengreen, *Globlizing Capital*: *History of the International Monetary System*, second edition, Princeton and Oxford: Princeton University Press, 2008, p.219.

[③] 鲁世巍：《美元霸权与国际货币格局》，北京：中国经济出版社，2006年版，第45页。

[④] ［荷］玛德琳·赫斯莉著，潘文、石坚译：《欧元：欧洲货币一体化简介》，重庆：重庆大学出版社，2011年版，第50页。

[⑤] ［美］小约瑟夫·奈著，张小明译：《理解国际冲突：理论与历史》，2009年版，第316页。

表达了看法，认为"欧元应该成为结构改革的动力，而不是用对外措施掩盖内部摩擦，或者故意用弱货币的办法来制造某种比较优势"。萨默斯的意思是，美国人担心欧洲人会利用货币政策工具，把欧洲经济改革滞后的问题遮掩起来，故意调低汇率，搞"不平等竞争"，把问题转嫁到美国人身上去。许多观察家认为，美国对国际货币体系的主导将结束，世界将进入欧元时代，欧元取得与美元平起平坐的地位只是时间问题，甚至欧元将会超越美元。罗伯特·蒙代尔的观点具有代表性，他认为"欧元将会挑战美元地位，并改变国际货币体系权力的配置"。[1]

在第二章中，我们讨论了参与币权竞争所需要的条件，从这些条件来看，欧元和美元似乎不相上下。20世纪70年代美元与黄金脱钩以来，各国都进行了外汇储备多元化的准备，但美元仍占世界外汇储备的绝对主导地位，几乎一半的国际贸易都用美元结算，绝大多数的金融交易也用美元结算。布雷顿森林体系解体后，美国之所以继续享有货币霸权，一个重要原因是没有竞争对手。欧元诞生后，能够与美元相竞争的货币出现了，美国不可能不对此有所警惕。美利坚大学教授兰德尔·亨宁（Randal Henning）认为，欧洲统一货币后，各国企业股票的透明度提高，金融市场上的透明度也将提高，包括美国在内的投资者可能转向欧洲市场，大约会有9500亿美元的各种证券在欧元问世后转为用欧元结算。[2] 此外，欧洲统一货币后，对外汇储备的需求会大大下降，如果按照外汇储备不小于2.5个月进口所需这一保险系数来计算，欧元区只需要保持1300亿美元就足够，因此会多出2000多亿美元储备。如果把这些外汇储备投入市场，大批私人投资者再抛掉手中的美元证券，美元下跌在所难免。美国经济学家、彼得森国际经济研究所名誉所长弗雷德·伯格斯滕（Fred Bergsten）认为，这些因素加在一起，欧元诞

---

[1] Benjamin J. Cohen, *The future of global currency: the euro versus the dollar*, London and New York: Routledge, 2011, p.1.

[2] "美利坚帝国对欧元不屑一顾"，法国《解放报》，1997年12月31日。转载自，丁一凡：《欧元时代》，北京：中国经济出版社，1999年版，第200页。

生后，会使大约5000亿—10000亿美元的价值转向欧元。欧元作为储备货币的崛起，将向美元发起挑战。① 很多人都认为，欧元诞生后，货币权力的天平将会向欧洲倾斜。②

美国心里清楚，欧元尚不至于让美元从垄断地位上退出去。英国早就失去对世界经济的主导权，但在国际货币市场上，英镑作为主要的国际货币存在了半个世纪。美国经济还很庞大，美元不至于退出历史舞台。欧盟国家加在一起，股票、债券市场规模只有美国的2/3。欧洲资本市场要像美国市场规模那么大、流动速度那么快、产品种类那样多，还需要一定的时间。欧盟国家还需要协调他们的税收政策、法律规定和会计标准。③ 但欧元的份额会逐步扩大，会挤掉一部分美元的市场，会打破美元一统天下的局面，美国将不会像过去那样随意操纵美元而不受惩罚。

二、防范与遏制

第五章中我们分析了欧元的弱点，这些弱点限制了欧洲与美国的币权竞争。美国对欧元弱点有清晰的认识，相信美元保持霸权地位的关键是自己不犯错误，只要美国自己不出问题，欧元不是竞争对手。美国多数经济学家认为，美元能否保持国际地位，主要取决于自身的经济实力，而不是其他因素。④

欧元诞生之际，美国政府十分注重自身的经济健康状况，以免美元受到欧元的威胁。对内，克林顿政府首先向财政赤字开刀，使美国终于摆脱了达20年之久、困扰经济发展的财政赤字，实现了财政盈余，为经济政策的调整创造了宽松的环境，也为巩固美元地位

---

① 丁一凡：《欧元时代》，北京：中国经济出版社，第201页。
② Benjamin J. Cohen, *The future of global currency: the euro versus the dollar*, London and New York: Routledge, 2011, p. 1.
③ 丁一凡：《欧元时代》，北京：中国经济出版社，1999年版，第205页。
④ 鲁世巍：《美元霸权与国际货币格局》，北京：中国经济出版社，2006年版，第239页。

打下了物质基础。从图1中可以看出，尽管美元在20世纪60年代就面临难题，但由于缺乏竞争对手，美国的财政一直处于赤字状况，80年代财政赤字占GDP比例一度超过5%。但随着欧元诞生日期临近，美国政府感觉到压力，财政状况也随之改善，并在欧元诞生前实现财政盈余。

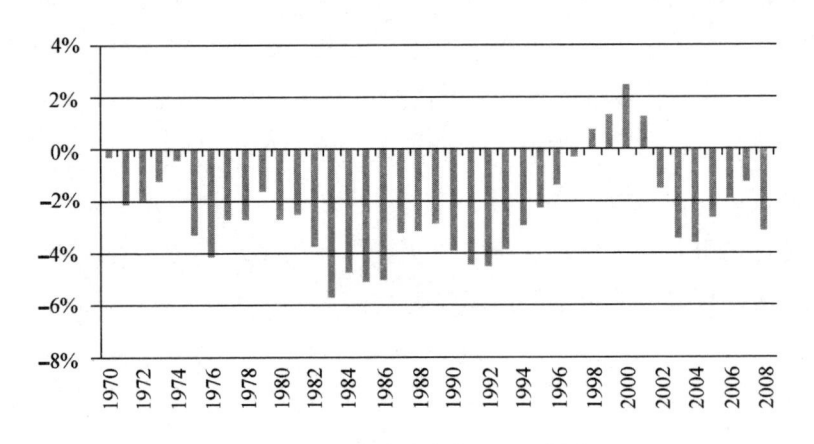

图1 美国财政结余占GDP比例

数据来源：Congressional Budget Office & Department of Commerce, Bureau of Economic Analysis & Office of Management and Budget, US.

对外，美国转变了放任贸易逆差的态度，为贸易逆差问题不惜对欧洲挑起贸易战，有意识地利用汇率政策改善贸易收支状况。在欧元诞生之前，美国政府决定加快北美自由贸易区建设，于1988年和1992年先后达成了《美加自由贸易协定》和《美加墨自由贸易协定》。在此基础上，美国还提出了"美洲倡议"，将目光转向中、南美洲，强化美元的"后院"。欧元诞生后，美国积极采取措施，加强北美自由贸易区，强化美元在亚洲、拉美和大洋洲的主导货币作用，并加强同非洲等地的经贸关系，夯实美元的经济基础。[①]

美元霸权的形成条件非常特殊，为保证继续享有货币权力，美

---

① 鲁世巍：《美元霸权与国际货币格局》，北京：中国经济出版社，2006年版，第238页。

国利用政治、经济、外交等各种手段在全球范围内构建"货币帝国主义"。①面对欧洲的货币合作，美国除了努力把自己的事情做好之外，适当遏制竞争对手的发展势头，也是现实选择，比如利用投机家索罗斯冲击欧洲汇率机制，延缓欧洲货币一体化进程。美国还利用金融全球化，大力倡导国际金融证券化、国际化、自由化，将资金控制渠道从传统的商业银行转到基金，扶植一批能在国际金融界呼风唤雨的国际基金，操纵国际金融市场和资本流动，控制和干扰他国经济政策。②这些都对欧元的货币稳定构成了威胁。

三、外交打压

如前所述，拥有币权需要相当的政治、外交和军事实力。没有一种货币能够在战乱、动荡的环境中保持稳定。在欧元区周边发动战争，是美元维持霸权、打压欧元的重要手段。

紧邻欧元区的巴尔干半岛的动荡，几乎一直伴随着欧元从孕育到诞生的整个过程，是影响欧元稳定性的重要一环。1991年美国发动海湾战争，国际局势紧张，美国的"避风港"地位凸显，大量资金流入美国，美元地位上升。当时正值欧洲货币体系建设关键时期，欧洲与中东地缘关系密切，海湾战争对欧洲一体化产生了消极影响。1999年欧元正式启动，这一时间前后，不少国家纷纷表示要调整外汇储备结构，减少美元，增持欧元。1999年3月24日，北约发动对南联盟的军事行动，打击了投资者对欧洲经济的信心，许多投资者为回避风险从欧洲撤资并投向美国，推动美国股市节节上升，而欧元汇率则加速下滑。③欧元的一路下跌大大动摇了国际资

---

① ［美］迈克尔·赫德森著，嵇飞、林小芳译：《金融帝国：美国金融霸权的来源和基础》，北京：中央编译出版社，2008年版，第354页。
② 鲁世巍：《美元霸权与国际货币格局》，北京：中国经济出版社，2006年版，第45页。
③ 杜厚文、王广中：《欧元的世纪：欧洲经济与货币联盟理论与实践》，北京：法律出版社，2003年版，第66页。

本对欧元能否成功整合的信心，最终美元渡过了困难期，并保持了对欧元的优势。欧盟官员在战后明确表示，科索沃战争是一场"需要认真反思的战争"。①

2003年伊拉克战争的背景是，美国经济10年繁荣期结束，陷入新世纪首次衰退，经济界连曝丑闻，"新经济"前景生疑，"9·11"加剧形势恐慌，财政与贸易的"双赤字"扩大，对外资依赖上升；欧洲经济虽不景气，但欧元正式诞生，顺利流通，表现态势看好。双方形势反差导致资本流出美国，涌向欧洲。据报道，伊拉克战争前几个月，有报告分析，欧佩克以后向欧盟出口石油可能改用欧元结算，而不是继续使用美元。② 美国发动伊拉克战争，即便直接目标不是打击欧元，也可以"一箭多雕"，收到维护美元霸权之功效。③ 2000年，萨达姆决定将石油结算从美元转换成欧元，后来又将100亿美元储备转换成欧元。有美国经济学家认为，"当伊拉克在2000年底将美元转向欧元时，萨达姆的命运就已注定"。④ 事实上，伊拉克战争中，多国部队的组成（美国、英国、丹麦、波兰等）中，没有一个是已经加入欧元区的国家。⑤

从表1中可以看出，美国在欧洲发动的几场战争的时间，都是美欧币权竞争的关键点，某种程度可以看出二者的关联性。这些战争或者冲突给欧洲带来的结果就是，厌恶风险的全球资本，随着欧洲安全环境的波动频繁流出流进，使欧洲无法发挥自身的经济强项和社会优势，难以扩大欧元在国际货币体系中结算和储备的份额。⑥

---

① 邹新："伊拉克战争——美元对欧元的战争"，《环球时报》2003年4月4日。
② ［墨］登威廉·恩达尔："一个新美国世纪——伊拉克战争与美元和欧元隐蔽的争夺战"，《全球化》2004年2月。
③ 鲁世巍：《美元霸权与国际货币格局》，北京：中国经济出版社，2006年版，第111页。
④ 江涌："欧佩克酝酿在原油结算交易中以欧元取代美元"，《上海证券报》2004年2月18日。
⑤ 时寒冰：《欧债真相警示中国》，机械工业出版社，2012年版，第96页。
⑥ 王湘穗：《币缘论：货币政治的演化》，北京：中信出版集团，2017年版，第344页。

表 1 欧元诞生后周边地区爆发的战争与冲突

时间	战争	背景	结果
1999 年	科索沃战争	欧元诞生	欧元汇率贬值与科索沃地位问题
2003 年	伊拉克战争	欧元开始流通	欧盟内部分裂,矛盾重重
2011 年	利比亚战争	美国金融危机后	欧债危机持续发酵
2014 年	乌克兰危机	欧债危机有所恢复	欧元国际地位下滑
2015 年	叙利亚危机	美元转向强势	大量难民涌入,一体化面临危机

资料来源:根据历史资料整理。

四、合作维持经济稳定

美国和欧洲在币权上是竞争对手,但双方经济规模庞大且联系紧密,经济上有很强的相互依赖。因此,双方在进行币权竞争的同时,也在货币问题上相互合作,以维护共同经济利益。欧元诞生后,美欧面临的一个共同问题是,如何管理双方的货币关系,使之不至于爆发严重冲突。要避免这一点,最重要的就是信息沟通。美欧政策协调的平台包括:IMF、OECD、国际清算银行、七国集团、十国集团等等。这些合作平台中,对于美欧货币合作最为重要的是七国集团。[①]

七国集团政策协调始于 1975 年,其成立的一个重要目的就是希望就布雷顿森林体系解体后的国际货币秩序达成某种新的妥协。七国集团首次首脑会议上,美国和法国达成了关于汇率机制的协议,也被称为"货币首脑会议"。此后每年举行一次首脑会议,货币金融领域是经济政策协调中磋商最频繁、协调最细致、效果最显著的领域,它与贸易平衡问题一起被西方称为七国集团"永恒的主题"。七国货币合作领域包括各国货币政策协调、外汇市场的协调干预、

---

① Benjamin J. Cohen, *The future of global currency: the euro versus the dollar*, London and New York: Routledge, 2011, p. 58.

危机发生后的联合应对等，采取的措施包括联合干预外汇市场、集体充当最后贷款人、领导国际金融机构的活动等，影响比较大的包括1985年的"广场协议"、1987年的"卢浮宫协议"等。七国集团对国际货币基金组织、世界银行、世界贸易组织、经合组织等的计划、政策、决定有重大影响，对这些国际组织有很强的控制力，其中很多有关国际货币金融领域的决定，是借助国际货币基金组织来执行。①

在七国集团成立之前，还有一个国际组织也是美欧就货币问题合作的重要平台，那就是十国集团。20世纪60年代，捍卫布雷顿森林体系成为国际货币基金组织的重要使命。1962年，在美国的号召下，英国、德国、法国、意大利、比利时、荷兰、瑞典等欧洲国家，再加上日本和加拿大，共同提供了60亿美元的信用额度，以支持国际货币基金组织。这一借款安排也成为十国集团的起点（后来瑞士也加入进来，但名称仍沿用十国集团），这一组织的优势领域在国际货币体系结构、国际货币基金组织运作等方面，多年来严肃、秘密地探讨国际货币事务。②

在国际货币问题上的合作显示出，美欧在进行币权竞争的同时，也通过合作来维护"大局"，避免竞争过于激烈而导致两败俱伤。从美国的角度看，美国当然想主动与欧洲分享币权，而是在本国实力相对下滑难以维系货币霸权的情况下，做出了"次优选择"，通过让出一部分币权来维系欧洲等国对美国的支持。日本大藏省前副相行天丰雄在20世纪90年代就表示，尽管美国还是世界上最强大的经济体，但已经不再是可以凭一己之力领导世界的霸权国家，美国将和欧洲、日本共同承担管理世界经济的职能，俄罗斯和中国也

---

① 鲁世巍：《美元霸权与国际货币格局》，北京：中国经济出版社，2006年版，第143—164页。

② ［美］保罗·沃尔克、［日］行天丰雄著，于杰译：《时运变迁：世界货币、美国地位与人民币的未来》，北京：中信出版集团，2016年版，第45—46页。

可能发挥更大的作用。① 从欧洲的角度看，在战后实力有所恢复但尚不足与美国匹敌的情况下，分享美国的部分币权而不是罢黜美国的货币霸权，是更为务实的选择。同时，欧洲内部协调的困难以及安全上对美国的依赖，也让其难以"痛下决心"与美国在货币问题上分庭抗礼。

总的来看，美欧在币权问题上是既竞争又合作的关系，但不论是竞争还是合作，基础还是自身实力。如果实力不济，也难以获得合作的机会。而且在合作中，谁居于主导地位，也由实力说话。在货币事务的合作上，美国还是居于支配地位，但对欧洲来说，能够一定程度分享币权，已经是实力提升的体现。

---

① ［美］保罗·沃尔克、［日］行天丰雄著，于杰译：《时运变迁：世界货币、美国地位与人民币的未来》，北京：中信出版集团，2016年版，第8页。

第七章 欧元区对美元的政策

欧元诞生前,美欧之间是一边倒的竞争,美国都是赢家,欧洲对美元地位赋予美国的"嚣张霸权"积怨已久。美元尽管自身有问题,但仍能保持主导地位。这与缺少替代品密不可分,德国马克、日元、法郎都有各自的缺陷。欧洲大陆与美国经济和贸易规模相当,在拥有了统一货币欧元后,可以使用欧元进行报价和结算,有可能与美元一争高下。欧元诞生后,欧洲对美国和美元的态度,势必也会有所不同。对于许多欧洲人来说,这是欧洲经济与货币联盟的一个"隐藏的日程"。[①] 本章将会分析欧元诞生后,欧元区对美元究竟采取了何种政策。

一、欧洲央行致力物价稳定

欧元区的货币政策集中在欧洲央行手中,分析欧元区对美元的政策,也需要首先从欧洲央行入手。而欧洲央行政策目标聚焦"物价稳定",在对外争取币权方面,其战略规划并不清晰。

与美国的央行不同,欧洲央行有其独特的货币政策目标。美联储担负促进经济与就业、稳定货币与金融体系等多种重任;[②] 英国央行英格兰银行的政策目标更为广泛——通过货币与金融稳定来促

[①] Benjamin J. Cohen, *The future of global currency: the euro versus the dollar*, London and New York: Routledge, 2011, p. 37.
[②] 美联储网站: http://www.federalreserve.gov/aboutthefed/mission.htm。(上网时间: 2015年5月16日)

进英国国民福祉;① 而欧洲央行将"物价稳定"作为优先目标,② 而且只有在与"物价稳定"目标不冲突的情况下,欧洲央行才能服务于其他宏观经济目标。③

欧洲央行独特的货币政策优先目标,源于德国的历史及其在欧洲的影响力。德国近代曾出现两次恶性通胀:一次是第一次世界大战后,战败后的德国在外债压力下开启印钞机,1919—1923年物价指数飙升4815亿倍,结果导致纳粹上台,对德国和世界来说都是劫难;另一次是二战结束后到1948年的恶性通胀,德国马克失去了货币的职能,美国香烟成为流通手段,德国被迫进行货币改革。④基于历史上的"惨痛教训",德国对通胀的警惕根深蒂固,坚持将"物价稳定"作为央行的"首要目标",德国马克也因此一直币值坚挺,使德国人引以为荣。欧元区成立时,作为德国放弃自己钟爱的德国马克的条件,其他国家同意将欧洲央行优先政策目标设为"物价稳定",而且地点也设在了德国的法兰克福,可见德国对欧洲央行政策的影响力。正如荷兰政治经济学家玛德琳·赫斯莉所言,德国马克与德国联邦银行的模式对欧洲央行产生了重大影响,欧洲经济与货币联盟的机构设置主要是建立在德国经验基础之上的。⑤

欧洲央行自成立之后,一直坚持"物价稳定"的优先目标。从欧元区成立后十余年的历史看,欧洲央行这一政策目标执行得非常严格,只要通胀率超过2%,欧洲央行都会有所行动。统计数字也显示,欧元区成立以来,平均通胀率水平确实维持在2%左右的水平。可以说,欧洲央行的"首要目标"基本实现。但这一政策也带

---

① 英格兰银行网站:http://www.bankofengland.co.uk/about/Pages/onemission/default.aspx。(上网时间:2015年5月16日)

② Benjamin J. Cohen, *The future of global currency: the euro versus the dollar*, London and New York: Routledge, 2011, p.137.

③ 欧洲央行网站:http://www.ecb.europa.eu/ecb/tasks/html/index.en.html。(上网时间:2015年5月16日)

④ 比尔李、向咏怡著:《大滞胀》,北京:北京邮电大学出版社,2009年版,第155页。

⑤ [荷]玛德琳·赫斯莉著,潘文、石坚译:《欧元:欧洲货币一体化简介》,重庆:重庆大学出版社,2011年版,第72页。

来争议，由于过度聚焦物价稳定，其他宏观经济指标被忽视。2008年金融危机后，全球主要经济体均遭受严重冲击，各国央行纷纷降息，并陆续开启量化宽松货币政策以刺激经济。2009年欧元区的衰退程度（-4.5%）甚至超过金融危机发源地美国（-2.8%）和金融业发达的英国（-4.3%），但美国和英国的央行对金融危机反应迅速，分别于2008年11月和2009年3月出台了量化宽松这样的非常规货币政策。[①] 相比之下，欧洲央行的"量宽"足足晚了6年时间。

美英在出台"量宽"后，2010年都实现了经济复苏，2013年和2014年经济增速均超过2%。而同期欧元区的经济复苏却步履蹒跚，不但增长缓慢，2012年还陷入"二次衰退"，更一度面临单一货币区解体风险，2013年和2014年经济增速均在1%以下，与美国和英国形成鲜明对比。虽然美英的有力复苏和欧元区的持续疲软不单单是"量宽"的原因，但数据显示这两者有很强的相关性，迟到的"量宽"一定程度上要为欧洲债务危机发酵和经济持续低迷负责。尤其是金融危机后欧洲央行不但未出台"量宽"政策，而且在经济复苏势头并不稳固的情况下于2011年两次加息，是金融危机后唯一加息的主要经济体，也是唯一陷入"二次衰退"的主要经济体，这些都让欧洲央行"物价稳定"的优先目标备受争议，也显示出欧洲央行在物价稳定上花费的精力。

不仅如此，欧洲央行不仅在应对金融危机上迟缓、乏力，在金融危机爆发之前，对局势判断也有明显的失误。美国房地产市场的次贷问题在2007年就已经暴露出来，但在2008年7月，危机发酵之时，爱尔兰和西班牙的房价正"高处不胜寒"，欧洲银行业受到的冲击也已经浮出水面，但欧洲央行却"不识时务"地将利率提高了25个基本点，升至4.25%。美国加州大学经济学家巴里·埃森

[①] 美国"量宽"执行时间为2008—2014年，英国"量宽"执行时间为2009—2012年。

格林认为，这一政策是"毁灭性的"，其负面影响很难补救。①

二、与美元展开"静悄悄竞争"

对于和美国进行币权竞争，欧洲官方态度是温和的。欧洲人意识到，公然挑战美元领导地位，将会导致美欧关系持续紧张。②1999年欧洲央行的官方文件声称，欧元的国际化将主要是一个市场驱动的过程。2015年欧洲央行发表的报告依然认为，欧元的国际化并非政策目标，欧洲中央银行体系既不会加速也不会阻碍这一进程。③但这些精心考虑的措词，很大程度上是外交辞令。在背后，欧洲的政策制定者存在很大的分歧，政策的最终导向仍然未定。很多欧洲人倾向于将欧元的未来留给市场，由市场来决定。但也有许多人，主张采取积极主动的政策强化欧元地位。在欧洲一些国家，尤其是法国，欧元被视为挑战美元霸权的大好机会。

与欧洲的公开表态相比，其实际行动更能说明问题。欧洲央行有一个有争议的决定，就是发行100欧元、200欧元和500欧元的大面额纸钞。欧元区都是发达国家，日常经济活动的电子结算非常方便，大面额纸币远远超出了居民日常交易的需要，一些小的商店和杂货铺甚至根本不接受500欧元这么大面值的纸币。有人把500欧元称为"肮脏的货币"，因为它经常和腐败、洗钱、逃税和毒品交易有着千丝万缕的联系。那么，欧洲央行发行大面额纸钞又目的何在呢？有人认为，目的是让担心失去马克的德国人更容易接受欧元，因为德国马克也是大面值。但不止于此，美国经济学家罗格夫

---

① ［美］巴里·埃森格林著，何帆等译：《镜厅》，北京：中信出版集团，2016年版，第286—288页。
② Benjamin J. Cohen, *The future of global currency: the euro versus the dollar*, London and New York: Routledge, 2011, p. 115.
③ European Central Bank, "The International Role of the Eruo", July 2015, p. 4, http://www.ecb.europa.eu/pub/pdf/other/euro-international-role - 201507.en.pdf?c60f8dd0a79d6d5320b46ea9bd151b4f. （上网时间：2015年12月1日）

(Kenneth Rogoff)认为,这与美元有关。世界上有大量的大面额美元纸钞流通,尤其是100元面值的美钞,为美国政府节省了大量的利息支出,至少每年150亿美元。虽然数额不是特别巨大,但也足以吸引欧洲大陆取而代之。鉴于外国和地下经济对大额纸钞的青睐,欧洲央行发行大额纸钞,是与美元争夺市场的重要部分。①

罗格夫认为,世界上1/10的流通钞票与地下经济有关。地下经济用的大部分是100美元的纸钞,对美国有利。美国就像一个江洋大盗,其发行的4000亿美元在世界流通,政府每年可以赚200亿—300亿。如果没有这样的方便条件,美国需要发行相当的国库券,并为此支付利息。欧元诞生前,美元每年新增的现钞中,有2/3直接流向国外,高于20世纪80年代的1/2和70年代的1/3。② 2007年的统计数据显示,欧元的现钞发行量大约为7000亿,大约10%—20%在境外流通,也就是700亿—1400亿欧元。③

欧盟委员会的调查也表明,欧盟的地下经济规模庞大,具体数字难以查清,估计至少大于西班牙的国内生产总值,甚至可能超过英国的国内生产总值。地下经济喜欢钞票,因为可以随身携带,容易隐藏。在欧元诞生之前,地下经济喜欢美元,因为美元兑换方便,而且没有通胀风险。如果欧元面值更大,有同样的好处,地下经济就可能转为欧元。④ 尽管使用欧元后,欧盟国家的缉毒工作更难,但是欧洲央行仍坚持发行大面额的欧元钞票。而且,发行的欧元面值很大。欧元的大面额纸钞为"倒钱者"提供了方便,如果一个地下经济贩子想把100万美元的现钞带出境,需要一个大皮箱,而如果把相当于100万美元的欧元带出去,只要一个挎包就够。美国麻省理工学院的克鲁格曼教授(Paul Krugman)承认,美元是世

---

① Benjamin J. Cohen, *The future of global currency: the euro versus the dollar*, London and New York: Routledge, 2011, p. 22.
② Ibid., p. 11.
③ Ibid., p. 124.
④ "大面值的欧元可能替代美元,成为国际黑帮们选择的货币",美国《国际先驱论坛报》1998年4月27日,转载自,丁一凡:《欧元时代》,北京:中国经济出版社,1999年版,第206页。

界上最大的"非法货币"。每年,美国给外国人大约150亿美元的现钞(相当于国内生产总值的0.2%),换回真正的商品和服务。2002年欧元问世后,人们可能更喜欢用大面额的欧元,给美国造成的损失大概是国内生产总值的0.1%。[1]

综上所述,欧元区虽然表面上没有公开挑战美元,但实际上在地下经济方面,却与美元"静悄悄"展开竞争。表面上美国政府对此并不关心,美国总统经济顾问委员会表示,欧元作为国际货币的出现并不是美国的警钟,美元在近期内是不可取代的。美国的官方声明对欧元的态度也是中立的,认为那是欧洲的事情,而不是美国的,但这些也都是外交辞令。就像欧洲对美元的态度一样,美国对欧元也存在意见分歧,尤其是在国会。国会曾有建议发行500美元的纸钞来应对欧元的大面额钞票,还通过立法鼓励发展中国家接受美元在本国作为流通货币,作为激励,美国将返还一部分铸币税,但最终未能落实。[2]

---

[1] "谁怕欧元?",保罗·克鲁格曼,美国《财富》杂志1998年4月27日。转载自,丁一凡:《欧元时代》,北京:中国经济出版社,1999年版,第208页。

[2] Benjamin J. Cohen, *The future of global currency: the euro versus the dollar*, London and New York: Routledge, 2011, p. 23.

第三篇　现实观察

2008年美国爆发百年一遇的金融危机后，美国和欧洲在币权争夺上展开了新一轮角逐。此次金融危机是自20世纪30年代大萧条以来美国爆发的最为严重的金融危机，冲击了美国的经济、金融、政治、外交乃至安全实力。本篇将分析，美国为了维系币权，如何打压欧元转移风险，以及欧洲的应对之策。

第八章 金融危机与美元地位

第二章中，我们分析了一个国家要想获得币权，需要具备经济、贸易、金融，以及政治、外交和安全实力。下面我们分析，华尔街金融危机后，美国的上述实力受到了何种程度的影响。从这些影响可以看出，美元霸权的基础已经受到威胁，有必要采取新的措施维系其既得权力和利益。也就是说，本章分析的是金融危机爆发后，美国要继续维系货币霸权，对欧元进行打击的必要性。

一、金融业元气大伤

金融危机爆发后，美国短期内就有100多家规模较大的金融机构宣布破产或被收购，包括华尔街最大的五家投资银行中的三家——美林、雷曼兄弟和贝尔斯登，最大的保险公司——美国国际集团，规模最大的两家住房抵押贷款融资机构——"房地美"和"房利美"。2008年美国贷款发放总额为7640亿美元，为1994年以来的最低水平；美国股票市值也大幅萎缩，2009年3月道琼斯指数一度下跌到2007年的一半，达到近12年来最低点；金融衍生品市场的交易量也在大幅度萎缩；美国除国债以外的金融资产在境外不断被抛售，市场信心大减；部分产油国甚至计划用欧元或"一篮子货币"取代美元作为结算手段。随着麦道夫骗局和金融高管红利事件的相继曝光，华尔街金融公司和银行家在人们心目中的地位一落千丈，从万人仰慕跌到千夫所指。

二、实体经济遭到重创

房地产、汽车、钢铁一向被视为美国经济的三大支柱产业。在房地产泡沫破裂后，汽车、钢铁业也相继陷入困境。通用汽车公司2009年6月正式申请破产保护，从而成为依据《破产法》申请破产保护的美国第一大制造业企业。钢铁产量大幅下降，危机期间美国钢铁业开工率不足生产能力的一半。金融危机后美国的GDP产值在2008年第三、第四季度出现了18年来首次连续两个季度的负增长，失业率达到创纪录的10%。甚至美国的发展模式也为世界所诟病。金融危机暴露出美式自由资本主义的种种弊端，"美国迅速从资本主义的灯塔沦为展示资本主义制度某些缺陷的橱窗"。危机发生后，美国政府加强了对经济的宏观调控，收购和接管了多家金融机构和实体企业，"自由资本主义"向"国家资本主义"回摆，美国对世界经济的吸引力和影响力大幅下降。①

经济的严重衰退，还对美国的社会造成严重冲击。美国《新闻周刊》2010年1月18日发表了记者拉纳·福鲁哈尔撰写的一篇文章，题为"衰退的一代"，比较有代表性地反映了当时的美国国家形势和国民心态。文章称，"我们从表面上看已经摆脱衰退，但大家普遍感到，美国人的心理和习性已经以某种方式被这次危机永远地改变了"。② 美国人一向是乐观主义者，而这种乐观情绪鼓励冒险，带来了创新和财富。但危机后美国人趋向保守，流动性已降至二战以来的最低点，现在只有18%的美国人跨州流动，仅为10年前的一半。③ 美国人正在改变"寅吃卯粮"的消费习惯，开始学会"精打细算"地过日子。美国个人储蓄率已经比2008年的低点增加

---

① 尚鸿："解析金融危机对美国的影响"，《和平与发展》，2010年第2期，第7页。
② Rana Foroohar, "The Recession Generation", *Newsweek*, January 18, 2010.
③ Robert J. Samuelson, "In the Aftermath of the Great Recession", *The Washington Post*, January 4, 2010.

三倍以上,达到 4.5%。① 从图 1 中可以看出,2009 年美国实际 GDP 下降 2.8%,也是自欧元诞生后,美国经济经历的第一次衰退。

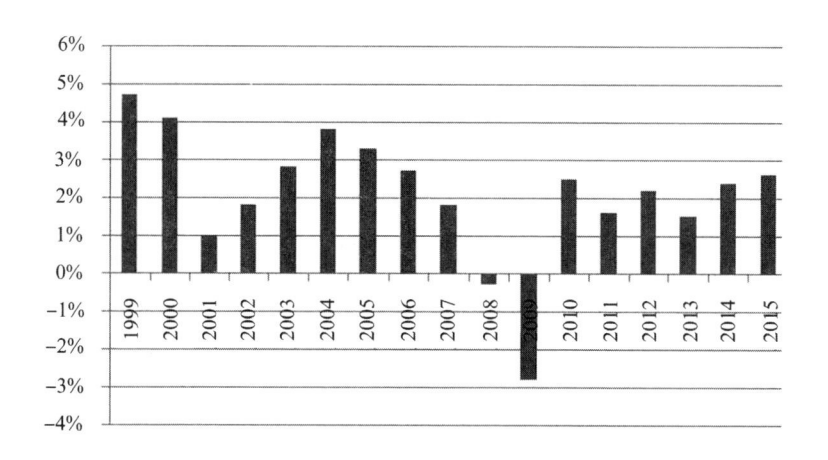

图 1　美国实际 GDP 增长率

数据来源:IMF 网站。②

三、外交与安全受到挑战

金融危机增添了美国民众对保守主义长期主导美国社会思潮的厌倦。选民用手中的选票将奥巴马送入白宫,为长达 30 多年的"保守主义革命"划上了句号。美国迎来了国家发展的新阶段,孤立主义倾向开始抬头。皮尤研究中心民调显示,美国人的孤立主义情绪达到了 40 年来的最高峰。③

金融危机发生以后,美国的国际影响力不如从前,外交与安全政策受到挑战:美国发展模式的严重弊端使其成为饱受诟病的焦点,而其他国家的发展模式已悄然成为一些国家的新选择;美国不

---

① Rana Foroohar, "The Recession Generation", *Newsweek*, January 18, 2010.
② International Monetary Fund, "IMF Data Mapper", http://www.imf.org/external/datamapper/index.php. (上网时间:2015 年 11 月 30 日)
③ 环球网:"美国孤立主义情绪飙升至 40 年来最高",http://world.huanqiu.com/roll/2009-12/651179.html。(上网时间:2015 年 12 月 3 日)

得不进行全球范围内的战略收缩和调整，国际号召力远不如前；在军控与防扩散等传统安全领域的单边行动能力不断减弱，在非传统安全领域也不得不越来越强调国际合作与协调。

金融危机后，美国推动召开G20金融峰会，是在美国实力相对下降情况下的无奈选择。金融危机暴露出国际经济秩序的局限性，国际社会要求改革的呼声不断高涨，在一定程度上冲击了美国的金融霸权地位。奥巴马政府为集中精力应对金融危机，对外不得不转而强调"巧实力"的运用，展现"接触、倾听与合作"的新姿态，与传统盟国合作，与新兴大国协调，与"敌对国家"对话，寻求打造一个"多伙伴世界"，对外政策带有更多的现实主义色彩。

总之，金融危机令美国手中的货币霸权面临历史性挑战。金融危机重挫了国际社会对美元的信心，美元霸权地位遭受自20世纪70年代布雷顿森林体系崩溃后的第二次冲击。2009年9月28日，美国前常务副国务卿、世界银行行长佐利克在美国霍普金斯大学国际问题高级研究院发表演讲，称"如果美国认为美元作为世界主要储备货币的地位是理所当然的，那就错了。展望未来，除了美元之外，还有越来越多的其他选择"。[1]

---

[1] Patrice Hill, "Dollar's Days of Dominance May End", *Washington Times*, September 29, 2009.

第九章 美国借打压欧元转移风险

在第二章和第三章的分析中可以看出，币权的获得和维系不仅取决于实力，也取决于战略的运用。美国在实力受挫的情况下，战略调整显得更为重要。因此，金融危机后，美国在内部调整的同时，还对"唯一的竞争对手"给予一定程度的打击，但目标并非摧毁欧元，而是转移自身压力，继续维系霸权，这从以下几个方面可以看得出来。

一、美国金融机构做空欧元

美国金融危机后，欧洲爆发的债务危机始于希腊，而希腊问题又源于美国金融机构帮助其做假账，并在希腊财政问题暴露后在市场上疯狂做空，导致危机一发不可收拾。

2001年，希腊政府为加入欧元区，与美国投资银行高盛公司共同合谋，通过金融衍生产品等手段，为希腊政府成功地掩饰掉一笔高达10亿欧元的公共债务，使账面上符合《马斯特里赫特条约》的标准。这笔交易实际上是希腊以未来更高的负债，换取了2001年较低的债务和赤字率。高盛公司作为参与者和知情人，当然知道希腊通过这种手段进入欧元区后，很可能在未来因为支付能力不足而面临债务危机。在希腊债务问题暴露之前，高盛公司又大量购进希腊债务的信用违约互换（CDS），然后在市场上大肆"唱衰"希腊的支付能力，并大量抛售欧元，从而引发市场对欧元区的恐慌，导致希腊和欧元区的 CDS 价格疯涨，最终在 CDS 价格涨至高点时抛出，获得暴利。

与此同时，国际上一些著名的对冲基金也在市场上大举沽空欧元。由于希腊债务危机始终没有找到有效解决方法，这让对冲基金沽空欧元的热情更加高涨。由于投资银行和对冲基金的大肆炒作和大量抛售欧元，使得欧元对美元的汇率一路下跌，而希腊等欧元区成员国的 CDS 价格翻倍上涨。投机活动加剧了市场的动荡，并进一步放大了危机的传染效应。

有迹象显示，金融机构对希腊债务和欧元的集中做空行为并非巧合。据美国《华尔街日报》报道，2010 年 2 月进行的一次以闭门"餐叙"为名义的业内聚会上，这类大规模赌注开始浮出水面。SAC 资本顾问公司和索罗斯基金管理公司等对冲基金业巨头出席了这次聚餐。摩根士丹利的数据显示，宴会结束后的一周，做空欧元的交易规模已经达到创纪录的 6 万份期货合约，也是 1999 年以来最高水平。①

由于美国金融机构"合谋"做空欧元已遭媒体披露，且在国际金融市场掀起巨大波动，美国司法部门也不能对此置之不理。2010 年，美国司法部就对冲基金是否联手做空欧元展开调查，发函要求包括 SAC 资本顾问公司、索罗斯基金管理公司、绿光资本、鲍尔森基金公司在内的对冲基金，保留其与欧元交易协议相关的所有文件和电子通信信息，以及与外汇交易协议有关的各类通信。美国司法部在索取文件的信函中称，其反垄断部门已开始对进行欧元合同交易的各种对冲基金之间的协议展开调查，包括在现金或衍生产品市场中交易欧元的合同。美联储主席伯南克此前对参议院银行业委员会表示，美联储正在调查高盛等华尔街巨头与希腊政府的衍生品交易。但时至今日，外界一直没能看到此次调查的结果。

美国金融机构唱空、做空欧元，并非完全是资本的逐利行为，

---

① "Hedge Funds Try 'Career Trade' Against Euro", *The Wall Street Journal*, Feb 26, 2010.

而是与国家利益和国家战略有关系。虽然外界能观察到的直接参与者都是金融机构，而不是国家政府，但美国金融界巨头和政府有着紧密、复杂的关系，财政部和华尔街之间人员上也存在"旋转门"，很难相信美国政府对其金融机构在希腊问题上做假账、做空欧元等事一无所知。事实上，媒体已经披露政府对此知情，但未采取行动。事后，美国司法部对对冲基金的调查也是不了了之。

2010财年美国联邦政府财政赤字达到1.6万亿美元，创历史新高，大约占国民生产总值的10.6%。值得注意的是，美国政府公布巨额赤字预算时，正是希腊债务危机闹得沸沸扬扬之际。这有效转移了外界对美元的关注和不安。[①] 从逻辑上分析，通过打击欧元，美国政府和金融机构可以实现共赢：金融机构可以通过做空欧元牟利；政府可以转嫁风险，缓解财政和债务难题，维系货币霸权地位。笔者倾向的观点是，未必是政府策划指挥华尔街的金融机构做空欧元，但逻辑上表现出的是，金融机构在市场中觅得做空欧元牟利的机会并采取行动，美国政府对此采取了纵容态度，最终实现政府和华尔街的共赢，输家是欧洲和欧元区。美国之所以能做到这一点，是由美国强大金融实力决定的，是又一次币权的运用。

二、美国政府拒绝欧金融改革要求

作为金融危机的"受害者"，欧洲对美国危机迅速传染到欧洲做了深刻反思，并提出体制、机制上的改革建议，其中之一就是加强国际层面的金融监管，以避免类似危机重演。但对这些建议，美国统统予以拒绝，显示出美国无意降低此次危机对欧洲的冲击。

在2008年11月7日召开的欧盟峰会上，欧盟27国一致同意：任何金融机构、金融市场和金融领域都必须受到充分监管，尤其是

[①] "美英资本有意做空？欧元现史上最大规模空头头寸"，《广州日报》2010年2月10日。

以往监管松懈的信用评级机构、对冲基金和"避税天堂";通过建立更完善的信息系统确保金融交易透明,对可能导致高风险的行为加以管理,尤其是债务证券化和企业高管薪酬;确保会计准则不会在经济增长时催生投机泡沫,在经济下滑时使形势恶化;加强风险评估和预警系统;相关国家应在监管大型国际金融集团时相互协调,可设立由各国监管机构代表组成的联合机构。时任法国总统萨科齐2010年3月29日在美国纽约哥伦比亚大学发表演讲时说,希望美国发挥领导作用,加强金融监管,制订新的全球性金融监管制度,以有效防止再次出现金融危机的威胁。①

欧洲提出的这些改革主张,几乎无一得到美国的积极响应,2010年3月萨科齐访美前曾信誓旦旦要与美国讨论这些改革主张,但结果铩羽而归。欧洲这些主张并非是想与美国争夺币权,更多的是为了实现"自保"。美国强硬的反对态度一定程度上显示出,在美国自身仍未摆脱危机的情况下,无意阻止风险向欧洲的扩散。双方在对冲基金监管问题上分歧尤为严重,欧盟认为对冲基金是欧洲金融波动的直接推手,而美国财政部长盖特纳称,欧盟限制对冲基金是一种保护主义行为。② 2010年7月21日,美国虽然出台了旨在加强金融监管的《多德—弗兰克法案》法案,但这完全是美国国内的金融监管改革,并没有将一丝一毫的监管权交给国际社会,或者说是交给欧洲。这显示出,美国决不允许欧洲在其金融业问题上指手画脚,美国的金融监管权力不容外界染指。

三、评级机构打压欧洲

欧债危机的爆发,直接原因就是国际评级机构发动的对希腊等

---

① "萨科齐希望美加强金融监管防止危机再次发生",新华网,http://news.xinhuanet.com/mrdx/2010-03/31/content_13273832.htm。(上网时间:2015年11月28日)

② "欧盟回击美国财长盖特纳的批评",英国《金融时报》中文网,http://www.ftchinese.com/story/001031710/? print=y。(上网时间:2015年12月2日)

债务国的"降级潮"。2009年12月,在仅仅半个月时间里,国际三大信用评级机构惠誉、标准普尔和穆迪相继调低希腊的主权信用评级,继而引发了希腊股市的大跌,希腊政府在市场上的融资成本迅速攀升。

在随后的几个月里,国际信用评级机构又以希腊政府融资困难等为由,再次下调了希腊的主权信用评级,希腊政府的融资环境进一步恶化。一定程度上,评级机构加剧了债务危机的恶化。[①] 2010年4月27日,希腊两年期国债收益率已攀升至15%,如此高的融资成本意味着希腊已经无法通过债券市场进行融资。正当欧盟准备救助希腊之际,国际信用评级机构又对爱尔兰、西班牙等欧元区国家实施了降级警告和调低信用评级的行动,造成市场更加恐慌,导致希腊债务危机进一步恶化,并加速向欧元区其他国家蔓延,这种恶性循环同时也给欧盟和国际货币基金组织的救援增加了难度。

自2009年希腊主权债务危机爆发以来,危机每次升级,背后都有三个评级机构下调欧元区成员国评级的举动。在评级机构的"煽风点火"下,危机不断蔓延,欧洲金融市场剧烈动荡,希腊、爱尔兰、葡萄牙、西班牙等债务国不得不接受外部援助。特别是2012年1—2月,三大国际信用评级机构先后下调欧元区多个国家的主权信用评级,令市场陷入极度恐慌之中。

评级机构对欧元区国家的频繁降级举动使市场对欧元区主权债务危机的担忧情绪长期难以消散,欧元区债台高筑,外围成员国的融资成本也一路攀升,欧元、欧股连遭重创,欧盟的救援行动也时常因市场的恐慌情绪而受干扰。应该说,国际信用评级机构在这次危机中起了催化剂的作用,助推了危机的扩大和升级。主权债务危机的爆发也引起人们对信用评级机构道德标准和结果准确性的质疑。欧盟委员会负责内部市场与服务的委员米歇尔·巴尼耶(Michel Barnier)曾表示,"这些评级机构所拥有的权力已经不仅对

---

① [荷]玛德琳·赫斯莉著,潘文、石坚译:《欧元:欧洲货币一体化简介》,重庆:重庆大学出版社,2011年版,第86页。

企业，而且对国家也会产生严重影响"，并警告国际信用评级机构要"谨言慎行"；诺贝尔经济学奖获得者米尔顿·弗里德曼（Milton Friedman）形象地描述了评级机构的破坏力，"美国可以用炸弹直接摧毁一个国家，穆迪同样可以用债券评级间接毁灭一个国家"。①

1975年开始，美国证券交易委员会（SEC）对评级机构实行认证制度，也就是"全国认可的统计评级机构制度"（NRSRO）。在这一制度下，美国认可的信用评级机构只有标准普尔、穆迪、惠誉这三家，同时要求外国筹资者在美国金融市场融资必须接受NRSRO评估，由此确立了三大评级机构的垄断地位。有数据显示，2009年，三大信用评级机构占据了全球信用评级服务市场98%的份额和90%的收入。②但华尔街金融危机后，这三家评级机构引发了强烈的争议。无论是1997年的亚洲金融危机，还是2008年美国次贷问题引发的危机，所谓最有信誉的这三大评级机构都未能"先知先觉"。恰恰相反，就在2008年国际金融危机爆发前，三大评级机构无一例外地给予美国国际集团及其金融衍生产品"AAA"的最高评级。

在对欧洲的评级方面，希腊等国财政和债务确实存在问题，但这些问题早已存在，而不是突然爆发。三大评级机构在2009年12月的短短半个月内，"不约而同"地将矛头指向希腊，很难让人相信这只是"巧合"。评级机构在国际上之所以有如此大的影响力，很大程度上源于美国政府对其评级结果的认可，评级机构和政府之间也有密切、复杂的联系。法国学者帕特里克·若利认为，评级机构虽强调只发布看法而非建议，但"评级背后的原因通常被遮掩"，国际评级机构只是美国加强对世界经济操控的一个工具。③

就如同对冲基金做空欧元一样，评级机构对欧洲国家评级的打

---

① "揭密：美机构如何用评级毁灭一个国家"，新华网，http：//news. xinhuanet. com/world/2010-06/26/c_12265835_2. htm。（上网时间：2017年2月10日）
② 朱兴群："国际信用评级机构的功能异化及对中国的启示"，《中州大学学报》2011年6月，第17页。
③ "欧盟拟立法反制美国评级机构"，《人民日报》2012年5月23日。

压客观上也有利于维系美国的货币霸权,应该也是处境不佳的美国政府所乐见的。安盛公司(AXA)投资战略主任帕里斯·奥尔维茨,甚至怀疑标普对希腊、葡萄牙、西班牙的降级时机是经过精心选择的。他说:"当希腊与欧盟及国际货币基金组织有关援助希腊的谈判取得进展之时,我看不出宣布对上述国家降级有何迫切需要。"他认为,评级公司作为债务市场无法回避的角色,对债务危机的扩散具有不可逃避的责任。①

四、美国舆论唱衰欧元

在第二章的币权与国家实力部分,我们分析了一国获得币权所需的经济、金融、政治、外交、军事实力,这些都是"硬实力"。但从金融危机后美国打压欧洲的案例中,我们还可以发现有一种"软实力",也可以帮助维系币权,这种"软实力"就是舆论的影响力。有一种观点也认为,美元币权就是霍布斯世界里的霸权——压倒性的军事力量、单一的政治机构、领先的科技创新能力、庞大的经济规模包括舆论宣传工具等所谓"软实力"在内的所有传统权力特征齐备于一身。②

在美国金融机构、评级公司竭力打压欧洲的同时,美国的英文媒体,甚至包括英国的媒体,一边倒地"唱衰"欧洲。辩证地看,欧元区经济确实存在问题,但也并非一无是处,其平均债务比例甚至还低于美国,而且联手应对危机的政治共识仍在。但英文媒体对欧洲的优点和努力视而不见,聚焦并夸大欧洲的问题,动辄抛出"欧元区解体""定时炸弹"等耸人听闻的观点。二战后美国称霸全球,英语也成为全球通用语言,英文媒体对世界的影响力无可否认,也是其他语言媒体无法比拟的。英文媒体对欧洲问题的渲染,

---

① "欧盟拟立法反制美国评级机构",《人民日报》2012年5月23日。
② 王湘穗:"币权:世界政治的当代枢纽",《现代国际关系》2009年第7期,第6页。

其影响是实实在在的,而不仅是气氛上的。舆论会影响人的心理,进而左右人的行为,最终在市场上会有所体现。当国际舆论——其他语言的舆论氛围也很容易受到英语媒体的影响,铺天盖地都是对欧洲的负面报道和评论时,很难让投资者对欧洲保持信心。当然,德国、法国、希腊等欧洲的媒体对英文媒体的报道嗤之以鼻,其中不乏一些有理有据的反击,但世界上阅读这些国家媒体的人相对来说太少了,影响力无法和英文媒体相提并论。英文舆论唱衰的结果是欧元资产被抛售,最终放大了危机,提高了欧洲应对危机的难度。美国对外关系委员会高级研究员彼得·凯南称,"我们要谨记,货币衰落的威胁或贬值的谣言,都可能引发资本的外逃"。[1]

媒体热衷于报道,为了吸引眼球和收视率,片面地聚焦欧洲的问题可以理解,问题是,我们能不能把舆论的渲染视为美国打压欧元的手段。在"唱衰"欧元问题上,英文媒体和国家战略是什么关系?美国是"言论自由国家",笔者并不认为美国政府能够操纵媒体来"唱衰"欧洲,但是美国政府可以利用媒体,比如通过媒体释放对欧洲的负面消息,从而对欧洲施加影响。债务危机期间,美国政府不时表示对欧元区应对危机不力的担忧,并通过美国媒体迅速传播到全球。在这一点上,美国的表态与中国政府认为"欧盟有能力应对危机"的表态形成鲜明对比,对市场的影响也是不同的。同时,很多情况下,媒体也是讲政治的,也会有意识地维护自己的国家利益。美元与欧元的竞争关系举世皆知,集中报道一些竞争对手的问题、弱点,容易在国内引起共鸣,不但可以赢得收视率,而且帮助维护了国家利益,可以说是一举多得。在这一点上,多数国家的媒体似乎都是这么做的。如果说没有什么不同的话,那就是美国媒体的世界影响力巨大,其他国家只能望尘莫及。

---

[1] Peter B. Kenen, *British Monetary Policy and the Balance of Payments* 1951–1957, Cambridge: Havard University Press, 1960, p. 16.

第十章　对欧元的冲击

欧元流通伊始即成世界第二大国际货币，其后国际地位稳固甚至微升，一度被视为美元的"潜在替代者"。但华尔街金融危机后，在美国的打压下，债务危机持续发酵，欧元崩溃论甚嚣尘上。

关于欧债危机的性质存在争论，有人认为，所谓欧债危机主要是部分南欧国家的债务问题，这些国家在欧元区内比重有限，欧元区作为一个整体债务问题并不严重，欧元区主权债务占GDP比例平均仅有83%，相比之下美国已经超过100%，日本更是高达200%，因此欧债危机不是欧元危机或者货币危机。但笔者认为，南欧国家的债务问题是表现或者说是导火索，这次欧洲危机本质上就是货币危机，在经济条件不成熟的情况下"强行"使用共同货币是危机爆发的主要内因，如果不是因为使用共同货币，希腊等小国的债务危机不至于把整个欧洲都拖下水。而且，正是因为使用共同货币后，南欧国家的国债收益率出现了明显下降，让这些国家借钱更容易、成本更低，一定程度"鼓励"了这些国家过度借债。

从结果上看，危机如果持续恶化，南欧国家可能被迫离开欧元区，或者欧元区全部解体，各国重新使用自己的国家货币，单一货币不复存在。因此，欧元在诞生十几年后，在金融危机冲击以及美国打压这样的外部冲击下，终于迎来了生存危机。这一点，市场也看得十分清楚。危机中，欧元虽然避免了解体的厄运，但问题已经充分暴露出来，甚至被一定程度放大，国际地位出现了趋势性下滑，已经不再是之前人们充满期待的、可能取代美元的国际货币。

一、国际储备份额下降

一个货币占全球外汇储备的份额,是衡量其国际化水平的重要指标。据欧洲央行和国际货币基金组织数据,欧元2002年流通后,占全球外汇储备(已披露数据)的比例为23.7%,之后有所上升,2009年达到峰值27.7%,之后开始下降,2014年降至22.1%,2015年进一步降至20.3%,为历史最低,显示国际投资者对欧元保值增值信心不足,在市场上抛售部分欧元资产以回避风险。这意味着,欧元区向其他国家征收的"铸币税"减少,需要以实际商品回购虚拟资产。(参见表1)

表1 主要货币占全球外汇储备比重　　　　　　　　单位:%

年份	欧元	美元	日元	英镑	其他货币
2002	23.7	66.5	4.9	2.9	1.6
2003	25.0	65.4	4.4	2.9	2.0
2004	24.7	65.5	4.3	3.5	1.9
2005	23.9	66.5	4.0	3.7	1.7
2006	25.0	65.1	3.5	4.5	1.8
2007	26.1	63.9	3.2	4.8	1.8
2008	26.2	63.8	3.5	4.2	2.2
2009	27.7	62.0	2.9	4.2	3.0
2010	26.0	61.8	3.7	3.9	4.4
2011	24.7	62.4	3.6	3.8	5.5
2012	24.2	61.3	4.1	4.0	3.2
2013	24.4	61.2	3.9	4.0	2.9
2014	22.1	63.1	3.9	3.9	3.2
2015	20.3	64.1	4.0	4.5	3.1

数据来源:欧洲央行。[①]

[①] The International Role of the Euro, *European Central Bank*, June 2016, p.12.

二、"锚货币"势力范围缩减

所谓"锚货币"是指其他国家将本币汇率与某货币挂钩，被钉住的货币就发挥了"锚"的稳定作用。"锚货币"发行国可实现对其他国家货币汇率稳定，自主决定本国货币政策，并对"钉住国"施加影响。这也就是前面我们所讨论的，如果一个国家能够在区域货币合作中居于主导地位，不仅能享受货币政策自主权，其他国家还对主导国形成依赖。主导国可以借此影响其他国家的经济、外交和安全政策，享有一定的影响力或者说是权力。欧元作为"锚货币"，势力范围主要是欧洲的非欧元区国家以及北非部分国家，但随着债务危机时间的延长，欧元影响的范围有所缩小，相关国家数量有所减少。

其一，卢布放弃钉住"双重货币篮子"。2008年起，俄罗斯卢布开始钉住"双重货币篮子"（美元、欧元各占55%和45%）。但2014年11月10日，俄罗斯央行宣布卢布改为浮动汇率制，但"保留介入外汇市场的权利"，这意味着卢布汇率与欧元脱钩。虽然俄罗斯央行放弃钉住"双重货币篮子"直接原因是难以维系汇率稳定，但这与美国的打压不无关系。这一政策出台的背景是西方与俄罗斯关系因为乌克兰问题恶化，美欧共同对俄罗斯采取经济制裁，加之当时国际油价持续走低影响俄罗斯石油出口，卢布有很大的贬值压力，进而放弃汇率钉住"双重货币篮子"。俄罗斯和美国长期政治对立，经济往来相对较少，而俄罗斯和欧洲互为近邻，经济相互依赖严重，尤其欧盟需要俄罗斯的能源，俄罗斯需要欧盟作为出口市场。乌克兰危机中，虽然是美欧联合对俄制裁，但经济上看欧洲损失很大，美国由于和俄罗斯贸易量小，受到影响有限。货币上也是如此，俄放弃钉住"双重货币篮子"，欧俄之间的贸易未来会受到更多的汇率波动的困扰，因而对欧元区的影响更大。乌克兰危机还加剧了欧俄之间的政治紧张关系，如果双方关系好的话，俄则更有可能在对外贸易和外汇储备中，更多使用欧元，这有利于提振欧元的国际地位。

其二，瑞士法郎放弃钉住欧元。2009 年欧债危机爆发后，瑞士作为"避险天堂"，吸引大批欧洲资金流入，瑞郎兑欧元汇率随之上升。2011 年 9 月，瑞士央行宣布改变自由浮动的汇率政策，将瑞郎兑欧元汇率上限设为 1.2 瑞郎兑 1 欧元，以避免瑞郎过度升值削弱本国出口竞争力。此后，欧元兑瑞郎汇率基本维持这一水平。但 2015 年 1 月 15 日，瑞士央行突然宣布取消这一上限，同时将活期存款利率从 -0.25% 降至 -0.75%。这意味着，瑞士放弃了维持 3 年的汇率管制政策。消息公布后举世震惊，欧元兑瑞郎汇率出现"瀑布式"暴跌，数分钟内贬值达 30%，达到了 2011 年 9 月以来的最低水平。

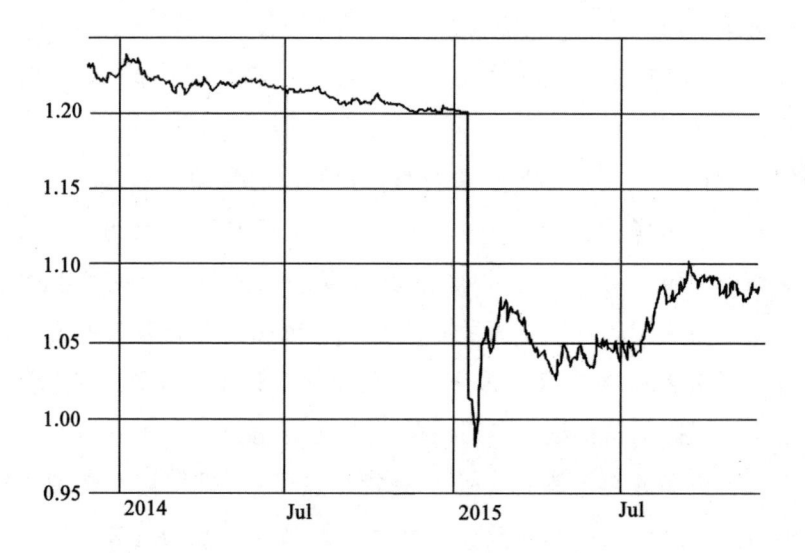

图 1　欧元兑瑞士法郎汇率

数据来源：欧洲央行网站。①

注：纵坐标 1 欧元兑瑞士法郎。

---

① European Central Bank,"Euro Exchange Rate CHF", http://www.ecb.europa.eu/stats/exchange/eurofxref/html/eurofxref-graph-chf.en.html.（上网时间：2015 年 11 月 27 日）

瑞士央行这一决策的压力来自欧元贬值预期，实为"两害相权取其轻"。一是外部资金持续流入。近年，瑞士经济形势明显好于欧元区，引发资金持续流入，瑞士央行为维持与欧元汇率上限，不得不大量印发本币购入外汇。2014年11月数据显示，瑞士央行资产负债表比2008年增长了300%，规模达5253亿瑞士法郎，占GDP的比例达80%，远高于执行"量化宽松"的日本（60%）和美国（25%）。二是欧洲央行"量宽"箭在弦上。原因在于：欧元区通货紧缩的形势进一步恶化，2014年12月通胀率进一步降至-0.2%；经济增长继续低迷，世界银行2015年1月14日发表的报告认为，欧元区经济陷入"永久停滞"；法律障碍基本消除，欧洲法院2015年1月14日认为，欧洲央行此前的"公开市场操作"（OMT）符合规定，被普遍认为给欧洲央行出台"量宽"扫清道路。三是瑞士外汇储备面临大幅缩水。瑞士外汇储备相当部分为欧元，而欧元汇率当时已跌至9年来最低，推出"量宽"后恐进一步贬值，大量资金可能进一步流向瑞士，汇率管制很难维持。瑞士央行行长托马斯·乔丹坦言，汇率管制"很明显不可持续"，迅速行动是"明智之举"，现在取消管制比未来取消损失要小。

瑞士央行此举对欧元的稳定性十分不利。瑞士央行此前数天还公开表示，将保持瑞郎与欧元的汇率稳定，宣布措施前也未与其他国家央行协调，国际货币基金组织总裁拉加德对此表示"惊讶"和"不知情"。这在一定程度显示，针对欧洲央行"量宽"可能导致的金融波动，主要经济体之间的协调并不充分，市场担忧未来是否有其他国家也采取类似"单方行动"。丹麦此前已数次降息降低本币对欧元升值预期，市场猜测丹麦可能成为"下一个瑞士"。2015年以来，丹麦央行已连续四次降息、并耗资400亿美元，才得以维持丹麦克朗与欧元汇率的稳定，可谓"费尽心机"，市场对欧元和其他货币汇率稳定始终存有警惕。

表 2　目前汇率盯住欧元的国家（地区）

地区	汇率机制	国家	货币政策框架
欧盟的非欧元区国家	欧洲汇率机制 II	丹麦	汇率锚
	以欧元为基础的货币篮子	保加利亚	汇率锚
	以欧元和通胀为参考的有管理的浮动汇率	克罗地亚、捷克、罗马尼亚	主要目标为通胀
欧盟候选国	单边钉住欧元	科索沃、黑山	汇率锚
	以欧元为基础的货币篮子	波黑	汇率锚
	与欧元有稳定的汇率安排	马其顿	汇率锚
	兼顾通胀的浮动汇率	阿尔巴尼亚、塞尔维亚、土耳其	通胀目标
其他	欧元化	法国的海外领地	汇率锚
	基本钉住欧元	科特迪瓦、科摩罗、圣多美和普林西比	汇率锚
	爬行钉住欧元	博茨瓦纳	汇率锚
	钉住特别提款权和其他包括欧元在内的货币篮子的有管理的浮动汇率	阿尔及利亚、白俄罗斯、斐济、伊朗、科威特、利比亚、摩洛哥、萨摩亚群岛、新加坡、叙利亚、突尼斯、瓦努阿图	其他

数据来源：欧洲中央银行。[①]

三、全球金融交易份额下降

国际债券市场方面，以欧元计价的债券存量占全球比例 2008 年为 32.4%，2014 年降至 23.4%，为欧元流通以来最低；国际贷款方面，欧元贷款存量占全球比例 2008 年为 20.2%，2014 年降至

[①] European Central Bank,"The International Role of the Euro", July 2015. p. 67, http://www.ecb.europa.eu/pub/pdf/other/euro-international-role-201507.en.pdf?c60f8dd0a79d-6d5320b46ea9bd151b4f.（上网时间：2015 年 12 月 1 日）

16.8%,也是欧元流通以来最低;国际存款方面,欧元存款占全球比例2008年为20.2%,2014年降至18.5%,仍是历史最低。

表3 欧元占国际债券市场的比重　　　　　单位:%

年份	欧元	美元	日元	其他	总计
2002	27.2	46.8	10.2	15.9	100
2003	31.4	43.0	8.9	16.7	100
2004	33.6	40.9	7.8	17.7	100
2005	31.1	44.0	6.5	18.4	100
2006	31.3	44.2	5.3	19.3	100
2007	32.2	43.3	5.3	19.2	100
2008	32.3	44.6	6.8	16.3	100
2009	31.6	45.7	5.7	16.9	100
2010	27.7	48.6	6.2	17.5	100
2011	25.7	50.8	6.1	17.4	100
2012	25.6	52.3	4.9	17.2	100
2013	25.2	54.9	3.5	16.4	100
2014	23.4	58.2	2.9	15.5	100
2015	22.5	60.0	2.8	14.7	100

数据来源:欧洲中央银行。[1]

四、系统性风险上升

在前面我们分析获得币权所需的实力时已经提及,金融实力是一个重要方面。而欧洲在债务危机爆发后,金融实力受到重创,系统性风险出现了明显上升。欧元区各国使用共同货币、金融系统连为一体,保持货币区的完整性是宏观经济环境稳定的前提。如果部分国家退出欧元区,恐将导致金融危机和无法预知的经济灾难。欧元诞生时,经济上虽然尚未满足"最优货币区"标准,但也平稳运

---

[1] The International Role of the Euro, *European Central Bank*, June 2016, pp.15-16.

行，各国经济处于趋同过程之中。但债务危机的爆发对欧元区造成了严重的"不对称冲击"，"核心国家"和"外围国家"间的经济差距加速拉大，围绕救援问题欧洲内部产生激烈分歧和博弈，希腊等南欧债务国能否继续留在欧元区成为"不确定性"，欧元区在诞生后第一次面临解体风险。由于欧元区成立时并没有设定退出机制，一个成员国的退出难以有序进行，风险不可掌控，很可能出现"多米诺骨牌效应"，导致整个欧元区的解体。2011年底，英国广播公司（BBC）进行的一项调查显示，过半数的经济学家认为欧元在2012年解体的概率在30%—40%之间。[①]

除了欧元区解体风险外，欧洲的金融业也面临系统性风险。债务危机对欧洲的银行造成了比较严重的冲击，尤其是债务国的银行业坏账率快速上升。欧洲银行管理局（EBA）的数据显示，2015年9月底，希腊和塞浦路斯的坏账率已经超过40%，这两个国家也不得不施行资本管制，保加利亚、克罗地亚、匈牙利、爱尔兰、意大利、葡萄牙、罗马尼亚的坏账率也在10%—20%之间。[②]将美欧银行状况作对比，更显出欧洲银行业风险的上升。美国彼得森国际经济研究所的报告显示，2007—2009年，也就是次贷危机和金融危机爆发期间，美国和欧元区的银行业受到了类似的冲击，坏账率都从2%左右上升至5%左右，美国甚至上升的略快一些。但在2009年以后，也就是欧债危机爆发以后，美国的坏账率持续下降，2014年已经降至2%以下，而欧元区仍在继续上升，2014年已经达到7%以上。[③]

债务危机后，欧洲银行业系统性风险上升，是多重因素导致的

---

① "Economists estimate a '30% to 40% chance of a break-up of the euro in 2012'", http://www.dailymail.co.uk/money/markets/article-2080188/Economists-estimate-30-40-chance-break-euro-2012.html.（上网时间：2017年2月25日）

② "Non-performing loans in the Banking Union: stocktaking and challenges", European Parliament, http://www.europarl.europa.eu/RegData/etudes/BRIE/2016/574400/IPOL_BRI(2016)574400_EN.pdf.（上网时间：2017年3月10日）

③ Edited by Oliver Blanchard and Adam S. Posen, "Reality Check for the Global Economy", *PIIE Briefing* 16-3, March 2016, pp. 23-24.

结果，不能完全归结于美国打压，但也和美国因素密不可分。第一，金融危机中，欧洲银行业因持有大量华尔街"有毒资产"遭巨额损失，但未充分披露相关信息，也未及时处理，问题一直拖延，形成了一颗"定时炸弹"。第二，在金融危机冲击下，欧元区不仅爆发债务危机，而且实体经济两度陷入衰退，恶化了企业的经营环境，间接导致了银行坏账增加。第三，为克服经济低迷和通货紧缩，欧洲央行执行低利率乃至负利率政策，减少了银行的贷款收入。第四，美国对欧洲银行屡开巨额罚单。2014年，法国巴黎银行因涉嫌与伊朗交易违反相关规定，向美司法部支付89亿美元。2016年，德意志银行因涉嫌2005—2007年间误导投资者购买住房抵押贷款支持证券（RMBS），被美国司法部开出140亿美元罚单。此外，南欧国家的主权债务主要由欧洲的银行业所持有，一旦发生大面积违约，将令银行业雪上加霜，这也是潜在风险。从2009年后美欧银行业不良贷款率的分化走向也可以看出，在债务危机的影响下，美国的金融业风险一定程度转移到了欧元区。

第十一章 欧元区的政策回应

面对美国来势汹汹的打压,以及引发的债务危机、经济衰退,欧元区也出台了多重应对措施。从对这些措施的归纳总结中,我们可以分析出欧元区在这一轮币权竞争中采取的策略。

一、欧元区运行机制改革

这是欧洲应对措施中最具有机制性的措施。债务危机的爆发,引起了各界对欧洲经济与货币联盟制度缺陷的深刻反思。完善单一货币区的机制建设,成为欧洲应对危机的重要组成部分,甚至可以是说是最关键的部分。有学者认为,债务危机成了欧洲一体化建设的倒逼机制。[1]

(一)欧盟财政契约

欧债危机的爆发,从外部看是美国金融危机冲击以及美国打压欧元的结果,但从内部看,希腊等国长期不遵守财政纪律,财政赤字和债务比例过大,也是客观存在的问题。在这一点上,欧盟财政纪律的执行难辞其咎。因此,债务危机爆发后,欧盟很快把整顿财政纪律提上日程。

2012年3月初,除英国和捷克以外的欧盟25个成员国签署了

---

[1] 周弘、江时学主编:《欧洲发展报告(2012—2013):欧洲债务危机的多重影响》,北京:社会科学文献出版社,2013年版,第7页。

欧盟财政契约,全称为《欧洲经济货币联盟稳定、协调和治理公约》。奥朗德于当年5月当选法国总统后,提出在欧盟财政契约中增加促进增长的条款。经过反复磋商,2012年6月,欧盟领导人正式通过了《增长与就业契约》,作为欧盟财政契约的补充。核心内容是两方面:一是建立新财政规则。政府预算应实现平衡或盈余,结构性赤字不得超过GDP的0.5%,并要写入各国宪法或法律。在欧盟委员会规定的日期前,各国财政状况要达到目标水平。赤字超标国家必须向欧盟委员会和欧盟理事会提交改革计划,这两家机构将监督该计划的实施,以及年度预算案的制定。二是建立控制赤字超额程序。如果政府预算赤字占GDP的比例超过3%,则由欧盟委员会提出制裁措施。如果政府债务占GDP比例超过60%,必须稳步削减债务规模。

(二)欧洲稳定机制

欧洲爆发危机,一个重要原因是面临突如其来的金融冲击,欧洲缺乏有力的应对手段。为此,欧洲着手建立"防火墙",紧急情况下对个别国家提供救助,避免风险蔓延。在欧债危机爆发初期,欧盟领导人为了救助债务危机国家而临时成立了欧洲金融稳定机构(European Financial Stability Facility, EFSF),然而这是个临时性组织,存在一定的合法性质疑。为此,在2011年3月25—26日的欧盟峰会上,各国同意建立欧洲稳定机制(European Stability Mechanism, ESM),并于2012年10月正式启动,取代EFSF的主要职能,主要任务是为欧盟成员国提供金融救助,手段包括:购买面临严重金融危机的成员国的国债;为重债成员国提供贷款,向出现问题的银行进行注资;将来有可能直接为成员国的问题银行进行注资。ESM的资金分为两部分,800亿欧元的自有资本和6200亿欧元的担保资本,总额共计7000亿欧元。总部设在卢森堡,理事会由欧元区财长组成,其运营的重大决策将由各国财长做出。[①] ESM和EFSF

---

① "European Stability Mechanism", *European Union*, http://www.esm.europa.eu/about/index.htm. (上网时间:2015年12月1日)

法律上看是两套独立的机构,但实际运转过程中人员和办公地点共享。这两个机制的贷款额度总计达7000亿欧元,2010—2016年间共向欧元区5个国家(希腊、爱尔兰、葡萄牙、西班牙、塞浦路斯)提供了2545亿欧元的救助贷款,及时、有效缓解了债务国的融资困境,被喻为防止危机扩散的"防火墙",为维系欧元区完整立下"汗马功劳",也向外界展示了"危机让欧洲团结得更紧密"。①

(三) 银行业联盟

金融危机中银行业受到重创,并与主权债务风险相互交织,成为引发系统性风险的重要因素。这说明,一个统一的货币,一个统一的金融市场,需要一个统一的监管者,一个共同的存款保险制度和一个涉及不良银行的破产清算基金,这也就是债务危机后欧盟致力打造的"银行业联盟"。② 2013年10月,欧盟通过欧元区银行单一监管法案,制定统一的银行监管规则。2014年,欧洲议会通过银行业联盟的框架,建立了银行业单一监管机制、单一清算机制和存款担保机制,确立了欧洲央行对欧元区130余家"大银行"(占欧元区商业银行总资产的85%)的监管职能。2014年10月,欧洲央行完成了自2014年1月开始的压力测试,对欧元区130家"大银行"的资本状况进行了摸底排查,为今后欧央行介入银行危机奠定了基础。2014年11月,欧洲央行监管委员会正式开始对欧元区大型银行进行监管,并建立了商业银行破产清算机制:设立了清算机构"单一清算委员会",并建立了规模550亿欧元的"单一清算基金"。③

(四) 规划经济与货币联盟未来蓝图

在取得上述进展的情况下,欧洲还对机制建设进行评估,认为

---

① "History of ESM", *European Union*, https://www.esm.europa.eu/about-us/history. (上网时间:2017年3月20日)
② [美]巴里·埃森格林著,何帆等译:《镜厅》,北京:中信出版集团,2016年版,第70页。
③ 中国现代国际关系研究院:《国际战略与安全形势评估2014—2015》,北京:时事出版社,2015年版,第338页。

这些机制改进仍不足以保障货币区稳定运转，还需采取诸多措施。2015年6月22日，欧盟委员会主席容克、欧洲理事会主席图斯克、欧洲议会议长舒尔茨、欧洲央行行长德拉吉和欧元集团主席戴塞尔布卢姆联名发表了《完善欧洲经济与货币同盟》的报告（又称"五主席报告"），提出欧元区应通过深化经济联盟、建立金融联盟、建立财政联盟和提高欧元区政治影响力"四步走"的方式，完善经济与货币联盟，具体措施包括完善银行业联盟和资本市场联盟、加强欧元区的财政决定权、加强欧元区政府合作机制、欧元区在国际上以"一个声音"说话等。[①]

欧元是一场伟大的实验，此前人类历史上还没有几个主权国家使用共同货币的先例，目前还很难确定这场实验是否会最终取得成功，但可以预见的是，短期内不会失败。从欧洲近代史看，欧洲统一货币的过程虽然曲折，但从大的趋势上看，一直在向这一目标靠近。从"拉丁货币联盟"和"斯堪的纳维亚货币联盟"的经验看，虽然两个货币联盟最终失败，但毕竟维持了约半个世纪的时间，直到最终各成员国采取"与邻为壑"的政策时才走向解体。但欧元区运转刚刚十几年，危机面前，各成员虽有分歧，但联手应对危机、进一步推进一体化仍是主流和共识，欧元区的体制机制建设仍在推进，虽然速度上似乎总是比人们的期待慢一些。但从历史的角度看，欧洲统一货币的速度似乎又有所超前。

二、紧缩政策与福利体制改革

紧缩政策是债务危机后，欧洲应对手段的重要组成部分，各国削减公共支出、降低财政赤字的力度前所未有。

进入21世纪以来，欧洲经济基本上处于缓慢增长的状态，一个

---

① European Commission, "Five Presidents' Report sets out plan for strengthening Europe's Economic and Monetary Union", http://europa.eu/rapid/press-release_IP-15-5240_en.html.（上网时间：2015年8月24日）

重要原因就是福利体制的拖累，改革势在必行，但阻力巨大，难以推进。尤其是政治家考虑到"谁改革、谁下台"的结果，执政期间普遍推延改革的进行，导致这一问题久拖不决。由于欧洲福利制度对劳工的过度保护、解雇程序过于繁琐，企业担心解雇困难而不敢雇佣劳动力，这在很大程度上导致了失业率居高不下。高福利体制还抑制了对经济发展至关重要的创新能力。当今时代，像欧盟这样的发达经济体，要在经济全球化竞争中继续保持优势，唯有依靠创新。欧盟也深知这一点，其于2000年颁布的《里斯本议程》曾提出，研发（R&D）支出占GDP的比例要达到3%。但由于企业承担了过重的福利负担，创新意愿和经费均不足。十多年过去了，研发支出占GDP的比例仅为2%左右，这从根本上削弱了欧洲经济发展潜力。

　　金融危机以及欧债危机爆发后，福利体制改革问题已经迫在眉睫，各国政府也不得已都采取了大力度的改革措施。从表1中可以看出，金融危机后，尽管各国经济没有强劲复苏，但紧缩政策的力度却非常大，各国财政赤字水平明显缩小。不只是在希腊、葡萄牙等债务国，法国和德国也都进行了大力度的紧缩政策。2014年12月，法国经济部长马克龙提出《支持经济活动、经济增长与机会平等法》，也称马克龙法案，提出一系列盘活经济的措施：如雇主遵守共同谈判的规定将免于处罚，劳动法庭实现流水线化运作，简化裁员流程，以激活僵化的劳动力市场；允许所谓"旅游区"的商铺在星期天营业，允许公共汽车能够与国营铁路运输竞争，给予地方政府官员对本地区商业规划更大的权力，以刺激商业活动。① 2015年7月，法国总理瓦尔斯正式签署了该法案。意大利2015年3月也通过了劳动法改革相关措施，减少了对正式合同的保护，企业解雇

---

① "5 Things About the Macron Law", *Wall Street Journal*, March 9 2015, http://blogs.wsj.com/briefly/2015/03/09/5-things-about-the-macron-law-2/.（上网时间：2015年8月26日）

和雇佣正式合同工成本更低。① 遗憾的是，在 2016 年 12 月 4 日的公投中未能通过，总理伦齐也因此辞职。无论如何，这一定程度显示了欧洲国家的改革方向。

表 1　欧元区部分国家财政赤占 GDP 比例（2004—2015 年）

单位：%

年份	欧元区	意大利	西班牙	葡萄牙	法国	德国	爱尔兰
2004 年	-3	-3.6	0	-6.2	-3.5	-3.7	1.3
2005 年	-2.6	-4.2	1.2	-6.2	-3.2	-3.4	1.6
2006 年	-1.5	-3.6	2.2	-4.3	-2.3	-1.7	2.8
2007 年	-0.6	-1.5	2	-3	-2.5	-0.2	0.3
2008 年	-2.2	-2.7	-4.4	-3.8	-3.2	-0.2	-7
2009 年	-6.3	-5.3	-11	-9.8	-7.2	-3.2	-13.8
2010 年	-6.2	-4.2	-9.4	-11.2	-6.8	-4.2	-32.1
2011 年	-4.2	-3.7	-9.6	-7.4	-5.1	-1	-12.6
2012 年	-3.6	-2.9	-10.5	-5.7	-4.8	0	-8
2013 年	-3	-2.7	-7	-4.8	-4.1	-0.2	-5.7
2014 年	-2.6	-3.9	-6	-7.2	-4	0.3	-3.7
2015 年	-2.4	-2.6	-5.1	-4.4	-3.5	0.7	-1.9

数据来源：欧盟统计局。②

从传统经济理论看，在经济形势不佳的情况下不宜采取从紧的财政政策，因而欧元区在债务危机中采取的紧缩政策，引发了很大的争议，"紧缩还是增长"一度成为国际舆论讨论的热门话题。继续紧缩还是转向刺激增长，两种观点尽管截然对立，但各有理由支撑。

欧债危机爆发以来，欧洲国家开始执行严格的财政紧缩政策，

---

① James Politi, "New World of Work: Italy's Renzi Seeks to Create New Middle", *Financial Times*, Aug 12, 2015.
② Eurostat, "General government deficit/surplus", http://ec.europa.eu/eurostat/data/database. （上网时间：2017 年 3 月 20 日）

结果欧洲非但没有走出债务危机，经济增长却受到明显的抑制，失业率持续攀升，民众抗议浪潮不断。在这样的情形下，债务国希望放松紧缩力度，以缓解国内的政治经济压力，要求也在情理之中。如果紧缩压力过大导致债务国局势失控，如支持改革的主流政党失去选民支持、极端势力上台，其结果不但不利于解决债务问题，反而可能导致部分国家脱离欧元区。

支持紧缩观点的同样有自己的依据。欧元区虽然是经济与货币联盟，但各成员国毕竟是不同的主权国家，要求部分成员国持续给其他国家提供援助，在政治上很难行得通。尤其是在债务国改革不到位的情况下，继续提供援助意味着要去填这些国家的"无底洞"。即便德国、荷兰、芬兰等救援国家政府出于挽救欧元的目的愿意这样做，也很难得到国内的政治支持。

现实情况是，"紧缩与增长"不是简单的选择题。严格来讲，这一命题都不成立，是个"伪命题"。"紧缩"是指政策取向，与"宽松"相对应；"增长"是政策实施的结果，其对应的是"停滞"或"衰退"。将"紧缩"与"增长"作为对立面，逻辑上都讲不通。在德国总理默克尔看来，紧缩就是为了实现可持续的增长。而讨论这样一个"伪命题"，不可能给欧洲解决债务危机带来明确答案。实际上，无论紧缩与否，欧洲都面临着风险：继续执行严格紧缩的政策，南欧国家经济可能继续衰退，财政收入锐减，还债则更无从谈起；若放松紧缩力度，债务国可能出现"道德风险"，在压力减小的情况放慢改革步伐，导致救援国失去"援助耐心"，其后果更加严重。

债务危机爆发后，欧洲陷入了左右为难的"紧缩困局"。之所以如此，关键在于财政政策并非解决债务问题的钥匙。当前欧洲的财政与债务问题，是重重深层矛盾的表现。要走出危机，必须要从根本问题入手，并取得实质性进展。南欧国家须提升自身竞争力，缩小与核心国家的经济差距，扭转长期区内贸易逆差；应有效弥补欧元区"单一货币、不同财政"的机制缺陷，监管权必须更大程度地集中；欧洲一体化必须找到新的动力，政府需要说服选民更大程度地向欧洲层面让渡国家主权。而在这些问题上，欧洲的进展可谓十分缓慢：南欧国家福利体制改革仍不到位，再工业化更是遥遥无期；欧元区虽然推出"财政契约"，但与真正意义上的财政联盟相距甚远；欧盟委员会主席巴罗佐虽然呼吁欧盟走向"国家联邦"，但应者寥寥。

欧洲大陆国家的福利体制改革推进不力，也是英国脱欧的原因之一。20世纪70年代，英国之所以加入当时的欧共体，主要是看中了欧洲大陆的经济活力。如今英国决定离开，也与欧洲大陆的经济活力下降有关。2015年底，英国政府开出留欧的4项条件，其中之一就是希望欧洲国家能够进行有效的结构性改革以提升竞争力。但是，英国的希望对其他欧洲国家的影响微乎其微，这在一定程度上刺激了英国做出脱欧决定。

随着危机时间的延长和问题的持续积累，一些国家的体制改革确实到了"不改不行"的地步。一些政治家也拿出了魄力和决心，宁愿冒下台风险也要推行改革。但新的问题是，即便如此，即便政治家将国家发展前景置于个人政治前途之前，也难以推动改革。因为，他们受到了制度的约束，这一点集中体现在意大利身上。2016年12月4日，意大利举行了宪法改革公投，核心内容是削减议会上院人数、简化立法程序。之前政府推行的很多改革方案，都只能在议会"打转转"，总理伦齐下决心改革宪法，为政府推行改革铺路，并拿出了壮士断腕的决心，表示将改革前景与自己的政治前途联系在一起。但遗憾的是，公投未能获得通过，反对票大幅超过赞成票，伦齐引咎辞职，宪法修正和结构性改革也只能搁置。

三、欧洲央行政策调整

债务危机爆发后，欧洲央行的货币政策经历了调整。由于欧洲央行货币政策以"物价稳定"为首要目标，因此在危机之初并没有根据经济形势来有效调整政策，而是坚持其传统的政策目标，2011年甚至两次加息，这一定程度导致了债务危机恶化和经济下滑。

表2　金融危机后欧洲央行利率政策变化

年份	日期	存款利率（%）	主导利率（%）	贷款利率（%）
2008年	10月15日	3.25	3.75	4.25
	11月12日	2.75	3.25	3.75
	12月10日	2.00	2.50	3.00
2009年	1月21日	1.00	2.00	3.00
	3月11日	0.50	1.50	2.50
	4月8日	0.25	1.25	2.25
	5月13日	0.25	1.00	1.75
2011年	4月13日	0.50	1.25	2.00
	6月13日	0.75	1.50	2.25
	11月9日	0.50	1.25	2.00
	12月14日	0.25	1.00	1.75
2012年	7月11日	0.00	0.75	1.50
2013年	5月8日	0.00	0.50	1.00
2014年	6月11日	-0.10	0.15	0.40
	9月10日	-0.20	0.05	0.30
2015年	12月9日	-0.30	0.05	0.30
2016年	3月16日	-0.40	0.00	0.25

数据来源：欧洲央行网站。[1]

2012年德拉吉就任行长后，对央行的政策做出了明显调整，公开表示"不惜一切代价捍卫欧元"，并出台了系列政策，收到了积极效果。2014年6月，欧洲央行将基准利率和隔夜存款利率分别降至0.15%和-0.1%，9月份又分别降至0.05%和-0.2%，基准利率为欧央行创始以来最低点，隔夜存款利率也首次达到负值。在非

---

[1] Europen Central Bank, "Key interest rate", http://www.ecb.europa.eu/stats/monetary/rates/html/index.en.html.（上网时间：2017年4月10日）

常规货币政策上，推出长期贷款再融资操作（TLTRO），引导金融机构对企业增加信贷。2014年10月起，欧央行开始购买资产支持证券（ABS）及欧元区货币机构发行的以欧元计价的资产担保债券。① 2015年1月，欧洲央行正式启动欧版"量宽"，从2015年3月起每月购买600亿欧元的国债和机构债，至少持续到2016年9月，总规模至少1.1万亿欧元。具体分为3个计划进行："公共部门购买计划"（PSPP）是"量宽"的主体，以购买各国国债为主，2014年10月开始的"资产抵押证券购买计划"（ABSPP）和"担保债券购买计划3"（CB-PP3），是"量宽"的辅助，将继续购买机构债。② 2015年12月，欧洲央行宣布将"量宽"期限延长至2017年3月，2016年12月又决定延长至2017年12月。"量宽"政策效果明显，执行后欧洲国家国债收益率大幅走低，欧元贬值也促进了出口，有利缓解了欧元区的经济困境。

四、挑战美国评级霸权

债务危机期间，来自评级机构的打压令欧盟十分愤怒，时任欧盟委员会主席巴罗佐称，在信用评级这个敏感问题上，由来自同一个国家的三家信用评级机构说了算是不正常的，国际信用评级市场缺乏竞争尤其令人担忧。③ 欧盟的不满并没有仅仅停留在口头上，而是予以实际回击。

其一，成立对评级公司的监管机构。在欧债危机肆虐期间，三大评级机构下调了欧元区主要国家的主权信用评级，直接造成重债

---

① 中国现代国际关系研究院：《国际战略与安全形势评估2014—2015》，北京：时事出版社，2015年版，第339页。

② Europen Central Bank, "public sector purchase programme（PSPP）", https://www.ecb.europa.eu/mopo/implement/omt/html/pspp.en.html. （上网时间：2015年12月2日）

③ "巴菲特携评级机构国会听证 称都怪金融机构高管"，新华网，http://news.xinhuanet.com/fortune/2010-06/04/c_12179992.htm。（上网时间：2016年10月18日）

国融资成本不断攀升。评级的力量是如此强大，以至于让欧盟领导人感到错愕，随后欧盟领导人开始批评评级机构的"不专业表现"。卢森堡金融市场协会主席吕克·范拉霍温表示，银行和金融机构的信用至关重要，评级机构在其中起着重要作用，民众需要评级机构对金融机构进行信用评级，但随着美国次贷危机的爆发，民众逐渐对这些评级机构的信誉产生怀疑。2011年，欧洲证券及市场管理局正式成立，主要负责对这三大评级机构进行调查。欧盟严管评级机构的主要考虑就是逐渐减少欧盟国家对美国评级机构的过度依赖，同时要求欧洲金融机构加强自身信用评估，逐步建立可信赖的评级制度。

其二，对评级机构展开调查。2013年12月，欧洲证券及市场管理局发布了针对评级机构开展业务情况的第三份调查报告，指出穆迪、惠誉和标普这三大评级机构在进行主权信用评级时的程序存在"缺陷"。该局的调查主要集中于以下方面：评级机构对主权信用评级所涉及的机密信息处理方式不当，在评级变动发布之前，市场就已出现相关传言并引发波动；评级机构与被评级企业之间存在利益关系，通常是评级机构从评级对象处收取佣金；评级机构使用资历不够的职员等。虽然该局尚未把这些问题与具体评级机构"对号入座"，但警告称，将在必要的时候对这些评级机构采取法律行动。欧洲媒体认为，欧盟针对信用评级机构制定的各项法律法规基本完善，随时可以向不听话的评级机构"开刀问斩"。此次欧洲证券及市场管理局发布调查报告后，评级机构迅速做出回应。穆迪表示，承诺遵循欧洲监管要求，并有效管理任何可能的利益冲突，对其自身政策满足欧盟的监管标准"很有信心"。标普表示，会在评级过程中"致力于实现最高的标准"。[①]

其三，颁布评级机构监管新规定。欧洲议会2013年年初全票通过了欧盟针对信用评级机构的新法规，该规定于当年6月20日生

---

① "欧盟再次问责三大评级机构，认为评级程序有'缺陷'"，《人民日报》，2013年12月6日。

效。新规定要求：评级机构就何时发布欧盟成员国主权信用评级制订时间表，每年不得超过3次，以避免引发市场混乱；评级机构只能在欧洲股市、债市等交易结束或者当天交易开始前一小时发布评级信息；评级机构需告知投资者和欧盟成员国特定评级的事实和假设，以便市场更好地了解该国主权债务情况；为确保评级机构的独立性，禁止投资者同时拥有多家评级机构股份，禁止评级机构对其重要股东的公司所发行的债券进行评级。另外，新规还明确要求，减少各项金融产品对评级结果的依赖，要求限制评级对象范围、增加复审次数和细节、进行惩罚性责任追究等。①

本篇小结

从以上欧洲的应对举措中可以看出，欧洲的对策主要在"自我修复"，查找自身的问题，比如加快欧元区机制建设、进行福利体制改革、欧洲央行调整货币政策等等，直接针对美国的很少，只有挑战美国评级霸权这一条。至于改革美国主导的国际货币体系，最多只是表现在了口头上。

在遭遇美国的打压后，欧洲并没有奋起反击，可能是出于以下一些原因：第一，欧元区的机制缺陷、欧洲央行政策僵化、福利体制负担沉重等问题确实存在，而且也到了必须着手解决的时候，这场危机促使欧洲必须在这些方面采取行动。第二，币权竞争具有一定的隐蔽性，很多部门甚至没有认识到这一问题的存在，只是在技术层面寻找办法。第三，欧洲实力尚不足以与美国抗衡，如果与美国针锋相对，欧洲很可能会败下阵来，结果受到的打击更大。第四，美国对欧洲的打压并不是致命的，美国的目的是转移自身风险，并无意置欧元于死地，在关键时刻美国甚至愿意出手帮助欧洲，避免欧洲经济、金融或者货币崩溃。第五，币权属于政治层

---

① "欧盟欲除'美国信用评级'之压"，《经济参考报》2013年7月5日。

面，只能在领导人层面解决，欧洲在危机中实力受挫，国际事务上更加依赖美国，不愿因为这一问题开罪美国，影响美欧的战略合作。

此外，与美国能够驾驭或者说利用金融机构、评级机构、舆论媒体等多种资源相比，欧元区的反应主要限于政府自身的政策调整，这也显示出美欧之间的实力差距，以及欧元被动挨打的原因。

第四篇 规律总结

前面的讨论中，我们已经从币权的基本概念入手，梳理和分析了二战后美欧币权竞争的基本情况，尤其是2008年金融危机后的竞争。本篇将在前面分析的基础上，进一步总结出美欧币权竞争的一些基本特点，一些规律性、共性的东西，可用于分析未来的美欧币权竞争态势，以及币权竞争对美欧关系的影响。

第十二章 美欧币权竞争的性质

美欧进行币权竞争的目标是维系或者获得币权,但这种竞争并不是你死我活、一定要分出胜负的军事对抗。在全球化时代,美欧作为世界前两大经济体,经济联系紧密,你中有我、我中有你,很大程度上是一荣俱荣、一损俱损,双方还有维护世界经济和国际货币体系稳定的共同利益。双方为了币权,竞争是客观存在的,但为了共同利益也需要相互合作。因此,美欧之间的币权竞争的性质可以说是"合作性竞争",而不是零和博弈的"破坏性竞争"。

第一章中,我们从国际关系角度分析了币权的几种存在形式,这也是币权竞争的目标。下面将分别从美欧的角度,对各自追求的目标进行分析,找到美欧的矛盾点和互补性,说明美欧币权竞争的性质是"合作性竞争"。

一、美国追求的目标

在第一章我们提到的"四大权力"中,美国在二战后已经获得了第一大权力,也就是国际货币体系的主导权,无论是布雷顿森林体系还是牙买加体系,美国都是毫无争议地获得了国际货币体系的主导权,国际货币体系规则服务于美国的国家利益。美国可以根据国内经济情况自主决定货币政策,流向全球的美元给美国带来了巨额铸币税。可见,美国的目标并不是获得而是维系已经取得的国际货币体系主导权。第二大权力,也就是对他国货币予以打击的权力，美国事实上也掌控着这一权力，这在苏伊士运河危机期间表现得尤为明显。另外在乌克兰危机中，美国对俄罗斯的金融制裁，也是这一货币权力运用的表现。币权已经成为美国重要的地缘政治工具，这一工具的运用次数虽然不多，但却效果显著。美国的这一权力是其他国家无法比拟的，当然也不愿失去。在金融危机后，美国借助各种手段打压欧元转移风险，也是这一权力的运用。第三大权力，也就是影响其他国家政治与安全政策的权力，美国则在全球多个区域建立起了"美元湖"，主要分布在环太平洋区域，占世界经济总量的65%。[1] 这些国家由于对美元的依赖，其国家利益和政治、外交政策很大程度上也向美国靠拢。对于第四大权力，也就是威胁货币体系的权力，这一权力并不适用于美国，因为美国是体系的主导国，其目标是维持体系的存在和稳定，并继续从中获得好处，而不是通过威胁体系来获益。

从以上"四大权力"来看，前三项是美国已经获得的权力，已经是"超级权力"，甚至被称为"嚣张的特权"[2]，很难再进一步扩大，第四项不适用于美国。因此，美国在币权上的立场应该是守成，维系既得的权力，而不是积极主动地采取行动与其他国家进行竞争。

二、欧洲追求的目标

对欧洲的分析，我们也从四大权力入手。对于第一大权力，也就是国际货币体系的主动权，这是欧洲争取的目标。布雷顿森林体系的建立，就是美国和英国竞争的结果，这一次竞争美国大获全胜，并且奠定了以美元主导的国际货币体系格局。虽然布雷顿森林体系解体后改为牙买加体系，但货币格局没有实质性变化，美元的

---

[1] 王湘穗："认清币缘政治，中国方能不败"，《环球时报》2013年2月18日。
[2] [美]巴里·埃森格林著，陈召强译：《嚣张的特权：美元的兴衰和货币的未来》，北京：中信出版社，2011年版，第194页。

主导已经是为世界所接受的事实。欧洲虽然对美元的主导不满，法国还曾经通过"抛美元、买黄金"对美元发起过挑战，但总体而言，当前的欧洲无意挑战和取代美元在全球范围内的主导地位。但在货币体系主导权上，欧洲还是有自己的考虑，与美国也存在竞争，因为欧洲力求掌握欧洲的货币合作主导权。美元主导的国际货币体系多次让欧洲深受其害，美元的汇率波动经常导致欧洲国家汇率的紊乱，尤其是20世纪90年代欧洲汇率体系的解体，让欧洲国家深刻认识到依赖美元给欧洲造成的被动。创建共同货币欧元，并让欧元在欧洲货币合作上处于主导位置，有助于一定程度上抵御美元波动对欧洲造成的打击，而且欧元区之外的欧洲国家由于本国货币钉住欧元，也将提升欧元区的地位和影响力。总之，欧元区虽然无意挑战美元对国际货币体系的主导权，但在欧洲的区域货币合作方面，欧洲国家还是力求掌握主导权，降低对美元的依赖和因此受到的影响。

对于第二大权力，也就是对其他货币进行打击的权力，尚未成为欧洲国家追逐的目标。欧元成立至今，还没有将欧元作为武器或者说是外交工具，对其他国家进行打击进而实现自身战略目标的先例。主要原因在于：其一，这与欧洲的实力和国际地位有关。欧洲虽然经济规模大，但货币问题上实力与美国仍有较大差距，还不具备将货币作为地缘政治武器打击其他国家的实力，因而也未将其作为目标。其二，欧洲在外交上奉行有效多边主义，主张通过国际谈判、设计解决问题的框架来解决问题，相对来说更为注重"软实力"，而不是强权政治。其三，与欧元区缺乏对外战略有关。欧元是"非主权货币"，背后缺乏明确的国家主权支持，也缺少明确的对外战略，在国际舞台上没有明确的主体可以代表欧元以及制定对外战略。将货币作为工具对其他国家进行打击是十分敏感的话题，但欧元缺乏明确的制定和实施政策的主体，要做到这一点需要欧元区所有国家同意，而这对于拥有十几个成员国的欧元区来说是极为困难的，甚至可以说是几乎不可能的，因为只要有一个国家有不同意见，行动就会被否决。如我们前面讲到的，将货币作为地缘政治工具是一种"秘密武器"，隐秘性强，但欧洲要运用这一"武器"需要所有成员国讨论，势必公之于众，也就难以达到目的，甚至引来争议。

对于第三大权力，即影响其他国家政治与安全政策的权力，这一目标是欧洲极为看重的，欧洲对这一权力的运用，应该说也是十分成功的。苏东剧变、冷战结束后，欧洲面临巨大的地缘政治挑战，属于原苏联的国家独立后，国家稳定和外交政策走向是欧洲非常关心的问题，因为这涉及到欧洲的周边安全，如地缘政治纷争、走私、贩毒、贩卖人口、非法移民等等，这些不安全因素都可能向欧洲渗透，稳定周边是冷战后欧洲安全面临的严峻挑战。为了应对中东欧的这些邻国带来的安全挑战，欧洲采取了可能是世界独一无二的战略，就是以"软实力"为手段，对这些国家进行改造，如经济市场化、政治民主化、外交西方化等等，这些改革当然符合欧洲的利益。欧洲所运用的"软实力"，主要是指欧洲通过一体化获得的经济繁荣、政治稳定、社会融合，这对周边国家具有极强的吸引力。加入欧元区更是很多国家追求的目标，如果能够加入就意味着和西欧经济融为一体，有欧洲的核心国家作为经济上的保障，生活水平向西欧富裕国家靠拢。为实现这一目标，周边国家愿意按照欧盟和欧元区的要求，对本国的政治体制、经济制度进行改革，外交政策上更是倒向西方，这正符合了西欧的战略意图。因此，欧洲成功利用欧元区资格作为"外交工具"，影响了周边国家的政治、经济和外交政策，而且这一影响还不是强制的，而是被影响的国家主动要求的，可见"货币外交"影响力之强大。但值得一提的是，欧洲追求这一权力的目标范围主要限于周边，而没有像美国那样的全球野心。

对于第四大权力，即威胁货币体系的权力，这一权力是"以弱锄强"，通过威胁摧毁货币体系，来迫使主导国做出一定让步，使"摇船者"进而获得自己的利益。如果欧洲要获得这一权力，目标毫无疑问是针对美国。二战后，法国曾经在布雷顿森林体系时期通过卖黄金威胁过美元体系，法国也是唯一公开威胁美元体系的欧洲国家。法国的这一立场源于其民族性格，法兰西民族在世界舞台上不甘寂寞，习惯通过"标新立异""敢为天下先"来向世界展示法国的实力、地位和国际影响力，"挑战美国"被视为展示自己国家力量和影响的舞台。法国不仅在货币问题上，在其他问题上也向美国霸权发出过挑战，比如1966年，法国在戴高乐将军的带领下，退出了美国领导的北约军事一体化组织，北约总部也从巴黎迁到了布鲁塞尔。欧元诞生后，法国喜爱"挑战美元"的特点并没有改变，2008年美国金融危机后，时任法国总统萨科齐明确公开表示，美元对国际货币体系的主导已经不合时宜，并在访问美国期间积极游说美国对国际货币体系进行改革。但法国面临的问题是，法郎已经不复存在，法国已经没有自己的货币主权，要想凭借欧元对美国施加压力，还需要欧元区所有其他国家的同意。但法国挑战美元的主张不可能在欧元区得到广泛响应，不仅是现在，在历史上也没有。因而，法国威胁美元体系的立场在欧洲被弱化，在欧元层面可以说是基本没有体现。从国际层面看，欧元的主要目的是掌握自己的货币主权，对周边国家施加影响，并没有表现出威胁美元的明显意愿。因而，威胁货币体系，并不是欧洲作为一个整体追求的目标。

三、美欧竞争中的矛盾点和互补性

从以上分析中可以看出，当前美欧之间的币权竞争既存在矛盾点，又存在一定的互补性。首先，从国际货币体系主导权来看，欧洲认可美国在全球范围内的主导权，认可现行国际货币体系的基本规则，尊重美元在全球汇率体系、大宗商品计价、全球外汇储备中享有的"特权"，并无意取而代之。但欧洲也有自己的诉求。一方面，欧洲追求货币政策的自主权，不愿欧洲经济和货币政策过多受到美国的冲击和影响，这是欧元成立的初衷之一。金融危机爆发后，欧洲深受其害，再次谋求减少美国经济波动对欧洲的冲击，比如，加强对金融机构、评级公司的国际监管等等；另一方面，欧洲要主导欧洲的国际货币合作。欧元区和欧洲其他国家经贸往来密切，建立以欧元为主导的货币合作，如贸易、投资等使用欧元，有利于在欧洲范围内提供经济便利，规避汇率波动风险，促进经济发展。美元主导的是一个全球性的国际货币体系，欧洲则谋求主导区域性的货币合作，或者打一个比喻：美国主导银河系，欧洲力求主导太阳系。

其次，从影响其他国家政治与安全政策权力的角度看，美国和欧洲都有强烈的意愿。区别在于，美国的范围是全球性的，而欧洲的目标范围是周边，其中重点是中东欧、巴尔干这些有潜在不稳定因素的地区。两者竞争的可能交集是欧洲周边地区，因为在欧洲以外地区，欧洲无意也无力与美国竞争。比如在亚洲和拉美，国际贸易使用欧元计价是不可能的。[1] 关键在于美国的政策，对于欧洲试图将周边纳入自己的势力范围，美国并没有表现出明显的反对态度，一是这一地区毕竟是欧洲的"后院"，欧洲的直接影响力要更大一些；二是欧洲利用欧元的吸引力对这些国家进行"改造"，如果能够使这一地区安全、稳定和外交政策倒向西方，也符合美国的利益，美国也乐见欧洲能发挥积极影响。

最后，从对其他国家实施货币打击和威胁货币体系的角度看，由于欧洲并未将此视为目标，美欧之间也不存在竞争关系。从历史上看，法国往往扮演国际货币体系不稳定因素"放大器"的角色，善于利用体系的不稳定威胁主导国。但在欧元成立后，法国在这方面的角色扮演似乎不如从前。2008年的金融危机爆发后，法国领导人虽然曾公开表示美元对国际货币体系的主导已经不合时宜，但未采取实质性行动对美国和国际货币体系进行威胁。这一定程度和欧

---

[1] [荷] 玛德琳·赫斯莉著，潘文、石坚译：《欧元：欧洲货币一体化简介》，重庆：重庆大学出版社，2011年版，第66页。

元投入使用后，法国的"反美"立场在欧元区内被稀释有关，法国的特立独行和喜欢与美国分庭抗礼在欧元区很难得到广泛响应，而法国在使用欧元后自己已经失去货币主权。同时，金融危机后，法国经济、社会也是问题缠身，自顾不暇，没有精力"挑战美国"。当然，欧元成立的时间毕竟还短，目前只有十几年，未来是否在某个时间再次向美国就货币问题发起挑战，还有待时间来检验。

从以上分析可以看出，美欧之间的币权竞争主要在两方面：一是国际货币体系主导权的竞争；二是对其他国家外交与安全政策影响力的竞争。前者，美元有明显的既得优势，欧洲清楚自己的实力和定位，争夺目标主要限于欧洲范围之内；后者，美国认可欧洲的"势力范围"，没有强烈的意愿将其夺走。由此可见，美欧之间的币权竞争并非是全方位的国家间竞争，而是局部地区和领域的竞争，而且竞争中双方根据自己的实力和势力范围，相互了解对方的底线，多数情况下能够形成默契，避免直接对抗。

由于共同利益的存在，美欧在进行币权竞争的同时，也在进行着合作。这平时主要体现于美欧共同主导的多边机构和国家集团，比如：在国际货币基金组织和世界银行，美国人当世行行长、欧洲人当IMF总裁成为二战后的"不成文的惯例"；在七国集团，美欧定期就经济形势和货币政策情况沟通协调。此外，在紧急情况下，美欧之间还有紧急合作方式，比如2011年9月15日，在欧债危机导致欧洲银行业可能发生系统性危机时，美联储、欧洲央行、英国央行、瑞士央行、日本央行紧急联手对银行业提供流动性支持，以避免欧债危机演化成新一轮金融危机。这一紧急援助与美元打压欧元并不矛盾，正如前所述，美国最终目标并非是打垮欧元，而是通过压制欧元转移国内经济和金融风险。因而，这一打压是有限度的，如果欧元在危机中崩溃或者发生新一轮金融危机，鉴于美欧经济的密切联系，肯定会回过头来殃及美国，结果适得其反。所以，金融危机后，美国和欧洲的币权竞争虽然激烈，但也是有限度的，双方在竞争的同时还要合作，避免"鱼死网破"。

总的来看，美欧之间在币权问题上并不完全是赤裸裸的竞争，而是一边合作一边竞争，为了共同利益需要合作，为了争取权力进行斗争，这也类似于国际关系中所说的国与国之间的"竞合关系"。王湘穗教授关于货币政治的阐述也认为，兼顾彼此、兼顾博弈与合作是币缘政治的核心。①

---

① 王湘穗：《币缘论：货币政治的演化》，北京：中信出版集团，2017年版，第23页。

第十三章　美欧币权竞争的方式

对美欧币权竞争进行总结，竞争方式按照工作对象的不同，可以归结为以下几种。

一、通过完善自己提升市场竞争力

对于国际关系领域的"四大币权"，这些权力并不是通过国际协定、国际组织和相关规则等法律形式直接赋予某个货币强国的，而是在既定规则下，市场"自由选择"的结果。比如在当前的牙买加体系下，没有任何国际协定规定某国的外汇储备必须是美元、欧元或者某种其他货币，一国货币当局以及私人投资者，理论上完全有自由选择自己青睐的货币作为储备，在计价、钉住等方面也是如此。市场之所以多数选择美元，关键在于美国的国家实力，美元是"安全货币"，即便在华尔街金融危机期间，市场仍然认为美元是"避险天堂"。大家都选择美元的结果，进一步夯实了美国的币权基础。

美国是一个危机感很强的国家，对自身的问题十分警惕，美国衰落论往往出自美国而不是别的国家。在货币问题上也是如此，美国十分清楚，其币权不能长期"滥用"，美国要可持续地享有"嚣张的特权"，也必须维护自己的信誉。在经济形势较好的时期，美国也注意维持财政平衡，克林顿执政时期甚至一度实现财政盈余。在华尔街金融危机后，美国大力整顿金融秩序，并抛出出口倍增计划、能源革命、再工业化等重大战略，希望尽快恢复各界对美国金融市场的信任。2014年以后，随着美国金融与经济的恢复，美元也走出了强势轨迹。

欧元也是如此，要在与美元的币权竞争中获得立足之地，必须让自己有强大的吸引力。欧元主要的传统优势有两个：一是币值稳定。欧洲央行的优先政策目标是"物价稳定"，具体设在"接近但低于2%"的水平。欧元诞生到欧债危机爆发前，也就是1999—2008年，欧元区基本实现了这一目标。由于欧元在管理上很大程度上参考了德国马克的模式，这让市场投资者有理由相信，欧元的币值可能像德国马克一样坚挺。也就是说，欧洲央行不会像有些国家的央行一样，通过大量发行货币来刺激经济增长，结果导致通货膨胀和货币贬值。欧元诞生后，欧洲央行由于有很强的独立性，不折不扣地执行了自己的货币政策目标，能够抑制滥发货币的冲动，这一点值得投资者信赖。二是财政纪律。尽管欧债危机发生的直接原因是希腊等债务国长期财政赤字导致债务负担过大，但实际上欧元区的平均债务水平是低于美国的。从图1中可以看出，金融危机发

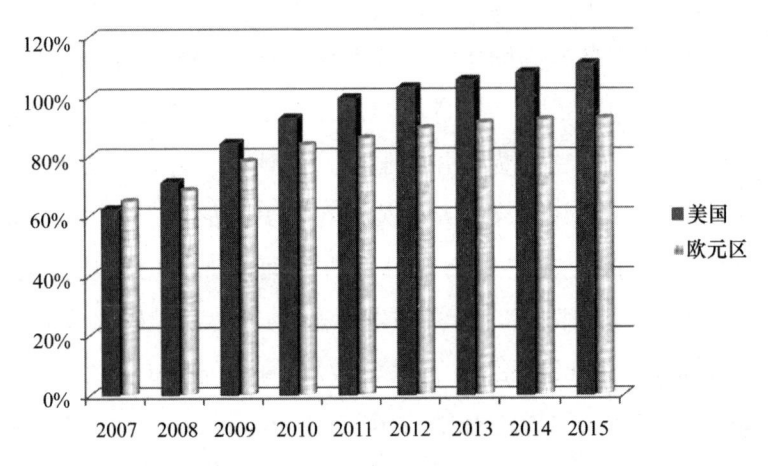

图1 美国与欧元区的公共债务比例

数据来源：欧盟统计局与国际货币基金组织网站。[①]

---

① 欧元区数据来自欧盟统计局（Eurostat）网站：http：//ec. europa. eu/eurostat/web/products-datasets/-/teina230；美国数据来自IMF网站：http：//www. imf. org/external/pubs/ft/weo/2010/02/weodata/index. aspx。（上网时间：2015年12月5日）

生后，美国债务比例的增速要快于欧元区的平均水平。总体看，由于《稳定与增长公约》对成员国的财政和债务比例有明确的限制，虽然这一规定执行的不严格，但由于这一纪律约束的存在，欧元区多数国家都没有偏离标准太远，有些国家是暂时超标后又回到"安全线"以内。应该说，这一纪律的存在比没有还是效果要好。欧洲虽然爆发了债务危机，但财政和债务问题严重的主要是外围的小国，德国等核心国家的财政和债务水平基本上还是健康的，买这些国家的债券风险并不高。

以上是欧元的优势，但欧元的缺点也是明显的，在债务危机中暴露无遗，突出问题是前面讨论的机制缺陷。欧元区自知机制缺陷的存在，但欧元运转后到债务危机爆发前这一段时间，欧洲没有致力解决这一问题，主要原因是这一问题没有暴露出来，紧迫性并不是很强，欧洲也缺乏动力和压力。当初欧元设计的初衷也是：机制缺陷必然会导致危机，等爆发危机后，顺势利用危机的压力来解决机制不完善问题。债务危机爆发后，欧洲采取的应对措施主要也是解决内部的制度缺陷，如建立欧洲金融稳定机制、银行业联盟等。欧元区清楚知道自己爆发危机的内因所在，所以应对重点也是在内部。欧元要与美元进行币权竞争，必须得把自己的事情做好，取得市场的信任。

美元与欧元在市场上的竞争，如同微观经济学里所讲的，两个生产同样商品的厂商，要靠产品质量来争取市场份额。由于市场是"聪明的"，不论美国还是欧洲想要获得更多币权，都必须做同样的事情，就是把自己的货币做得更好、更安全、更方便、更有吸引力。自从欧元成立后，这种竞争就一直存在，因为市场一直存在而且是持续的，是一种"常态"，美欧之间从来没有中断这种竞争。

由于面临的市场一样，国际规则也是共同的，这种竞争也被视为"公平竞争"。有学者认为，牙买加体系中各种货币的地位是由市场决定的。但实际上，这种看似公平的竞争却有很大的不公平性，因为虽然规则是统一的，但规则却未必是公平的。正如前文所述，美国在二战后获得了国际货币体系制定权，规则基本上是美国定的，美元与黄金挂钩、其他货币与美元挂钩，这一规则已经确立了美元的地位。布雷顿森林体系解体后，虽然没有这样的安排，但美元的霸权地位已经确立，"路径依赖"帮助美元霸权继续存在，而且美国还通过政治、经济、外交手段维系美元的地位，这些都是传统的经济学分析没有考虑的。因此，在币权竞争的市场中，看似公平的竞争实际上有很多不公平的因素，这也是欧元在竞争中处于不利地位的原因之一。

二、通过外交手段影响第三方行为

外交手段虽然在市场之外，但却能影响市场主体的行为，让市场参与者不仅从经济利益角度选择货币，而且有更多的战略考虑。比如在石油富饶的中东地区，美国可以用外交拉拢、提供安全庇护等手段，让这些石油出口国用美元而不是其他货币进行计价、结算和储备。在经济学的市场分析中，这被认为是行政干预，是"外因变量"，但无论如何这一因素客观存在，真实地影响市场。

在通过外交手段与欧元区争夺币权方面，美国的做法包括：第一，国际大宗商品以美元计价。国际大宗商品出口国主要为石油出口国和第三世界国家，美国凭借自己的经济、军事实力以及与这些国家的政治关系，通过各种手段促使国际大宗商品基本以美元计价，这给欧元作为计价货币留下的空间十分有限。大宗商品以美元计价后，相关交易也在美国的结算系统进行，相关国家也须储备美元，自然就巩固了美元的地位。像萨达姆这样有意将石油出口改用欧元计价的政权，最终遭到了战争的厄运。第二，利用国际货币基金组织和世界银行为美国的币权服务。美元能维系货币霸权，还仰赖 IMF 和世行两大国际金融机构在国际贷款、投资、援助中大量使用美元，并促欠发达国家对美国"门户开放"，也就是在全世界范围内推行"华盛顿共识"。[①] 欧元区国家虽在两大机构中代表权总和超过美国，但难成合力，未能有效助推欧元国际化。

欧元区的外交手段，主要体现在对周边政策上。如前所述，欧元区的一个问题是在对外方面难以形成合力，因而难以像美国那样在全球范围内利用外交资源争夺币权。但在欧洲的周边，欧洲国家相对容易达成共识，因为这涉及到至关重要的欧洲共同安全问题。欧洲一体化带来了人员、资金、商品、劳务的自由流动，这对经济发展有利，但同时也带来了非法移民、有组织犯罪、恐怖主义等的"自由流动"，这些问题容易在欧洲国家间相互传染，因而欧洲在对周边政策上有共同利益，也更容易达成共识。对于这些国家，欧洲采取的办法之一就是通过援助换取这些国家的政治、经济改革，而援助使用的货币自然主要是欧元。这些国家乐于得到援助，也乐于使用欧元，外汇储备中欧元占比高，有些小国甚至直接将欧元作为法定货币。欧洲在周边推广欧元的战略无疑取得了成功，但欧洲在利用外交手段获取币权的成绩也主要限于欧洲以及欧洲周边，而不像美国那样遍及全球。

与提升自身市场竞争力相比，利用外交手段这一竞争方式的区别在于目标是对外的。正如上面提到的，通过市场竞争获得币权的做法是"做好自己的事"，借此提高市场的吸引力和影响力，通过改善自己来获得或者维系权力。外交手段的目标并不在于自己，而是通过改变其他国家的行为，借此来提高自己的竞争优势。这一目标是不针对竞争对手的第三方，也就是美国不针对欧洲、欧洲也不针对美国，而是二者之外的其他国家。下面我们将介绍美欧之间通过直接交锋进行竞争。

---

① ［美］迈克尔·赫德森著，嵇飞、林小芳译：《金融帝国：美国金融霸权的来源和基础》，北京：中央编译出版社，2008年版，第19页。

三、通过直接交锋压制对手

近代史上，美欧为争夺币权，直接交锋屡见不鲜。第二次世界大战后，美国在与英国的竞争中就用"怀特计划"战胜了"凯恩斯计划"，终结了英镑霸权，建立起美元主导的布雷顿森林体系。布雷顿森林体系下，美国在苏伊士运河危机中，成功利用币权阻止了英国和法国对埃及发动进攻。20世纪六七十年代，在法国的冲击下，布雷顿森林体系解体。欧元诞生后，美国的竞争对手更为明确和单一，那就是欧元。2008年金融危机后，美国担心在危机中失去币权，对欧元发动了"正面进攻"，并导致了欧元国际地位的下滑。美政府部门虽未直接指使私人部门"猎杀"欧元，但其默许、纵容的立场明显，相互形成默契，最终"皆大欢喜"——政府维系霸权、资本获得利润、媒体吸引眼球。

与市场竞争和外交手段相比，直接对抗发生的次数较少。市场竞争是一直存在的，尤其是在牙买加体系下，这种竞争几乎每天都在进行，美欧都不停地想办法提升自己货币的吸引力。外交手段属于长期性战略，选定战略方向后，按照既定方向落实和推进，也是一直存在，只不过变动不会像市场那样频繁和明显。而重要的直接交锋在历史上出现的次数有限，二战后主要有美英围绕战后国际货币体系、美英围绕苏伊士运河危机、美法围绕美元兑换黄金以及美欧围绕金融危机这几次直接交锋，平均超过十年才发生一次，发生这种竞争一般都与重大危机相关。这种竞争方式发生次数少，但竞争程度却最激烈，影响也最深远，比如美英竞争的结果决定了战后的国际货币体系，美法竞争的结果导致了布雷顿森林体系解体，金融危机后美元和欧元竞争导致了举世瞩目的欧债危机。这种竞争也是最值得关注和警惕的。如果双方处理不好这种竞争，导致升级成更为严重的双边对抗，可能会影响到整个跨大西洋关系。如何管控好这种竞争，也是美欧面临的共同议题。

第十四章 美欧币权竞争的前景

本篇前两章中，我们对美欧币权竞争的性质和方式进行了总结，接下来将分析美欧竞争的前景如何，核心问题是未来竞争是否会变得更为激烈，是否会导致全面的政治对抗。

一、竞争的边界

前面我们分析了美欧币权竞争的性质是"合作性竞争"，而不是"破坏性竞争"。这意味着，美欧币权竞争应该有边界或者说是底线，双方都想把竞争控制在一定程度和范围之内。那么，这个边界是什么呢？

综合二战后美欧之间发生的各种形式的币权竞争，我们可以发现，尽管竞争一直存在，有时还很激烈，但竞争的结果都是以双方达成某种妥协而结束，没有演化成无法收拾的全面对抗，也没有影响跨大西洋双方的战略合作。二战后的美英竞争中，虽然英国的"凯恩斯计划"完败给了美国的"怀特计划"，但美国也根据英国的意见做出一定修改，并获得英国的支持以及将英国纳入到布雷顿森林体系中来。苏伊士运河危机中，虽然美国借助货币手段威胁英国撤销军事行动，但英国并没有将双方的这一冲突公之于众，这一危机日后也没有持续影响美英"特殊关系"。法国抛售美元最终导致布雷顿森林体系解体，但布雷顿森林体系解体过程中，美国与包括法国的欧洲伙伴也处于合作关系，1971年美国宣布美元停止兑换黄金，但固定汇率直到1973年才解体，这期间在美国的游说下，欧洲伙伴还是支持了美元的汇率稳定。2008年之后的美欧竞争中，欧元虽然深受打压，但在关键时刻美国也对欧元提供了一定支持，以避免欧元区解体。

可见，美欧作为传统盟友和战略伙伴，虽然在币权上天然存在竞争关系，但由于存在庞大的共同利益，双方都不想影响战略合作。尤其对于安全上依赖美国的欧洲而言，欧洲不愿意因为在货币问题上与美国激烈对抗，进而危及更为重要的政治和安全利益。对于美国而言，美国战略利益遍布全球，欧洲是其战略盟友，美国在欧洲乃至全世界的战略利益需要借助欧洲来维持，比如在应对俄罗斯问题上，一直是欧洲走在前线。

在以上三种竞争方式中，市场竞争是最常见也是风险最小的，这种竞争很大程度上被理解成市场行为而不是国家战略，一般也不会引发竞争对手的敏感和过度警惕。虽然给对手的压力是有的，但不至于引发外交关系的持续紧张，更不会触及影响双方战略合作的底线。外交手段是明显的政府行为，而且在二战后几十年，美欧都形成了自己的势力范围，任何打破当前格局的外交尝试，都可能引发双方关系的紧张。美国加州大学教授本杰明·科恩认为，欧元区会想尽一切办法提升欧元的市场吸引力，乐见周边国家政府对欧元形成依赖，尤其是中东欧和巴尔干地区，但这不会激怒美国，除非欧洲试图将影响力扩大至更大范围。欧洲将对自己的渴望加以限制，尽量不触碰美元的势力范围。[①]

欧洲经济与货币联盟之外，有6个小型经济体将欧元作为唯一的法币，包括安道尔共和国、摩纳哥、圣马力诺、梵蒂冈，以及巴尔干地区的黑山、科索沃，还有一些国家将本国货币与欧元挂钩，包括波黑、保加利亚、爱沙尼亚、立陶宛。一些国家钉住一篮子货币，其中欧元比重很大。另一些国家采取了有管理的浮动汇率制，

---

① Benjamin J. Cohen, *The future of global currency: the euro versus the dollar*, London and New York: Routledge, 2011, p. 38.

欧元被非官方地用作"锚"。随着欧盟和欧元区的扩大,"欧元化"势头只会增加,不会减少。每一个渴望加入欧洲俱乐部的国家,都期待采用欧元。对于欧洲周边地区的"欧元化",美国不会感到愤怒。美国从未质疑欧盟在欧洲的优先利益,因为这里被公认为是欧盟的后院。从地缘政治的角度看,美国和欧盟的利益存在一致性。美利坚大学教授兰德尔·亨宁(Randal Henning)认为,货币联盟的强化有利于中东欧地区的经济和政治稳定。如果货币联盟失败,中东欧地区将更加不稳定,结果是美国不得不投入更多的人力和资源,这一地缘政治考虑对美国外交来说极其重要。如果欧洲经济与货币联盟的影响扩大至地中海和撒哈拉以南地区,与这些国家建立紧密的经济与政治联系,美国"也不会生气",因为这些地区也被视为欧洲的后院,有一些国家的货币已经与欧元挂钩,尤其是中西非的前法郎区,在这些地区,欧元正好接替了此前法郎作为"锚"货币的角色。问题是,欧洲还会走的更远吗?没有证据表明欧洲会认真考虑在拉美和亚洲挑战美元,这些地区很显然美国的利益需要优先保障,欧洲也承认这是美国的后院。[①]

直接交锋是最可能触及竞争底线的竞争方式。2003年的伊拉克战争,虽然原因不全是币权竞争问题,但还是给双方关系埋下深深的裂痕,用了数年的时间才得以修复。但这一危机也没有触及美欧安全合作的底线,美国在欧洲提供安全保障的立场并未动摇,欧洲也未曾尝试在安全防务上甩开美国。2008年金融危机期间,美欧又一次进行了直接交锋,但这次与其说是交锋,不如说是一攻一守,因为欧洲的应对办法主要还是"修炼内功",解决自己的财政、债务、增长、机制等问题,而不是直接针对美国发动反击,更不至于影响双边的战略合作。

总之,从以往的竞争中可以看出,不能影响双方战略合作、不发生政治对抗的底线双方都是清楚的,也都没有触及。

---

① Benjamin J. Cohen, *The future of global currency: the euro versus the dollar*, London and New York: Routledge, 2011, p. 49.

二、信息化的影响

随着计算机、网络、通信、数据库等技术取得巨大突破和广泛应用，信息化已经是当今时代的一个重要特征，渗透进全世界的方方面面，也不可避免地对当前和未来的美欧币权竞争有所影响。

信息技术在金融领域的广泛运用也被称之为金融信息化，也就是指以创新智能技术工具更新改造和装备金融业，使金融活动的结构框架重心从物理空间向信息性空间转变的过程，这有力地推进了金融发展的历史进程。[①] 如前所述，美欧之间的币权竞争多数情况下都是通过金融手段实现的，信息化这一技术手段的发展虽然不会改变美欧币权竞争的性质，但也会在方式、方法和结果上带来一些改变。

第一，金融市场一体化快速发展，美国在竞争中的优势得到增强。随着世界经济一体化和全球信息网络的发展，分布在全球各地的交易所通过互联网交易，投资者无论身在何地，都可以上网同步进行交易，完全打破了时间、空间的限制，各国金融市场日益连成一个统一的整体。而在这个一体化程度日渐提高的全球金融市场当中，美国凭借其金融实力处于核心位置，其政策和形势变化对其他国家影响力也更强。原因在于：美国作为全球金融中心，包括欧洲在内的世界金融交易大量地通过美国的交易系统进行，买卖标的相当一部分也是美国的金融产品，这相当于赋予美国金融权力，可以借此对欧洲和其他国家施加影响。比如在2007—2008年的次贷危机和金融危机中，虽然危机发生在美国，直接原因在于美国房产市场下滑和相关金融衍生产品泡沫破裂，但由于金融市场的一体化，欧洲金融机构等投资者也购买了大量的相关衍生产品，进而在危机

---

① 张立洲：《金融信息化对金融业的影响》，《金融理论与实践》2001年第11期，第6页。

中遭受重大损失。同时，美国还可利用国内法律手段来"敲打"欧洲。2013年以来，奥巴马政府加大金融监管，以逃税、洗钱或规避制裁为由，对多家银行进行制裁，认为这些欧洲银行违反了美国针对苏丹、伊朗和古巴的制裁政策，包括法国巴黎银行、德意志银行等等，单笔罚金屡破纪录。2014年7月，在法国巴黎银行遭到美国司法部近百亿美元的天价罚单后，时任法国央行行长诺亚明确表示抗议，甚至认为法国企业应该尽可能多地使用非美元货币。[1] 乔纳森·科什纳（Jonathan Kirshner）认为，技术进步促进了美国推动的金融全球化发展，这实际上增强而不是削弱了当代国际关系中货币外交的重要性。[2]

第二，国际金融流动增强，美欧竞争的影响被放大。信息技术使得资本流动大大加快，也扩大了资本流动的总量。鉴于美欧经济规模庞大和金融影响力强大，二者之间在货币问题上的"角力"也将给世界带来更大冲击。比如在2008年美国华尔街金融危机爆发后，欧洲国家认为美国的经济发展模式存在问题，国际资本出于避险考虑，一度出现从美元转向欧元的动向。但随后不久，在美国政策的打压下，欧债危机爆发并持续发酵，资金又流回美国。美欧之间的每次"出招"，都会引起市场的强烈关注、反应和波动。在欧债危机有所缓和后，2015年12月，美欧货币政策又出现重大分歧。12月3日，欧洲央行决定进一步放宽货币政策，将存款利率由－0.2%降低至－0.3%，量宽政策执行期限从2016年9月延长至少至2017年3月；12月16日，也就是不到两个星期，美联储完成金融危机以来首次加息，决定加息25个基点至0.25%—0.5%。美欧两大央行货币政策一松一紧，也给国际资本流动和汇率波动带来了很大的不确定性。2016年初，国际金融市场出现了剧烈的动荡，虽然不能完全归结于美欧之间的分歧，但与此不无关系。

---

[1] "美元失宠：全球'去美元化'呼声再起"，《欧洲时报》2014年7月28日。
[2] ［美］大卫·M.安德鲁编，黄薇译：《国际货币权力》，北京：社会科学文献出版社，2016年版，第185—215页。

第三，竞争手法有所改变，信息传递渠道更为多元。在步入信息化社会以前，竞争手段主要是直接针对对方，向对方和世界发出明确的信号，比如二战时期的"怀特计划"和"凯恩斯计划"之间的竞争，苏伊士运河危机期间美国抛售英镑，以及布雷顿森林体系解体前法国"抛美元、买黄金"。但近年的竞争情况看，竞争的手法有所改变，直接针对对方的"挑衅"有所减少，而通过其他手段间接向对方施加压力有所增加。比如在此次欧债危机中，美国政府并没有直接打压欧元，而是利用舆论媒体、评级机构等手段，通过向市场传递信息来达到打击对手的目的。当今时代，信息传递快、办法多、影响大，甚至可以瞬间影响全球市场，而不再是像20世纪六七十年代那样，法国政府还需要通过派军舰去美国运回黄金来向外界释放信号。

第四，政府难以完全驾驭信息化的市场，金融风险也随之增加。在信息化时代，政府更多的通过市场来影响竞争对手。但市场有其自身的运行逻辑，未必按照政府的意愿发展。比如在债务危机期间，美国打压欧洲的过程中，一旦欧洲的风险失控演变成新一轮的世界性的金融危机，美国也将引火烧身。这正是危机期间美国一度伸手帮助欧洲的原因所在。因此，信息化虽然给美欧之间的币权竞争提供了更多手段，但相伴而来的风险也不容忽视。

三、可能的冲突点

币权竞争不能越过影响战略合作的底线，但有一些潜在冲突点还是值得关注和分析。

富裕的石油出口地区——中东，可能是美元和欧元对抗之地。原因在于：首先，石油出口给中东国家带来巨大财富，包括沙特阿拉伯、科威特以及波斯湾周边国家，这些财富大部分直接或者间接由国家政府支配，要么以中央银行外汇储备的形式保存，要么由公共部门投资于国外。这些国家政府用他们的财富做些什么，将对国际货币的命运和地位有重大影响。其次，这一地区的大国权力结盟具有不稳定性。在欧盟的紧邻周边，美国愿意尊重欧盟；反过来，在拉美和亚洲，欧洲承认美国的战略主导；而从地缘政治的角度看，中东是各国激烈竞争的地区，就像伊拉克战争显示的一样。多数国家政府在接受美国领导和美国驻军方面是谨慎的。而欧洲国家与这一地区有紧密的经济和文化上的联系，所以一直致力于在这一地区发挥重要影响。欧洲国家也普遍怨恨美国排挤欧洲过去对这一地区的主导。第三，欧洲是中东最大的石油出口市场，也是最大的进口来源地，但金融上却为美国和美元所主导。美元占据了这一地区国家中央外汇储备和官方对外投资的绝大多数，也是理论上或者事实上的"锚"货币，在许多人看来，这是不匹配、不正常的，甚至是不理性的。人们经常问这样一个问题：与欧洲这一最大的贸易伙伴做生意，如果用欧洲的而不是美国的货币，是不是更合理呢？如果是的话，为什么还不转向欧元作为储备和"锚"货币呢？第四，中东对美国来说至关重要。美国对中东提供安全保障，需要中东的石油，需要中东支持美元地位。因此，美国对欧洲在中东挑战美国的容忍度是很低的。①

从欧洲的角度看，与美国争夺中东是有诱惑力的。由于涉及到的资金数额巨大，有利于欧元成为"大欧元"，也有利于强化欧洲在中东的影响力。同时，这对中东也是有诱惑力的，这有利于外汇储备多元化，平衡美国在中东的"压倒性"影响。众所周知，中东国家时不时就会探索寻找美元的替代品，只不过找不到而已。欧元的出现，让这些国家有了新的希望。2000年，伊拉克前领导人萨达姆·侯赛因开始尝试石油出口用欧元支付。欧洲是否应该利用统一货币的有利机遇，积极推动中东国家石油出口用欧元结算呢？任何这样的尝试都将遭到美国的强烈反对。由于涉及美国的重大利益，由此地缘政治冲突的可能性不容忽视。美国攻打伊拉克，就被视为

---

① Benjamin J. Cohen, *The future of global currency: the euro versus the dollar*, London and New York: Routledge, 2011, p. 133.

美国应对欧元对美元威胁的表现。有一个广为流传的评论，"这是一场石油货币战争，美国真正的目的是阻止欧佩克国家用欧元作为结算货币的趋势"。虽然这种看法缺乏第一手证据，而且有阴谋论的味道，但是欧美在中东的货币冲突是严肃的话题。欧洲能承担这个风险吗？这一点还不确定，因为这一行为的成本和收益尚不明确。① 2015 年 7 月，伊朗与国际社会就核问题达成协议，困扰中东稳定、石油输出、伊朗与西方关系多年的问题掀开了新的一页，伊朗将重新思考与西方的关系。问题是，伊朗在货币问题上将做出何种选择？欧洲是近邻，与伊朗贸易量大；美国转变了多年的对伊朗封锁政策，政治关系的转圜将给经济带来新的机遇。2016 年 2 月，伊朗石油部代理副部长马苏德·阿斯法哈尼表示，伊朗打算在进行石油贸易时弃用美元，用欧元、人民币或其他强势货币进行结算。② 鉴于人民币实力与美元、欧元尚有差距，未来相当长一段时间币权竞争仍将在美欧之间展开。如果伊朗确实在石油结算上推动"欧元化"，很可能引发美国警惕和美欧关系紧张。

　　除中东外，美欧币权竞争还有一个敏感点，那就是人民币国际化。作为货币霸权国家，美国对任何其他货币的国际化都不会欢迎，但欧洲的立场与美国不同，欧洲对人民币国际化持欢迎、支持、合作的态度。原因在于：一方面，金融危机后欧洲与美元竞争的动力更强。金融危机中，面对美国的货币打压，欧洲鉴于实力差距以及对美国安全保障的依赖，没有奋起直接反抗，但心中对美元不满明显增加。另一方面，人民币国际化可能更多挤占美元的地盘，而不是欧元。如前所述，美元和欧元已经基本上划定了势力范围，欧洲的"后院"在欧元区周边以及撒哈拉以南非洲。而中国远在亚洲，人民币国际化刚刚起步，无意也没有能力染指欧元的传统势力范围，因而人民币国际化对欧元并不是威胁，甚至一定程度上

---

① Benjamin J. Cohen, *The future of global currency: the euro versus the dollar*, London and New York: Routledge, 2011, p. 46.
② "伊朗考虑用人民币结算石油，将弃用美元"，新华网，http://news.xinhuanet.com/overseas/2016-02/12/c_128713770.htm。（上网时间：2016 年 2 月 18 日）

符合欧洲人的"多极化"主张,欧洲也乐见多一种力量对美元霸权形成制衡,减少其对货币权力的滥用。金融危机后,中欧考虑过联合成立评级公司,以应对美国的"评级霸权"。

中欧货币合作已经取得了不小的进步,这一动向尚未触发美国的公开反应。一是可能因为中欧货币合作道理上并无不妥之处,美国不好公开表态;二是可能因为人民币国际化尚属初级阶段,国内金融市场尚需完善,资本项目也未完全对外开放,人民币在全球外汇储备份额仍然"微不足道",短期内不至于对美元造成实质性威胁。对于长期看影响如何,美国尚需跟踪和观察,目前做出反应还为时过早。此外,美国经济已经在金融危机后明显恢复,不仅结束了量化宽松政策,而且开始了加息周期,全球资金都有向美国流动的趋向,强势美元格局基本形成。在这种情况下,美国危机感不强,打压其他货币的动力也不足。

问题在于未来,如果中欧货币合作的趋势持续下去,随着人民币实力的增强,以及美国经济实力可能相对下滑,人民币国际化迟早将引起美国的警惕。而欧洲作为美国的战略盟友,在货币问题上支持美国的竞争对手,可能引起美国的不满。到时,欧洲会因为美国而放弃与中国的合作吗?这一点很难预计,届时会有复杂的博弈,构成双方币权竞争中的一个潜在冲突点。关于中欧货币合作的部分,我们将在第二十章中进一步详细讨论。

四、最可能的态势

展望未来,美欧之间的币权竞争将呈现愈加激烈的态势。有学者认为,冷战结束后,世界发展进入虚拟资本主义阶段,"西方"的概念消失,美欧矛盾的焦点就在于货币霸权的争夺。[①] 在以往的

[①] 王建:《货币霸权战争:虚拟资本主义世界大变局》,北京:新华出版社,2008年版,第48—50页。

美欧币权竞争中，欧洲几乎都是输家，因为欧洲缺乏与美国强烈对抗的能力和意愿，不得不在竞争中做出让步。美国加州大学经济学家巴里·埃森格林认为，欧元要想在国际舞台上挑战美元，以下两种情况必须出现其一：第一，欧洲对主权的态度必须改变，必须向更深层次的政治一体化发展，需要发行欧元债券；第二，美国经济政策出现重大失误，导致其他国家失去对其货币的信任。① 就这两方面看，二者并不是没有发生的可能。

就第一方面而言，此次金融危机和债务危机已经成为欧元区进一步深化一体化的催化剂。金融危机后，面对美元打压，欧洲自知在内部机制缺陷没有弥补的情况下，并无还手之力，因而在应对举措方面，基本上都是围绕着机制建设展开的，采取的措施包括强化财政纪律、建立欧洲金融稳定机制、建立银行业联盟、改革福利体制等等，另外还有诸多筹划中的规划，包括法国提出的"欧元区政府"、欧委会主席等提出的"五主席报告"等等。虽然这些机制建设不会一蹴而就，但毫无疑问较债务危机之前已经进步了很多，欧元区已经走上"通往财政联盟的不可逆转的轨道"②。这意味着，未来的美欧币权竞争中，欧元的底气比以前更足，虽然和美国还有很大差距，但这种差距在缩小。荷兰政治经济学家玛德琳·赫斯莉认为，债务危机给欧洲带来的不仅是风险和挑战，同时也是改革和发展的契机。③

从第二方面看，也就是美国方面看，美国经济出现重大失误的可能性不能排除，其中最关键的就是美国的财政问题。希腊、西班牙、葡萄牙等国家发生的危机说明了这一点。政府赤字时间越长，所支付的利息就越多，债务越滚越多。有一天，投资者可能醒悟，

---

① ［美］巴里·埃森格林著，陈召强译：《嚣张的特权：美元的兴衰和货币的未来》，北京：中信出版社，2011年版，第156页。
② "欧元区已迈入通往财政联盟的不归路"，《金融时报》中文网，http：//www.ftchinese.com/story/001042249/？print＝y。（上网时间：2015年11月30日）
③ ［荷］玛德琳·赫斯莉著，潘文、石坚译：《欧元：欧洲货币一体化简介》，重庆：重庆大学出版社，2011年版，第13页。

并得出结论：这些债务不可持续，美国政府支付的利息不过是"庞氏骗局"，美国政府将压低债务的价值，于是开始大规模抛售证券，力争在通货膨胀之前抛出所有的头寸，进而导致美元急剧贬值，资金大量出逃。从历史经验看，这一场景的发展并不是渐进式的，而是突变式的。2016年11月的美国总统大选中，共和党候选人特朗普"意外"当选，也说明民众对经济现状不满，侧面显示出国家经济基本面仍有问题，货币霸权也不能高枕无忧。

我们前面所说的竞争边界仍然存在，美欧币权竞争虽然会日趋激烈，但突破边界引发全面政治对抗可能性还是较小。作为货币霸权国家，美国对唯一的竞争对手的一举一动都会加以关注。欧元区任何在欧洲之外建立有组织货币集团的尝试，都会将"低政治"的市场竞争转变为"高政治"的外交对抗，尤其是涉及到美元的传统势力范围，比如拉美和东南亚。基于此，欧洲可能性更大的选择还是会把这种想法藏在心里，对自己的行为加以限制，避免与美国发生直接对抗，以免伤害更为重要的政治和安全利益。此外，欧盟的新成员国，从地理和历史上看，还都希望与华盛顿保持紧密关系。很难想象，欧洲会达成在货币问题上与美国公开决裂的共识。因此，最可能的是美元和欧元在市场领域角逐。中东是一个可能的潜在矛盾点，欧洲如果试图赢得欧佩克国家对其货币的支持，可能导致严重的冲突。此外，欧元和人民币的关系长期看也有可能刺激美国，但这一风险目前看要小于中东。在存在上述风险点的情况下，美欧因币权竞争引发全面政治对抗的可能性虽较小，但也不能完全排除，这主要取决于双方能否有效管理币权竞争带来的利益冲突和分歧。目前美欧货币合作方式是共同主导多边框架，如果能够建立有效的双边货币合作机制，更有利于相互沟通和管理分歧，避免战略误判、政策过火等情况的发生。

总之，美元和欧元的竞争是相对温和的。在全球市场中，两者的竞争将持续激烈，双方都会竭力增强自己货币的吸引力。但在政府间关系层面，市场竞争这一"低政治"领域的竞争，尚不至于演变成"高政治"领域的外交对抗,主要是因为欧洲并不急于挑战美国。尽管双方意愿可能是好的,但错误计算的可能性是不能排除的,欧洲在中东推广欧元有可能走的很远,在是否支持人民币国际化问题上,长远看也可能产生矛盾。币权竞争无疑将会持续,但双方都会竭力避免失控。最可能的是相互克制,限制地缘政治的紧张程度。①

---

① Benjamin J. Cohen, *The future of global currency: the euro versus the dollar*, London and New York: Routledge, 2011, p. 52.

第五篇　影响分析

美国和欧元区作为世界第一大和第二大经济体，双边关系对国际格局的影响不言而喻。以往对于美欧关系的研究，主要是从政治、外交、安全等传统角度进行分析，货币问题在双边关系中所占分量不大。但正如前面讨论的，这一问题将变得越来越重要。本篇分析的是2008年金融危机以后，美欧激烈的币权竞争对双方关系有何影响，主要包括政治关系、经济往来和安全合作三个方面。

第十五章　美欧政治关系

美欧政治关系的核心问题是领导权问题。二战后，欧洲作为战场受创严重，美国出于冷战和遏制苏联的需要，从经济、安全等方面全面扶持欧洲，因而美欧虽然是紧密同盟，但却处于不平等地位。美国充当"盟主"，西欧国家扮演"小伙伴"的角色，这一不平等关系成为美欧摩擦和冲突的根源。这种矛盾和冲突在冷战阶段被抑制，一旦国际形势和双方力量对比有变，它就会显现。[1]

冷战的结束和苏联的消失，降低了西欧对美国的军事依赖。欧盟抓住冷战结束带来的历史性机遇，抓紧推进内部整合，并要求与美国保持更加平等的伙伴关系。芝加哥大学政治学教授约翰·米尔斯海默认为，冷战的结束标志着人类历史的一个转折点，也深刻地改变了大西洋联盟，曾经将欧洲人和美国人团结在一起的粘合剂已经不复存在，美欧关系将不可避免地陷入崩溃。[2] 斯坦福大学政治学教授斯蒂芬·克拉斯纳称，冷战结束后，欧美已经不必为促进民主、多元主义、尊重少数民族权利以及那些冷战期间体现西方世界与共产主义世界不同的价值观而战了。[3] 哈佛大学教授马丁·费尔德斯坦甚至认为，欧洲货币联盟和政治融合可能导致欧洲内部以及欧美之间的冲突加剧，最终把欧洲带入战火之中。[4] 其中一些看法

---

[1] 赵怀普：《当代美欧关系史》，北京：世界知识出版社，2011年版，第2—3页。

[2] John J. Mearsheimer, "Back to the Future: Instability in Europe after the Cold War", *Internatioal Security*, Vol. 15 No. 1, 1990, p. 47.

[3] Stephen Krasner, *Power, Polarity and the Challenge of Disintegration*, Boulder: Westview Press, 1993, p. 23.

[4] [美] 多米尼克·萨尔瓦多等著，贺瑛等译，《欧元、美元和国际货币体系》，上海：复旦大学出版社，2007年版，第1页。

虽然过于悲观，冷战的结束并没有改变美欧关系的联盟性质，只不过亲密程度不如从前，但无论如何，冷战时期的美欧关系已经成为历史，内部更多的纷争不可避免地出现。

美欧政治上的分歧，本质上都是源于对领导权的认知不同。在美欧币权竞争变得更激烈后，美欧关系中领导权之争内容变得更丰富，范围变得更大，程度也超过以往。

一、国际金融体系改革的主导权之争

二战后的国际金融体系为美国所主导，核心是布雷顿森林体系这一国际货币体系，国际货币基金组织和世界银行是这一体系的两根支柱。布雷顿森林体系解体后，牙买加体系取而代之，但并没有改变国际货币体系的基本结构和权力配置。随着国际经济格局的变化，尤其是新兴经济体快速增长，美欧经济规模在世界经济中的比重相对下降，对国际货币基金组织和世界银行进行改革的呼声日益高涨，主要是降低美欧在两大机构中的表决权，更多体现新兴经济体的声音。

美欧降低表决权份额是大势所趋，但问题是谁来降，降多少。国际货币基金组织规定，重大事项需要85%以上的支持率才能通过，而美国独家掌握15%以上的否决权，坚决不肯将份额降至15%以下，结果只能是欧洲国家降低自己的比例。可以说，美国是以牺牲了欧洲盟友的权力为代价，换取了国际金融体系的改革和继续平稳运行，使得美国的金融霸权和货币霸权得到维护。欧洲尽管对美国主导的国际金融体系有所不满，但鉴于实力相对下降、难以形成一致声音、在安全上对美国的依赖等因素，对国际金货币系改革方向日益失去主导权。

二、对新兴国际金融机构的影响权竞争

总体看，虽然欧美在国际金融机构中让出了部分份额，但是新兴经济体认为自己的声音并没有得到应有的体现，因而在 IMF 和世界银行之外，建立新的国际金融机构成为趋势，金砖国家开发银行、亚洲基础设施投资银行等是典型代表。尤其是亚洲基础设施投资银行，由于对域外国家开放，美国和欧洲就在这一问题上持何态度、是否加入等，产生了分歧。

对于美国而言，任何在美国主导的国际金融机构之外的新国际金融机构，都是对美国币权的挑战，美国也必然对其持排斥态度。20 世纪日本曾设想建立"亚洲货币基金"，在美国反对下胎死腹中。对于亚投行，美国虽然没有公开表示反对，但其反对立场和态度也是显而易见的。欧洲则不同，亚投行辐射的主要是亚洲和"一带一路"沿线国家，其成立并不会威胁到欧元地位和欧洲的币权，因而对其持开放态度，甚至想从亚投行的运行中寻求机遇扩展欧洲的利益。2015 年 5 月，德国、法国、意大利等多个欧元区主要国家均宣布申请成为亚投行的创始国，与美国的态度形成鲜明反差。虽然亚投行会影响到美国和美元的地位，但由于欧洲和美国在货币问题上的竞争关系，欧洲并没有因为美国的立场和态度而拒绝加入。虽然这不是美欧在货币问题上的直接冲突，但也是间接的较量。美国试图边缘化新的国际金融机构，欧洲则张开怀抱，希望参与其中，分享成果，而不是顾及美国的感受和权力维系。

三、与中东经贸合作的主导权竞争

前面分析中，我们提到了亚洲、拉美是美元的势力范围，欧洲周边和撒哈拉以南非洲是欧元的后院，中东作为币权势力范围较为模糊的地区，可能成为美欧币权竞争引发激烈冲突的一个潜在点。

而且，从当前的形势发展看，这种可能性正在进一步增大。2015年8月，伊朗与国际社会就伊朗核问题达成协议，困扰中东局势多年的伊核问题得到阶段性解决，伊朗与西方国家关系也面临新的局面。

由于美国持续对伊朗进行制裁，因而与伊朗的贸易规模较小，也不直接从伊朗进口石油。欧盟虽然也对伊朗进行制裁，但力度不如美国大，与伊朗有经贸往来，尤其是进口伊朗的石油。伊核问题达成协议后，困扰伊朗与西方国家经贸往来的主要障碍被解除，但同时也给欧美带来了竞争。由于伊核问题涉及到中东和国际社会安全，在这"高政治"议题面前，美欧的利益和立场有很大的一致性——希望阻止伊朗发展核武器，只不过主张使用的手段有所不同：美国立场更强硬一些；欧洲则"萝卜加大棒"，软硬兼施。但当伊核问题达成协议后，安全威胁大为缓解，促成美欧达成一致立场的动力减弱。同时，美欧国家纷纷缓和与伊朗的外交关系，同时希望加强与伊朗的经贸合作，这其中就有货币问题的考虑。

缓和与西方关系后，伊朗出口石油是以美元计价还是以欧元计价，外汇储备中美元和欧元的比例如何分配，伊朗的货币钉住美元还是欧元？这些都是尚未决定的问题，也是美欧都在积极争取的问题。面对新形势下的中东，美欧都将在经贸合作上争取主导权，以求巩固或者扩大自己的币权。

四、国际评级市场主导权争夺

前面的讨论中，我们对欧洲应对美国打压的手法进行了分析，其中一点就是挑战美国的评级霸权，而评级霸权对美国维系货币霸权至关重要。三大评级机构垄断了国际评级市场90%以上的份额，其评级结果将会广泛影响全球市场。挑战美国评级霸权，也是债务危机期间欧洲主要应对措施中为数不多的直接指向美国的举动，可见欧洲在这方面已经"忍无可忍"，决定奋力反击。未来如果欧洲将自己的评级机构做大、做强，威胁到美国评级机构的地位，进而影响到美国的货币霸权，美国也很难对此置之不理。从目前的情况看，欧洲在评级方面的动作还主要是"自卫"，比如颁布新的监管法规等，打造有竞争力的评级机构尚需时日，所以在这方面美国尚没有大的政策出台。未来，如果欧洲在评级方面取得大的进展，无疑将与美国形成竞争关系，双方对评级市场主导权的争夺也将出现。

总的来看，冷战结束后，领导权的争夺始终是美欧政治关系的核心议题。在考虑到币权问题后，美欧之间的领导权争夺又多了部分内容，包括国际金融体系改革的主导权、对新兴国际金融机构的影响权、对与中东地区经贸合作的主导权、国际评级市场的主导权等，这会导致美欧政治关系中争夺领导权的领域增加，双方关系的矛盾性进一步突出。

第十六章　美欧经贸往来

作为世界的两大经济体，欧美之间的经贸关系对彼此经济来说都至关重要。本章主要分析，在金融危机后，美欧币权竞争激烈的情况下，双方的经贸关系是否受到影响，是否对经贸合作构成了阻碍。

一、贸易发展

美欧贸易量巨大，从图1中可以看到，2008年金融危机后，2009年美欧的贸易量受到很大冲击，这一年贸易量锐减主要并非是币权竞争的直接影响，当年美欧都陷入严重的经济衰退，导致内需和进口减少。而且，2009年底之前，欧债危机并未爆发，美国也忙于应对国内危机，还没有开始打压欧元。因此，可以认为，2009年美欧贸易量的大幅下降主要是经济衰退导致的结果，而不是直接受到币权竞争的影响。2010年以后，美国为维系币权开始使用各种手段打压欧元，币权竞争拉开帷幕，但美欧贸易量并没有受到明显影响。从图1中可以看出，美欧贸易量随着经济的恢复，开始稳步增长。

除了从贸易数量上看以外，美欧的经贸关系还可以从比例上看。从图2中可以看出，美欧贸易量占欧盟贸易总量的比例确实呈现下滑趋势，但这种下滑从2004年就已经开始出现，而不是从金融危机和欧债危机开始，这反映出新兴经济体快速成长，同欧盟的贸易量比例扩大，与美欧币权竞争的相关性不明显。而且，金融危机以及欧债危机爆发后，这一比例下滑的趋势反而得到了抑制，甚至出现了一定程度的上涨。这进一步表明，金融危机后美国对欧元的打压，并没有影响到双边贸易。

单位：亿欧元

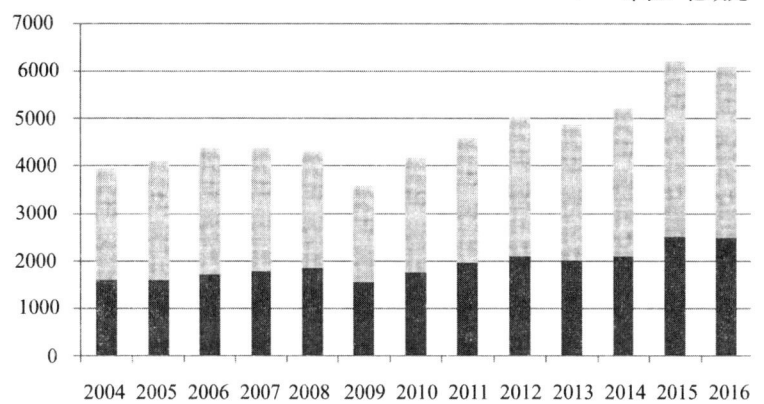

图 1　金融危机后的美欧贸易状况

数据来源：欧盟统计局。①

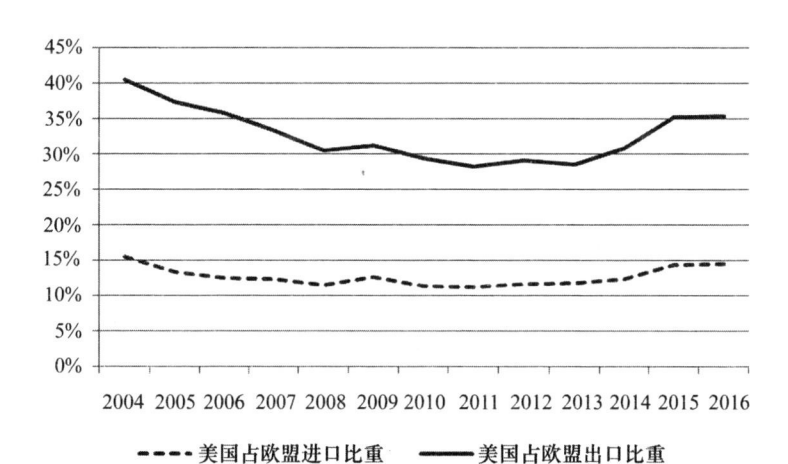

图 2　与美贸易占欧盟比重

数据来源：欧盟官方网站。②

---

① Eurostat：http：//ec. europa. eu/eurostat/web/international-trade-in-goods/data/main-tables.（上网时间：2017 年 4 月 5 日）
② European Union，"EU-US trade"，http：//ec. europa. eu/trade/policy/countries-and-regions/countries/united-states/.（上网时间：2015 年 12 月 2 日）

美国对欧元的打压没有影响双边贸易，可从以下两个方面进行解释：第一，贸易合作是正和博弈，双方都不想"两败俱伤"。币权竞争很大程度上是"零和博弈"，即你之所得就是我之所失，因此相对容易产生激烈竞争。但贸易合作是正和博弈，选择合作双方都得益，选择冲突就会双方都受损。美欧互为最大贸易伙伴，双方贸易量过于巨大，如果在货币问题上的竞争引发"贸易战"，结果双方势必都将蒙受巨额损失，彼此都不愿意也承受不起这样大的代价。因此，继续保持经贸合作是理性选择。

第二，币权竞争与经贸合作之间具有一定的独立性。如前所述，货币问题是政治问题，货币权力掌握在政府首脑以及有限的金融、货币部门手中，其他领域部门对此了解有限，甚至没有意识到币权问题的存在。贸易政策的执行掌握在技术部门手中，比如欧盟委员会、美国商务部等，日常事务居多，政府首脑直接干预较少。议会有权影响贸易政策，但由于币权问题的隐蔽性和复杂性，很少有议员将币权问题作为理由来影响贸易政策。因此，币权竞争向贸易摩擦的传导，存在很大程度的阻碍，或者说是"绝缘"。当然，这也与美欧币权竞争程度有限度有关，正如我们前面讨论的，美欧之间的竞争存在边界，双方都不愿跨越底线。如果币权竞争真的导致了全面对抗，贸易制裁恐怕也难以避免。

二、投资情况

从双边直接投资的情况看，也与贸易状况类似。金融危机期间双边投资曾有一定幅度的波动，但随后恢复原来的趋势。数据的相关性显示，金融危机后的币权竞争，并没有给相互直接投资带来直接影响。

单位：亿欧元

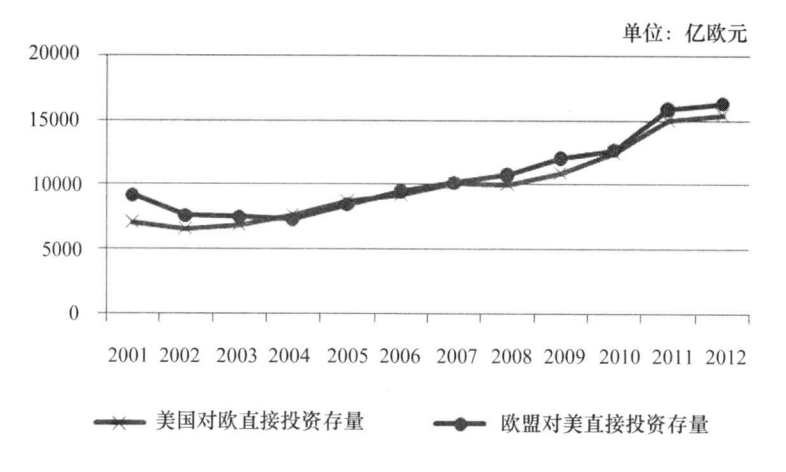

图3 美欧相互直接投资情况

数据来源：欧盟统计局。[①]

对于直接投资并未明显受到币权竞争影响的解释：第一，直接投资是企业行为，政府较少直接干预。在全球化背景下，跨国公司根据生产、经营、销售等需求，在全球范围内进行投资布局，直接目的是实现公司价值或者说是利润的最大化。币权作为国家权力，这一因素并不在私人资本的考虑范围之内。第二，外来投资有利于本地经济发展，只要不违反本地法律和政策，一般都持欢迎态度。具体来说，美国对欧元的打压虽然让欧洲心有不满，但这不能成为欧洲限制来自美国投资的理由。第三，作为开放型经济体，很难对企业的海外投资加以限制。虽然欧洲不满美国的打压，但很难在法律上或者政策上，对欧洲企业赴美投资加以限制。第四，美欧都有相对较好的吸引资金的环境。金融危机后，美国、欧洲实体经济虽然受到严重冲击，但美国通过相关改革和应对措施，较快实现复苏。欧洲虽然复苏较慢，且力度不足，但也是相对稳定和成熟的投资市场。而过去一直快速增长的新兴经济体，在金融危机后却充满各种风险，其投资环境令投资者较以往谨慎。

---

① Eurostat, "EU direct investment", http://ec.europa.eu/eurostat/tgm/table.do? tab = table&init = 1&language = en&pcode = tec00054&plugin = 1. （上网时间：2015年10月10日）

三、政府合作

1990年的《跨大西洋宣言》(TD)和1995年的《新跨大西洋议程》(NTA)为美欧处理双边关系提供了框架，美欧处理双边关系是通过持续的、一系列的、不同层级的对话进行的，既包括年度首脑峰会，也包括技术层面的会议。1998年5月，美欧领导人发表了"跨大西洋经济伙伴关系"(TEP)宣言，并据此在2007年成立了"跨大西洋经济理事会"(TEC)。在"跨大西洋经济理事会"框架下，2011年的美欧峰会上，成立了"就业与增长高级别工作小组"，使命是研究和制定推动美欧贸易和投资水平的政策方针。2012年6月，该小组发表了"中期报告"，2013年2月发表了"最终报告"，正式提出美欧应针对"跨大西洋贸易与投资伙伴关系"(TTIP)展开谈判并缔结全面协定。2013年7月，首轮谈判在华盛顿举行。

TTIP谈判是美欧经贸合作的战略性举动。主要内容包括：第一，建立更为开放的跨大西洋市场。TTIP的目标将不再仅限于建立自由贸易区，它"更具雄心"，将以透明、公平、互惠为原则，从四个方面全面发掘市场潜力。一是在关税领域，欧美打算在双边平均关税3.5%（美）和5.2%（欧）的基础上，继续将除个别敏感商品外的所有工农业产品关税降至零。二是在服务贸易领域，为减少长期以来相互间的保护主义干扰，欧美已表示将力争通过谈判最大限度地打开诸如运输业等新领域的市场大门，推动双边服务贸易以透明公正、严格遵守贸易规则的方式发展。三是在投资领域，双方表示将最大程度地保护投资自由，取消投资壁垒，充分释放投资潜力，为来自对方国家的投资提供最高水平的保障。实现资本自由流动是欧美特别重视的问题，因为外来直接投资对于欧美经济的拉动作用远远超过对外贸易。欧美互为最大的投资伙伴，来自对方的直接投资及其创造的商业额为双方创造了巨大的财富和数量可观的就业岗位，外资效应已深入各自经济的"骨髓"。四是在政府采购领域，美欧将就进一步开放公共采购市场进行谈判，以便实质性地改善对方企业在本方公共采购项目招标中的竞争地位，避免歧视性规定。

第二，整合欧美对外贸易规范与标准，取消非关税壁垒。在跨大西洋贸易实践中，非关税壁垒的阻碍，如规则冲突、安全标准和环境标准的差异等，远远超过关税，非关税壁垒给欧美企业带来的成本负担大约相当于增加10%—20%的关税。举例来说，在汽车出口问题上，目前欧美生产商向对方国家出口汽车时必须接受对方再一次的安全性能检测，如果今后双方采取统一安全标准，那么每辆车出口可节省相关成本数百美元。欧美都有意愿致力于消除这些关税之外的障碍，整合双方的规范与标准，促进不同标准体系的兼容性。这样做的目的既是为欧美企业减少不必要的成本支出，也是想在WTO框架内维持欧美作为发达经济体在卫生、安全和环境等领域的高标准。欧美考虑成立专门的规则审定机构，对现有规则和标准进行评估，对于可兼容的规则将交由立法部门通过法定程序予以互认，并设立阶段审查制度，根据情况变化对相关规则及时做出调整。

第三，共同应对全球贸易面临的挑战。近年来，全球贸易形势发生巨大变化，WTO框架下的多哈回合谈判陷入僵局，欧美在国际贸易体系中的领导地位日益遭到削弱。因此，欧美还有意通过TTIP打造一个跨大西洋"利益共同体"，共同商讨全球贸易议题。在知识产权方面，欧美考虑采取协调措施，推动全球知识产权保护取得新进展。贸易与可持续发展议题是欧洲近年来越来越关注的问题，双方也有意加强在该议题上的共同协商，致力于在全球范围既促进贸易增长，又兼顾社会和环境因素，推动经济可持续发展。在其他与贸易相关的所谓"全球性挑战"问题上，欧美认为，其他国家针对国有企业、原材料与能源、中小企业等所采取的政府补贴、出口限制、不公正待遇等措施冲击了它们的经贸利益，阻碍了美欧所倡导的自由贸易进程,因此考虑把这些内容也纳入双边 TTIP 谈判中。①

从上述 TTIP 雄心勃勃的内容可以看出,美欧政府层面的经贸合作,不但没有受到金融危机和随后的币权竞争的困扰,反而取得了重要进展。原因在于:第一,美欧亟需通过扩大市场来激发增长潜力。自 2008 年美国金融危机和 2010 年欧洲主权债务危机爆发以来,美国和欧盟均面临经济增速放缓、国内失业率上升、财政赤字问题凸显的严峻形势。通过启动 TTIP 自贸谈判,美欧双方可以凭借"抱团取暖"的方式来构建世界上最大的双边自由贸易区,从外部发展环境方面为美欧应对共同危机和促进经济发展注入一支大剂量的"强心剂",这正是美欧启动 TTIP 自贸谈判的最直接动因。第二,顺应全球贸易谈判多边停滞、双边和小多边兴起的潮流。近些年来,世界贸易组织成员在贸易自由化谈判等问题上一直步履维艰,未能取得突破性进展,而国际贸易投资的普遍趋势是朝着建立双边自贸区的方向发展,对于推动 WTO 框架内多边贸易机制的建设美欧已逐渐失去耐心,双方开始另辟蹊径,尝试着从构建美欧双边自由贸易区这个方面入手,通过启动 TTIP 自贸谈判来加速"跨大西洋经济整合工程"的建设步伐。第三,联手垄断世界贸易规则的制定权。2013 年初,欧盟委员会在启动 TTIP 自贸谈判的官方文件中明确表示:"世界上两个最重要的发达经济体未来所要达成的跨大西洋自由贸易协定,必将极大地改变世界贸易的传统游戏规则。美欧将联手打造未来全球最大的自由贸易区,TTIP 自贸谈判则将为跨大西洋两岸的贸易与投资以及全球贸易秩序的发展制定全新的标准和规则。"②

总的来看,币权竞争并没有对美欧的贸易、投资和政府间合作

---

① 欧美经贸关系课题组:"评欧美'跨大西洋贸易与投资伙伴关系'前景",《现代国际关系》2013 年第 3 期,第 10 页。
② Karel De Gucht, "Transatlantic Trade and Investment Partnership: Opening free trade negotiations with the United States", http://trade.ec.europa.eu/doclib/docs/2013/february/tradoc_150581.pdf. (上网时间:2015 年 12 月 1 日)

带来明显的直接影响。双方的经贸合作势头不但没有受阻，反而取得了很多进展，有些甚至超过金融危机之前。值得一提的是，币权竞争给经贸关系带来的间接影响还是有的，在美元的打压下，欧洲经济陷入"二次衰退"，无疑会对美欧的贸易和投资量带来负面影响，但这一影响并没有体现在政策领域。在金融危机后，美欧还开启了 TTIP 谈判，显示了双方在经贸问题上的较强的合作意愿，至少在奥巴马任期内是如此。令人始料不及的是，特朗普当选美国总统给 TTIP 的谈判前景蒙上阴影。对于"特朗普时代"的美欧币权竞争何去何从，我们将在本书的最后一篇进行讨论。

第十七章 美欧安全合作

安全合作是美欧关系的关键内容，尤其在冷战时期，安全合作可以说是美欧关系的最重要内容，北约是美欧安全合作的主要载体。冷战结束后，虽然苏联解体，但欧洲安全仍然面临挑战，北约仍然保持其生命力，但安全合作的内容势必随着国际格局有所改变，安全问题对美欧关系的主导力似乎不如从前。本章的内容是，分析在金融危机以及欧债危机爆发后，货币问题上的激烈竞争是否对美欧的安全合作产生了影响。

一、负面影响

美国打压欧元，引发了债务危机以及经济持续低迷，欧洲国家政府不得不紧缩财政，给美欧防务合作带来的直接结果是欧洲防务支出的削减。据统计，2008年以来，欧盟防务总预算已从2000亿欧元减至2013年的1700亿欧元，① 欧盟小国平均减幅达20%—30%，拉脱维亚在2008－2010年甚至削减了近50%；中等国家减幅为10%—15%，大国也至少减少5%。②

防务开支减少的消极效应已逐步显现。一是军事能力相对减弱。

---

① Clara Marina O'Donnell, "The Trials and Tribulations of European Defence Cooperation", *CER Report*, July 2013, http://www.cer.org.uk/sites/default/files/publications/attachments/pdf/2013/pbrief_trialstrib_24july13-7692.pdf. （上网时间：2015年8月1日）

② Gideon Rachman, "Disarmed Europe Will Face the World Alone", *Financial Times*, February 18, 2013.

法国、意大利等国因军费紧张,减少、推迟甚至放弃了部分军备采购计划,延缓部分军备现代化计划及武器研发项目。如英国取消"鹞式"垂直起降战斗机更新,推后核潜艇更新3—5年,欧洲与美联合开发的部分军事项目也已取消。二是影响海外行动的意愿与能力。长期以来,欧盟在预防冲突及战后维和与重建等领域拥有自身独特优势,是其扩展全球影响力的重要手段。但在危机背景下,政策内倾及资金拮据已使欧盟海外军事行动能力受到一定影响。如2003—2009年,欧盟在共同安全与防务政策框架内共启动了23个海外行动,但在2009—2011年间,只启动了3个新行动。在欧洲经济最为困难的时期,欧盟在波斯尼亚和非洲的一些地区的行动严重缺乏人力和物力。如在2012年前后,欧盟打击索马里海盗的联合行动曾一度面临缺乏军舰的窘境,军舰数量只能满足实际需求的一半。[1]

债务问题"长期化"阴影下,欧盟委员会预测,成员国公共财政的紧缩压力还将存在至少20年。[2] 防务领域可能长期面临与教育、社会福利部门"争开支"的困局。欧洲国家非常担忧,在他国重整军备之际,自身却可能因减支面临军力走下坡路的危险。2013年5月,北约秘书长拉斯穆森在欧洲议会演讲时毫不客气地警告说,欧洲"只有软实力相当于没有实力",若"没有硬实力作为外交的后盾",欧洲将缺少可信度和影响力,面临沦为"看客"的风险。[3]

金融危机后,在欧洲防务预算和能力下降的同时,美国由于自身的全球战略调整,却要求欧洲承担更多的责任。长期以来,美国全球战略一直将欧洲列为重点,寻求对欧洲安全事务的决定性发言权。因此,尽管美国一直公开呼吁欧洲强化自身防务建设,在联盟

---

[1] 王莉、陈旸:"欧洲防务合作新进展及其前景",《现代国际关系》2013年第10期,第56页。

[2] Andrea Frontini," A Battle Against Decline? EU Defence after the European Council", *European Policy Center*, December 17, 2012, http://www.epc.eu/pub_detailsphp?cat_id=4&pub_id=3198. (上网时间:2015年11月28日)

[3] Andrew Rettman, "NATO Chief: EU Soft Power Is 'No Power at All'", *EU Observer*, May 6, 2013, http://euobserver.com/defence/120046. (上网时间:2015年5月8日)

内"更公平地分担责任",但为掌控领导权,美长期"策略性"地接受了欧洲军事相对软弱的现实,对冷战结束后欧洲一度展现的独立倾向十分警觉。全球性金融与经济危机爆发使美国在军事上面临军费裁减的巨大压力。2012—2021年的10个财政预算年度内,美国计划削减4870亿美元国防开支。[1] 与此同时,美"再平衡"战略将重心转向亚太,也需要得到欧洲盟友的充分配合与支持。美国防部于2012年宣布的欧洲撤军计划称,至2017年,美国将从欧洲撤出约1万驻军。美时任国防部长盖茨就曾多次公开表示,美国将不再为欧洲安全埋单。美对欧洲"责任共担"的要求变得切实而急迫,希望欧洲加大军事投入,减轻美国负担。

在欧洲安全责任加重的同时,其周边安全态势却愈加堪忧。在南邻地区,中东北非局势更趋复杂动荡,叙利亚冲突、埃及内乱、萨赫勒地区的伊斯兰极端势力、伊核危机等热点问题频现,直接或间接冲击欧洲稳定。在东部,北高加索、中亚等地区局势不明朗也对欧洲安全构成较大潜在威胁。对此,欧洲多国防长与高级军官已发出警告,称欧盟内除经济与社会危机外,"安全危机"也在逼近。[2] 波兰外长希科尔斯基曾明确表示,波兰承认总有一天美会居于二线,在此情况下,欧洲应有能力在近邻地区采取行动。[3]

二、总体合作

欧洲防务预算的下降和美国要求欧洲承担的责任增加,不可避

---

[1] David Adesnik, "Fact Sheet: The Defense Budget", *Foreign Policy Initiative*(*FPI*), ihttp://www.foreignpolicyi.org/files/2015-01-22-Fact%20Sheet-%20Defense%20Budget%20101.pdf.(上网时间:2015年10月10日)

[2] Editorial Team, "NATO's Senior Defense Economist on Security Despite Austerity—Part 2", *Atlantic-community.org*, December 12, 2012, http://www.atlantic-community.org/-/nato-s-senior-defense-economist-on-security-despite-austerity-part-2.(上网时间:2015年4月1日)

[3] Clara M O'Donnell, "The Implications of Multipolarity for Central Europe's Security", *Brookings Institute*, April 2, 2012, http://www.brookings.edu/research/opinions/2012/04/02.(上网时间:2015年8月20日)

免地成为双方防务合作的分歧。但为了欧洲安全这一共同利益，双方也都在寻求解决办法，在一些重大危机面前也表现出较强的协调能力。

面对欧洲防务预算持续下降的局面，2010年10月，德国和瑞典根据"根特倡议"提交了一份关于加强军事合作的报告。报告认为，作战部队、战斗机、战舰和情报等属于各成员国主权范围，欧盟成员国可在部队训练、战术和战略运输、后勤、通信和侦察等方面共享资源，开展合作。以此为出发点，欧洲防务局重新推出"集中与共享"概念，以加强成员国的军事能力合作。"集中"是指当一些成员国决定集体使用军事能力时，能将军事能力集中起来。"共享"，更准确地说是指"角色共享"，即当一些成员国放弃一些军事能力时，其他国家在必要时能够提供这些军事能力。①

2012年12月，欧洲防务局出台了《"集中与共享"行为准则》。该准则包括协调合作、投资、保持连续性与评估四方面内容，目的是为了在成员国的计划和决策过程中引入"集中与共享"概念，从而使欧洲的防务合作更具有系统性和长期性。2010年底，欧盟军事委员会从300个项目中遴选出24个作为最迫切和中期可实现的"集中与共享"项目。2011年11月30日，欧洲防务局执委会批准了飞行员培训、海上侦察、野战医疗、空中加油、战略空运、卫星通讯、战略定位、战场监视、海军后勤等11个"集中与共享"项目。2012年11月19日，又新批准了4个项目。其中，空中加油项目和欧洲运输中心项目已取得令人瞩目的进展。在空中加油项目中，欧洲一方面优化现有资产和组织，努力消除各成员国间的行政障碍，另一方面组织各国统一采购多用途加油运输机，实现标准化

---

① European Defence Agency, "EDA's Pooling and Sharing Factsheet", http://www.eda.europa.eu/docs/documents/factsheet—pooling—sharing—301111. （上网时间：2015年8月22日）

的配置和运作。①

在北约层面，也提出了"巧防务"（smart defence）的概念。2011年2月的慕尼黑安全会议上，北约秘书长拉斯穆森表示，"在经济衰退、经济拮据的背景下，只有通过巧防务，将盟国紧紧团结在一起，促进合作与分享，才能防止经济危机变成安全危机。"② 在2012年5月20日召开的芝加哥峰会上，北约发布的《防务能力宣言》，正式提出"巧防务"战略，加强成员国之间的合作以及防务资源共享，力争实现2020年维持并提升盟军实力的战略目标。"巧防务"战略实施范围包括导弹防御系统、"盟国地面侦查系统"（AGS）等诸多前沿领域。③

从以上两项战略可以看出，虽然金融危机、币权竞争、经济衰退给美欧防务合作带来了客观困难，但双方都采取了积极态度，协调寻找解决办法。欧洲并没有因为美国在货币问题上的打压，而在安全领域采取任何不合作的"报复措施"。可以说，币权竞争并没有直接扩散到安全合作领域。中国社科院欧洲所和中国欧洲学会撰写的《欧洲发展报告》蓝皮书认为，在债务危机之后的2012年，欧盟和以法国为首的一些欧洲国家对叙利亚和伊朗等一些国家态度相当强硬，在经济制裁更新频率、帮助反对派和在联合国提出提案的主动程度等方面甚至超过美国。④

---

① "Addressing the 'S' Word", *Jane's Defence Weekly*, http：//janes.ihs.com/CustomPages/Janes/DisplayPage.aspx? DocType = News&ItemId = + + + 1543296&Pubabbrev = JDW. （上网时间：2015年9月11日）
② 北约官方网站："Building Security in An Age of Austerity", http：//www.nato.int/cps/en/natolive/opinions-70400.htm. （上网时间：2015年8月10日）
③ 兰子诺："北约'巧防务'概念探析"，《国际资料信息》2012年第8期，第11页。
④ 周弘、江时学主编：《欧洲发展报告（2012—2013）：欧洲债务危机的多重影响》，社会科学文献出版社，2013年版，第45页。

本篇小结

通过本篇分析我们可以看出，在考虑币权因素后，美欧关系内容更为丰富。币权竞争给美欧竞争带来的影响，符合冷战后美欧关系发展的大趋势，即美欧在继续保持盟友关系的同时，关于领导权的分歧更为突出。[①]

币权竞争导致的领导权争夺包括国际金融体系改革主导权、对新兴国际金融机构的影响权、与中东经贸合作的主导权、国际评级市场的主导权等等。但币权竞争并没有导致双方的经贸关系变得更为紧张，贸易、投资、政府间合作等都没有受到明显影响，这很大程度上是由于经贸合作是"正和博弈"，而不是权力争夺的"零和游戏"。币权竞争对双方安全合作的影响是间接的而不是直接的，币权竞争下欧洲经济疲软，导致防务预算和能力下降，给美欧安全合作带来了一定困难，但没有任何一方将安全政策当作工具来回应币权竞争。这一点，也验证了前面所讨论的币权竞争的边界，即双方都不愿币权竞争导致全面的外交对抗。

但无论如何，币权问题在美欧关系中应该受到更大程度重视，从未来发展趋势上看，这一问题变得越来越激烈，对美欧关系的影响也越来越大，甚至有学者认为货币霸权的争夺已经成为资本主义世界体系的主要矛盾。[②]

[①] Stefan Fröhlich, *The New Geopolitics of Transatlantic Relations: Ccoordiated Responses to Common Dangers*, Washing D. C.: Woodrow Wilson Center Press, 2012, p. 3.
[②] 中国战略思想库：《蜕变与抉择——虚拟资本主义时代与中国的复兴》，北京：中国计划出版社，2015年版，第26页。

第六篇　展望未来

2016年，种种重大国际经济和政治事件都显示，世界似乎进入了一个新的时代。英国公投决定脱离已经加入了40余年的欧盟，不按传统套路出牌的特朗普赢得了美国总统大选，一向被认为是和平与繁荣象征的欧洲大陆则被难民和恐怖袭击折腾得遍体鳞伤，全球化这一被认为是想当然的世界发展潮流也受到质疑。新的历史发展趋向正在颠覆人们对世界的传统认知，那么新时代到底意味着什么，全球化会戛然而止吗？美欧之间的币权竞争又会如何展开呢？美欧间的币权竞争对其他国家意味着什么呢？会不会有新的力量取代欧洲或者美国的位置呢？带着这些问题，我们将进入下一篇的探索，也就是展望新时代下的美欧币权竞争。

第十八章 "反全球化"与美欧币权竞争

进入21世纪第一个十五年之后，也正当笔者撰写本书之时，来自美欧的一股"反全球化"浪潮震惊世界。从国际经济、国际政治、全球化进程等角度看，2016年都将是载入史册的一年。在欧洲，英国决定离开已经加入40余年的欧盟；在美国，特朗普"出人意料"地当选美国总统。许多人将这些现象视为"反全球化"浪潮的结果。在本书的开始部分我们分析过，国家间的币权竞争是经济全球化、金融全球化的一个结果，那么以2016年英国脱欧、特朗普当选为特征的"反全球化"是否会逆转全球化进程？在"反全球化"时代，国家间的币权竞争是否还会持续呢？在历史进入新时期后，这些问题有必要进行讨论。

一、"反全球化"及其最新发展

关于全球化这一概念，学界并没有公认的统一定义，一般可以理解为经济活动不再限于国家内部，而是跨越国界和地区限制，以对外贸易、资本流动、技术转移等形式，形成一个相互依存和相互联系的全球性有机整体。[1] 全球化进程可以分为两个阶段：第一个阶段可以追溯至15世纪地理大发现以后，人类活动跨越国家和地区界限，在全球范围内开展全方位的沟通、联系和相互影响；第二个

---

[1] 王斌："脆弱的完美——浅析经济全球化与反全球化"，《商》2014年8月19日，第159页。

阶段是20世纪80年代以来，伴随着新自由主义盛行，全球化高速发展。[①] 不论从哪个阶段来看，西方国家都是全球化进程的主导者。

发达国家的"反全球化"现象引起国际社会广泛关注，最早出现在20世纪末。1999年11月30日，世界贸易组织（WTO）西雅图会议遭到各种团体联合组织的大规模抗议，此后每有世界性重大国际会议或活动，"反全球化"团体便组织抗议示威。就像全球化一样，对于何为"反全球化"，学界也没能形成明确的定义。有代表性的意见认为，"反全球化"既不是成型的理论体系，也不是统一的社会思潮，只能称之为一种运动。[②]"反全球化"运动的主体多种多样，表达的诉求"五花八门"，其共同点是反对全球化进程中的某一方面，如绿色环保组织反对破坏环境、劳工组织呼吁提高工人待遇、妇女团体主张维护妇女权利等等，为方便起见，将其笼统地称为"反全球化"。由于"反全球化"主体和目标的多元性，虽然有时举行的示威活动吸引了媒体和国际社会的注意，但"情绪反应多于理性思考"，只是把社会矛盾和利益冲突简单地归结在全球化头上，没有发展成为构建未来世界的建设性力量。[③] 从20世纪90年代后期的情况看，"反全球化"对西方国家的政府决策和全球化进程影响有限，多数情况局限于国际会议主办方对安保问题更为关注。

但与此前不同，这一轮西方国家的"反全球化"浪潮来势汹涌，并已经开始影响国家重大决策。从一定程度看，美欧已从全球化的"始作俑者"变为"反对派"，主要体现在以下方面：

其一，拒绝外来移民。人员流动是全球化的重要部分，甚至被认为是全球化的第三波浪潮，[④] 但现在却成为西方国家的抵制目标。

---

① 刘金源："反全球化运动及其对全球化的制衡作用"，《国际政治研究》2005年第3期，第82页。
② 汪信砚："全球化与反全球化——关于如何走出当代全球化困境问题的思考"，《北京大学学报（哲学社会科学版）》2010年第4期，第33页。
③ 曹勇："西方反全球化运动透视"，《理论视野》2011年第11期，第27页。
④ 王辉耀："全球化已迎来人才流动浪潮"，http://finance.xincaijie.com/cjpl/824585.html。（上网时间：2016年9月30日）

英国在2016年6月23日举行的公投中选择"脱欧",最直接原因是民众对外来移民的"恐惧"。赢得2016年11月美国总统大选的共和党候选人特朗普不仅主张限制移民,更放言在美墨边境修建隔离墙、禁止穆斯林入境。① 在法国、德国、奥地利、波兰等欧洲大陆国家,主张排外的极端政党均加速"崛起"。②

其二,"要回"国家主权。全球化意味着国家减少与外部经济往来的限制,或者把这种限制权交给国际组织,也可以理解为国家放弃部分主权。但当前的迹象却显示,发达国家要"收回"在全球化进程中"失去"的主权。英国公投"脱欧",一个重要原因就是民众不满本国的经济管理权交给欧盟机构,不愿意继续接受欧盟各种规定的"管辖",而是要按照自己的国家意志和利益做决策。特朗普更是反对区域一体化协议,胜选后即宣布废除《跨太平洋伙伴关系协定》(TPP)、修改已经生效多年的《北美自贸协定》(NAFTA),甚至威胁退出WTO。美欧由于各自内部压力,在《跨大西洋贸易与投资伙伴协定》(TTIP)谈判中都很难让步,德国经济部长加布里尔坦诚TTIP"已经失败"。③ 美欧整体情况看,许多国家领导人支持全球化的立场都在退缩,转而走向"国家主义"。④

其三,"压制"新兴国家。美欧视新兴经济体为全球化的"搭便车者"、"不公平竞争者"。特朗普主张对中国、墨西哥等国的货物征收惩罚性关税。欧盟2016年6月发表的《欧盟对华新战略要素》,公开指责中国新近立法与市场开放、公平竞争相悖,并认为

---

① "Border walls and Muslim bans? Obama officials have to be careful what they say about candidate Trump", https://www.washingtonpost.com/news/powerpost/wp/2016/05/13/trumps-border-wall-plan-seems-to-be-off-limits-for-top-obama-officials/。(上网时间:2016年12月25日)

② "The new political divide", *The Economist*, July 30th, 2016, p. 8.

③ "欧洲掀抗议潮 可能单方终止TTIP", http://www.chinanews.com/gj/2016/09-22/8010705.shtml。(上网时间:2016年11月28日)

④ "The new political divide", *The Economist*, July 30th, 2016, p. 8.

中国产能过剩对欧洲经济形成冲击。①

总之,全球化在美欧民众中的形象不断下降,甚至变成了一个"脏"字。②在"反全球化"浪潮的冲击下,发达国家的对外政策备受压力,以致于英国《经济学家》杂志认为,区分政党的标志已经不再是传统的左或右,而是开放还是保守,如欢迎移民还是拒之门外、开放贸易还是保护国内产业、支持文化交流还是进行文化保护。③

美欧过去一直是全球化进程的主导者,如今却成为阻碍力量,主要原因在于其在全球化进程中国家治理不力,经济和社会困境日益凸出,民众抵制情绪滋生。

从内部看,国内贫富分化日益拉大。这是美欧国家"反全球化"的最根本原因。美国皮尤中心数据显示,美国的人口结构已经发生显著变化,被视为橄榄型社会"稳定器"的中产阶层比重降低,穷人和富人的比重都在上升。美国中产阶级占总人口的比重在20世纪70年代高达60%,到2001年已经降至54%,2015年进一步降至不足50%。同时中高收入(包括高收入)和中低收入(包括低收入)群体比重,2015年分别上升至21%和29%。④贫富分化也是英国"脱欧"的重要原因,很多中下层希望借公投给国家带来改变,进而提高自己的经济地位。⑤

关注贫穷问题的国际组织乐施会2016年9月发表的研究报告显示,英国最富有的1%人口(63万人)占有的财富,是最贫穷的

---

① "Elements for a new EU strategy on China", http://eeas.europa.eu/china/docs/joint_communication_to_the_european_parliament_and_the_council_-_elements_for_a_new_eu_strategy_on_china.pdf.(上网时间:2016年9月18日)

② Monica de Bolle, "Brexit and the Open Wounds of Globalization", *Peterson Institute for International Economics*, https://piie.com/blogs/realtime-economic-issues-watch/brexit-and-open-wounds-globalization(上网时间:2016年9月28日)

③ "Drawbridge up", *The Economist*, July 30th, 2016, p.16.

④ http://www.pewsocialtrends.org/2015/12/09/the-american-middle-class-is-losing-ground/.(上网时间:2016年10月3日)

⑤ "英国脱欧一大元凶:贫富差距急剧扩大", http://world.chinadaily.com.cn/2016-09/14/content_26797618.htm.(上网时间:2016年10月1日)

20%人口（约1300万人）财富总和的20倍，如政府不及时采取有力措施，2030年前将有40万家庭陷入贫困。① 法国经济学家、世界银行前副行长兼首席经济学家弗朗索瓦·布吉尼翁的研究显示，贫富分化与全球化确实存在逻辑关系。全球化导致竞争加剧，这刺激了企业的技术进步和生产地点转移，发达国家对传统产业工人的需求日渐萎缩，尤其低技能劳动力的价值降低，其处境难免恶化。② 如果这种贫富分化日趋严重的全球化进程持续，社会底层很难看到扭转命运的希望，其"反全球化"存在一定的"合理性"。

从外部看，竞争压力不断加剧。全球化为西方国家发起和主导，但他们不能完全掌控这一进程。新兴国家在全球化中"崛起"为发达国家"始料不及"，也确实带来了竞争压力。尤其是2008年国际金融危机以来，欧盟经济陷入持续疲软，经济增长缓慢、失业率居高难下、成员国间矛盾突出。美国复苏速度虽相对快，失业率也降到5%以下，但很多人从高收入岗位下滑到了低收入岗位，③ "草根"处境并未改善。而一些新兴国家不再限于劳动密集型和资源密集型产品的生产，不断加快产业结构升级，与发达国家的经济实力差距持续缩小。英国商品贸易赤字占GDP比重在20世纪下半期基本保持在1%，但2000年以后迅速扩大，目前升至7%。英国《经济学家》杂志认为，"这和中国入世有很大关系"。④

再加上西方国家民粹主义盛行，来自新兴经济体的竞争压力又被进一步放大，甚至被一些政治力量所利用，成为拉选票的工具，这在公投、选举等政治活动中表现得十分明显。除了来自新兴经济体的竞争压力，在经济不景气的情况下，发达国家间的经济矛盾也

---

① "Richest 1% owns 20 times more than UK's poorest 20%", http://www.oxfam.org.uk/media-centre/press-releases/2016/09/richest-one-percent-owns-twenty-times-more-than-uks-poorest-twenty-percent. （上网时间：2016年10月3日）

② François Bourguignon, "The Globalization of Inequality", *Princeton University Press*, 2015, pp. 75-88.

③ 达巍："严肃看待'特朗普现象'的正面意义"，《现代国际关系》2016年第8期，第5页。

④ "The impact of free trade: Collateral damage", *The Economist*, July 30th, 2016, p. 42.

日益突出，这其中包括美国与欧盟之间的矛盾、英国与欧元区之间的矛盾乃至欧元区国家间的矛盾等等，这些都是导致英国"脱欧"、TPP可能被废除、TTIP难以达成的重要原因。

二、"反全球化"对全球化的影响

美欧这一轮"反全球化"浪潮来势汹涌，已经引起了国际社会的广泛忧虑。英国《金融时报》担忧，全球化有崩溃的可能。[①] 笔者认为，对于当前西方国家的"反全球化"确实要给予严肃对待，但也不必过度担忧和夸大其影响。

首先，"反全球化"不会逆转全球化潮流。全球化源自资本跨国逐利的本性以及技术进步提供的客观可能，而这两点在未来都不会出现逆转。从资本流动的角度看，联合国贸发组织的《2016年世界投资报告》显示，2015年全球外国直接投资（FDI）总规模达1.76亿美元，较前一年增长38%；[②] 从技术进步的角度看，信息化、网络化、交通便利化等仍在继续向前发展，没有人能够倒拨技术进步的时钟。[③] 历史上看，只有20世纪上半叶的两次世界大战以及大萧条才导致了全球化进程的倒退，当前虽然发达国家经济和政治面临多种困难，但参照历史，还远没有达到逆转全球化的程度。其实，西方国家所谓"反全球化"也并非反对全球化本身，不是放弃全球化转向闭关锁国的发展道路。[④] 技术进步、通信发达、交通便利、商品价格降低也不可能成反对对象。当前的"反全球化"主要反对的是全球化过程中的贫富分化，如果这一问题能够得到缓

[①] "全球化大潮正在转向"，英国《金融时报》中文网，http://www.ftchinese.com/story/001069277? page=1。（上网时间：2016年10月2日）

[②] "世界投资报告2016"，http://futures.hexun.com/2016-06-24/184576384.html。（上网时间：2016年10月3日）

[③] 刘金源："反全球化运动及其对全球化的制衡作用"，《国际政治研究》2005年第3期，第85页。

[④] 唐任伍、赵民："'反全球化'由来及其学术论争"，《改革》2011年第11期，第106页。

解,"反全球化"可能会随之偃旗息鼓。

对全球化进程的一个主要担忧直接来自英国"退欧"可能在欧洲引发"多米诺效应"。① 英国脱离世界上最成功的贸易俱乐部被认为是"反全球化"者得到的最大奖励,② 一体化进程不可逆的传统认识被颠覆,欧盟可能面临分崩离析的风险。这种担忧不无道理,英国"脱欧"结果出乎绝大多数人的预料,也敦促世界重新认识欧洲一体化和全球化,但从公投后这一段时间的形势发展看,由此引发欧盟解体的可能性很小。英国在欧盟的地位本身就有其特殊性,不论是1973年加入欧共体之前还是之后,几十年来一直是若即若离,想融入又有保留,想离开又难以割舍,这导致其虽然是欧盟成员,但一直未加入欧元区和申根协定。而欧盟其他成员国并不具备这一特殊条件,虽然有些国家民众对欧盟机构抱有不满,但离开欧盟尚难成主流意见。英国公投后,欧盟其他成员国经过协商逐步达成共识,即在"脱欧"谈判中不会让英国"占到好处",以警示脱离欧盟的"下场",防止其他成员国"效仿"。从形势发展看,英国公投后经济经历了剧烈波动,已经有企业开始将资金和人员从英国撤离,英国央行不得不采取新一轮"量宽"政策应对风险,避免经济快速下滑已经成为新政府的严峻挑战。英国智库"欧洲改革中心"的研究报告认为,公投以后英国经济可能陷入"长期疲软"。③ 英国公投后的经济困难可能作为"反面教材",让欧洲其他国家做类似决策时"引以为戒"。

其次,"反全球化"可能促全球化进入"盘整期"。"反全球化"虽然不至逆转全球化,但当前迹象充分显示,发达国家在全球化中利益、地位受损的群体已迫使精英重视其诉求,对全球化进行

---

① C. Fred Bergsten," Brexit Is a Disastrous Experiment in Deglobalization", *Peterson Institute for International Economics*, https：//piie.com/blogs/realtime-economic-issues-watch/brexit-disastrous-experiment-deglobalization. (上网时间：2016年9月30日)

② "The new political divide", *The Economist*, July 30th, 2016, p.8.

③ Ian Bond, "Brexit and foreign policy：Divorce？", *Center for European Reform*, http：//www.cer.org.uk/publications/archive/bulletin-article/2016/brexit-and-foreign-policy-divorce. (上网时间：2016年9月21日)

"管理"。鉴于发达国家在国际经济格局中仍占据主导地位，其"反全球化"动向将导致全球化发展难再"高歌猛进"。英国经济政策研究中心的研究报告显示，2015年全球贸易保护措施比2014年增长50%，国际贸易增长已经趋于停滞。[1] 未来一段时间内，支持与反对全球化力量可能处于胶着状态，有些国家政策趋于保守，有些国家呼吁继续开放，对于是否继续推进全球化、如何推进全球化难以达成共识，全球化进程将在争论、分歧甚至冲突中缓慢发展。在这一过程中，全球化与区域一体化的争论可能再次引发关注。在WTO多哈回合谈判陷入僵局、全球层面的一体化已难以推进的情况下，各种区域性的小多边经济集团纷纷涌现，成为推进一体化的"次优选择"，国际社会也寄望于通过多个区域一体化集团再推进全球一体化。但英国"脱欧"、TPP被废除、TTIP难产表明，区域化未必是全球化的最佳方向和路径。如区域化被证明失败，国际社会可能重新回过头来思考全球层面的一体化，这在英国身上已经有所体现。

英国目前正在与欧盟进行脱欧谈判，预计将持续数年，但脱欧大势已定，首相特蕾莎·梅直言，"脱欧没有回头路"。在这一形势下，英国与全球主要经济体的双边贸易谈判已经开始展开。作为世界第五大经济体，英国此举可能会对欧盟等经济体等形成刺激，有利于各国经贸上保持开放。区域一体化受阻能不能回过头来刺激全球化的发展，需要比较长的时间来检验，短时间内各国可能在参加区域一体化、全球化还是保护国内市场之间徘徊、彷徨，难以达成广泛共识。

第三，全球化未来发展可能更多体现"公平因素"。20世纪80年代以来的全球化快速发展，很大程度上是受新自由主义的影响，这一理论倡导的全球化崇尚效率、忽视公平，其支撑的经济政策正

---

[1] Simon J. Evenett and Johannes Fritz，"Global Trade Plateaus"，*Global Trade Alert*，http：//www.globaltradealert.org/sites/default/files/GTA% 2019% 20 -% 20World% 20Trade% 20Plateaus_ 0. pdf. （上网时间：2016年9月27日）

受到越来越多的"诟病"。"反全球化"已经说明民众对"扶强抑弱"的"丛林法则"的抗拒。① 研究和解决"不平等"问题已成西方世界重要思潮,也是主流智库和学者的重要课题。法国经济学家、《21世纪资本论》作者托马斯·皮凯蒂的观点具有代表性,他认为"增长并不能解决分配公平问题"。② 美国纽约大学教授努里尔·鲁比尼认为,"反全球化"的势头可以得到遏制,方法是对全球化中的输家予以补偿,比如提供补贴、失业救济、就业培训、医疗保健、教育机会等等。③ 英国《经济学家》认为,要继续享受全球化带来的好处、减轻负面冲击,受损者的利益需要得到补偿,全球化收益要更平均地分配。④

需要指出的是,此处说的"公平"是指经济收益的分配更多向社会底层倾斜以缩小贫富差距,不同于特朗普所说的"公平贸易"。事实上,发达国家是全球化的规则制定和受益者,新兴国家是后来者和规则接受者。发达国家政治家强调所谓"公平贸易",很大程度上是为了掩盖本国资本所有者在全球化进程中收益颇丰的事实和政策制定者治理国家不力的责任。未来发达国家要保持经济健康发展、政府要稳定执政,将无可避免地直面国内贫富分化问题,"公平因素"在政策上终将得以体现。

三、"反全球化"时代的币权竞争

在汹涌澎湃的"反全球化"浪潮下,特朗普这位房地产大亨走进了国际政治的舞台,成为了美国这个超级大国的总统。这位"不

---

① 唐任伍、赵民:"'反全球化'由来及其学术论争",《改革》2011年第11期,第105页。
② Thomas Piketty, "Capital in the Twenty-First Century", Translated by Arthur Goldhammer, *The Belknap Press of Havard University Press*, 2014, p. 90.
③ Nouriel Roubini, " The backlash against globalization is real and growing", *World Economic Forum*, https: //www. weforum. org/agenda/2016/07/nouriel-roubini-the-backlash-against-globalization-is-real-and-growing. (上网时间: 2016年9月2日)
④ "The new political divide", *The Economist*, July 30th, 2016, p. 18.

靠谱"的共和党候选人获胜，出乎了很多人的预料，引发了美国国内的强烈争议和抗议，甚至颠覆了一些学者对政治规律的认识。

特朗普胜选后，全世界在惊讶之余似乎都在问同样一个问题，特朗普上台后会做些什么？他真的会践行竞选期间抛出的"不靠谱"的诺言吗？还是像过去的多数政治家一样，"选前一套，选后一套"？对于这些问题，没有人能给出令人信服的答案，于是大家分析后形成的共识是——特朗普总统的政策具有"不确定性"！的确，就像我们多数人没能预见特朗普会胜选一样，我们也很难预测特朗普在总统任期内的政策走向。但从他刚刚上任一个多月的时间来看，美国的内外政策已经出现了大的转向，他废除了美国政府已经签署的TPP，决定就NAFTA重新谈判，下达"禁穆令"，动手在美国和墨西哥边境修建隔离墙……

同样地，在"特朗普治下"的"反全球化"时代，美欧之间的币权竞争也进入到了新的一页。奥巴马在任的八年是美国与金融危机斗争的八年，奥巴马2009年一上任面临的就是金融危机后的乱局，这花费了他数年的时间来应对，其中包括前面我们提到的美国向欧元区转嫁风险，以维系美元的地位和美国的币权。在奥巴马卸任前，当被问及作为美国总统最大成就时，他也表示最满意的是带领美国走出了金融危机。所以，从币权的角度看，奥巴马的两任任期，其使命之一是维系美国的币权，打压竞争对手成为必要手段。

当奥巴马卸任之时，也就是特朗普上台之际，美国的形势已经有所不同。美国的经济2009年衰退后实现了持续复苏，经济规模比危机前扩大了10%以上，失业率已经降到了5%以下，金融实力也明显恢复，道琼斯指数达到了2万点的历史新高，美元指数超过了100，比2008年最低时的70左右上升了超过40%。虽然国家经济还有贫富差距扩大等问题，但由于相对欧洲来说经济形势优势明显，美元的国际地位已经得到巩固，至少已经很少有人提出美元会在短期内丧失主导地位的质疑。

在这一形势变化下，美国面临的主要问题不再是如何维系币权，而是如何利用币权来实现国家利益，或者说是国内政治和经济目标，这一逻辑也符合特朗普的"美国优先"理念。特朗普政府上任不到一个月，就已经在货币问题上对欧洲发难，首先将矛头对准了欧元区第一大经济体德国。

2017年1月31日，特朗普提名的白宫国家贸易委员会主任彼得·纳瓦罗接受英国《金融时报》采访时，公开指责德国操纵欧元汇率，导致欧元被"严重低估"，损害了美国和欧盟其他成员国利益。纳瓦罗认为，德国借助被"严重低估"的欧元"剥削"了美国和欧盟其他成员国，德国与美国和其他欧盟成员国的贸易不平衡现状就是明证。这一指责在欧洲引起了轩然大波，就在当天，德国总理默克尔在瑞典首都斯德哥尔摩出席新闻发布会时，就对此进行了反驳。她表示，德国并未操纵欧元汇率，欧元汇率属于欧洲央行的职权范畴，德国一直支持欧洲央行的独立性，且不会改变这一立场。有金融业人士担忧，纳瓦罗对欧元评论之后，让人讨厌的货币战争可能来临。[1] 其实，德国对于美国的反击已经出现，对于纳瓦罗的言论，德国央行行长魏德曼公开表示，过去近十年，正是美国"享受着竞争优势"，[2] 暗指美国利用量化宽松货币政策压低美元汇率以强化出口优势。

这件事情提及的德国贸易顺差问题的确值得关注。金融危机后，欧元区经济作为一个整体，两次陷入衰退，经济普遍面临严重困难。但德国却一枝独秀，2017年初的时候失业率几乎达到了充分就业状态的4%，外贸顺差占GDP比例更是达到了创纪录的9%，特朗普政府提出的德国贸易顺差问题并非毫无道理。就连德国财长朔伊布勒也承认，相对于德国的竞争力而言，欧元汇率过低，但他并不认为这是德国操纵的结果，而是把问题推给欧洲央行。德国的贸易顺差问题并非刚刚发生，而是持续了多年，之所以引发关注，只

---

[1] "美国已打响货币战争第一枪？外汇市场很受伤！"，http://mt.sohu.com/20170203/n479839813.shtml.（上网时间：2017年2月20日）

[2] Roger Blitz and Ralph Atkins，"Why currency manipulation rhetoric will grow louder"，*Financial Times*，February 16，2017.

是因为特朗普顾问的一句话，足已显现美国的权力和影响力。可以想象，如果换一个国家对德国的贸易问题"说三道四"，德国很可能会不屑于理会。事实上，欧债危机以来，希腊等南欧国家对德国的贸易顺差早有抱怨，但这些一直被认为是"欧洲内部的事儿"，没有引起广泛关注。

特朗普政府的目的是通过对欧元汇率施压，提高美国产品竞争力，促进美国出口，进而拉动美国经济、改善就业。这成了摆在欧洲面前的一道难题。问题的难点不仅在于面对美国的压力，欧洲应该做出何种决策，更在于由谁来做出决策？德国的态度已经摆明，承认欧元汇率助力德国贸易顺差，但"责任并不在我"，因为德国没有汇率决策权，把球踢给了欧洲央行。问题是，欧洲央行能决定欧元汇率吗？前面我们已经分析过，欧洲央行的优先政策目标是物价稳定，汇率问题留给了市场，极少有主动干预外汇市场的先例。而且，德国虽然是欧元区最大经济体，但却不是欧元区唯一的经济体，欧洲央行不能仅仅是因为德国问题而改变整个欧元区的货币政策。退一步讲，即便欧洲央行通过紧缩银根等措施间接拉高欧元汇率，这也很可能遭到经济仍然低迷的南欧债务国家的强烈反弹，欧洲央行不得不考虑这些因素。可见，面对美国在货币问题上的"新招"，欧洲又将陷入被动，甚至可能是一定程度的混乱。

金融危机后，面对来自美国的转嫁风险，欧洲由于实力不济和内部困难，总体上选择了"忍气吞声"和自我改进。而这次不同，这次美国要求欧洲有所行动，这确实难为了欧洲。一是欧洲内部形势和观点不一，难以达成按照美国要求行动的共识，比如在货币政策上，德国央行行长魏德曼一直对欧洲央行的量化宽松政策持反对态度，而南欧国家则大力支持；二是即便欧洲国家达成共识，机制上也难以落实，毕竟货币政策掌握在欧洲央行手里，而统一的财政部又不存在。

如果欧洲对特朗普政府在汇率问题上的要求置之不理，后果又会如何呢？如果我们全面地看一下特朗普上任后美欧关系的变化，欧洲的烦恼还远不止于此。首先从安全上看，特朗普认为北约已经过时，欧洲国家要继续享受美国的安全保障，自己必须增加军事支出，目前欧洲的北约成员国中，只有5个能达到军事支出占GDP比例达到2%的要求。其次从经贸上看，特朗普上台马上废除了TPP，而对于尚未完成谈判的TTIP，几乎可以宣告"死亡"，这让欧洲在与其他经济体的经贸谈判中少了一个筹码。第三，从意识形态上看，特朗普强调"美国优先"，与欧洲主张的多边主义背道而驰，尤其特朗普主张限制移民，认为欧洲的移民、难民政策是灾难，令欧洲十分不满。甚至有看法认为，默克尔已经成为了"西方自由民主世界的最后一个卫士"。此外，特朗普还直言不讳地支持英国脱欧，公开唱衰欧盟，甚至认为还会有其他国家也离开欧盟，这对陷入严重挫折的一体化又是一次打击。众所周知，二战后欧洲走上一体化道路，离不开美国的外部支持。而现在美国总统却"呼吁"欧盟分裂，再加上欧洲内部的重重困难，一体化前景面临着前所未有的危机。在这样一个背景下，如果欧洲对特朗普政府在汇率上的要求说"不"，需要考虑到对整个欧美关系的影响，而欧美关系影响到整个欧洲的政治稳定、经济发展、安全保障，必须要慎重。如果处理不当，引发美欧关系的全面对抗，是欧洲难以承受的。

"反全球化"时代，或者说是"特朗普时代"，美欧币权竞争进入到了一个新的阶段，双方的博弈更为激烈，影响面可能更大，甚至可能尝试触碰币权竞争的底线。但正如我们没能预料到特朗普会当选一样，我们也难以准确预料美欧币权竞争的激烈程度到底如何，会引发哪些后果。历史的发展并不总是按照学者预测的轨迹运行，更多的是"一系列偶然事件的堆砌"，对于新时代的美欧币权竞争、美欧关系乃至国际格局的发展，我们仍处于观察之中。

四、"反全球化"折射出的其他问题

美欧在全球化中的"角色转变"显示出，世界经济要平稳健康发展，有些问题需要深入讨论和解决。

一是国际经济秩序问题。如前所述，"反全球化"并非反对全球化本身，而是"草根"为改善自身处境，呼吁政府对全球化进行"管理"。从这个角度看，"反全球化"实际上是对新的国际经济秩序的呼唤，而国际经济秩序改革近年已经不是国际热点议题。当前国际经济秩序仍沿袭二战后建立的布雷顿森林体系，以世界银行、国际货币基金组织、世界贸易组织为核心管理机构，这一体系显然已经不能适应世界经济格局转变和全球化快速发展的现实。发展中国家一度发出强烈的改革呼吁，但由于美欧等发达国家在决策中的绝对优势，改革进展缓慢、举步维艰，甚至在"改革无望"的情况下，改革呼声也随之消沉。2008年金融危机后，"全球治理"取代国际经济秩序改革，成为国际社会关注的重心。实际上，所谓"全球治理"是在"秩序失效"情况下的次优选择，[1] 由于缺乏机制性和约束力，其实际效果难有过高期待。要适应全球化的发展，国际经济秩序改革的话题不可回避。

全球化进程启动以来，国际经济秩序演变大致经历了四个阶段：15世纪末地理大发现以后的重商主义；18世纪英国工业革命后的自由贸易和国际金本位制；20世纪上半叶的保护主义；二战以后的布雷顿森林体系。[2] 纵观历史，新的国际经济秩序的建立都是以大国更迭为前提，而目前尚不具备这一条件，新兴经济体如果试图建立新体系难获成功。从发达国家角度看，虽然目前经济总量仍占优势，但如果要抛开当前体系"重塑国际经济规则"，也注定会失败。TPP、TTIP都可以理解为发达国家重塑国际经济秩序的尝试，试图以"高标准"对世界经济活动进行"重新管理"。但现实是，其新规则不但未能在全球范围内推广，甚至遭遇到自己国家民众的强烈抵制。未来要保障全球化和世界经济稳定发展，只能是各国回到多

---

[1] 陶坚编著：《全球经济治理与中国对外经济关系》，北京：知识产权出版社，2016年版，第94页。

[2] 陶坚、林宏宇主编：《中国崛起与国际体系》，北京：世界知识出版社，2012年版，第210—219页。

边框架下来，共商秩序改革事宜，达成共识的关键在于发达国家根据现实格局适度"让权"，放弃所谓"高标准"以让尽量多的国家参与其中，同时改善国内的利益分配和贫富分化问题。

二是国家发展模式问题。公平与效率是经济学家永恒的话题，鱼和熊掌难以兼得，国家发展不得不在二者之间找平衡。[①] 美欧虽然都是发达资本主义国家，但各国发展模式在二者之间选择的侧重点有所不同，主要可以归结为三类：第一是以美英为代表的盎格鲁—撒克逊模式，其主要特点是资源配置和经济活动主要靠市场调节，强调个人主义，重视自由创新；[②] 第二是法国的国家主导型市场经济体制，基本特征是国家与企业、国有经济与私营经济、计划调节与市场调节有机地结合在一起，共同发挥调节资源配置的作用；[③] 第三是德国的社会市场模式，它既是经济制度也是社会制度，力图将社会进步、公平正义等社会政策目标的重要性提高到与实现经济繁荣等经济政策目标相同的高度。[④] 各种模式都有其优缺点。美英模式重视效率，经济增长速度快，在20世纪80年代后的全球化浪潮中展现了巨大优势，但缺点在金融危机后也充分暴露出来，其中之一就是不平等显现突出，社会贫富分化问题严重。[⑤] 英国"脱欧""特朗普现象"显示，这一模式下经济快速发展不可持续。法国模式注重公平，贫富差距相对小，但经济增速慢，国家整体经济实力持续走下坡路。[⑥] 法国作为欧洲大国却经济表现不佳，甚至一

---

① François Bourguignon, "The Globalization of Inequality", *Princeton University Press*, 2015, p.129.
② 吕薇洲、刘婧宜："金融危机与'盎格鲁——撒克逊模式'的衰落"，《世界经济与政治》2009年第8期，第109页。
③ 孔丹霞："法国国家主导型市场经济体制探析"，《世界经济》1997年第3期，第32页。
④ 李稻葵、伏霖："德国社会市场经济模式演进轨迹及其中国镜鉴"，《改革》2014年第3期，第107页。
⑤ 吕薇洲、刘婧宜："金融危机与'盎格鲁——撒克逊模式'的衰落"，《世界经济与政治》2009年第8期，第110页。
⑥ François Bourguignon, "The Globalization of Inequality", *Princeton University Press*, 2015, p.32.

度被认为是欧洲经济的"定时炸弹"①

德国模式目前看公平与效率兼顾得相对较好，国家保持强大竞争力，没有出现严重的产业转移，经济长期稳健发展，在环境保护、社会和谐、劳资关系、收入分配、地区间平衡等方面表现突出。②德国在劳动力的在培训方面的政策已经引起关注。美国布鲁金斯学会的研究报告认为，只要增加投入促进劳动力转型，发达国家在全球化中并不必然丧失制造业的就业机会，德国这方面的经验值得借鉴。③英国公投"脱欧"后，《经济学家》杂志注意到，德国给全球化中失业人群提供再就业培训投入占其GDP的比例是英国的5倍。④德国模式当然不会适用于所有国家，也有其自身不足，⑤但总体而言是社会公平与经济发展结合得比较好的一种资本主义国家发展模式。德国由于历史原因，将自身发展融入到欧洲之中，无意将自身模式大力宣传，但在美英模式弊端凸显、法国模式"从未成功"的时代背景下，德国发展模式确实值得深入研究和借鉴。

三是国际政治与安全环境问题。经济问题从来不是孤立存在的，而是处于复杂的国际政治和安全环境之中。20世纪上半叶的历史显示，全球化并非不可倒退，主要国家间的冲突、战争是全球化无力逾越的障碍，20世纪90年代后全球化的快速发展是以冷战结束为前提。当前全球化减速，也与国际政治和安全环境有关。一方面，大国矛盾阻碍经济往来。乌克兰危机爆发后，原本是重要经济伙伴的欧盟和俄罗斯两大经济体，由于相互经济制裁，近年贸易额逐年

---

① "Economist 'time-bomb' cover sparks French ire", *The Telegraph*, http://www.telegraph.co.uk/finance/financialcrisis/9682594/Economist-time-bomb-cover-sparks-French-ire.html.（上网时间：2016年10月4日）

② 李稻葵、伏霖："德国社会市场经济模式演进轨迹及其中国镜鉴"，《改革》2014年第3期，第106页。

③ Ijaz Nabi, "Globalization: what the West can learn from Asia", *Brookings Institution*, https://www.brookings.edu/blog/future-development/2016/06/30/globalization-what-the-west-can-learn-from-asia/.（上网时间：2016年9月9日）

④ "The impact of free trade: Collateral damage", *The Economist*, July 30th, 2016, p.43.

⑤ 2015年德国大众汽车的尾气排放数据造假事件，2016年德意志银行因违规被美国司法部门开出140亿美元巨额罚单，这些都显示德国在监管大型企业方面仍存在漏洞，一定程度影响了国家信誉和形象。

递减,尤其是 2015 年双边贸易额仅有 2095 亿欧元,比 2014 年下降 27%。① 贸易量锐减对俄欧双方经济都有负面影响,2015 年俄罗斯经济衰退 3.7%,欧盟至少损失 100 万工作岗位,② 失业率目前仍然在 8.5% 的高水平。③

另一方面,恐怖袭击频发也在困扰世界经济。全球化中"被抛弃"的中东地区持续动荡,已经成为恐怖主义的温床,导致全球恐袭此起彼伏,欧洲国家受害尤为严重,对旅游、贸易、投资都已产生负面影响。受 2016 年 3 月布鲁塞尔的恐袭事件影响,比利时 GDP 第一季度下滑 0.1 个百分点。④ 2016 年 7 月尼斯和诺曼底发生恐袭后,法国游客和旅游业用工人数大幅下降,8 月全国失业人口增加 50200 人,环比上升 1.4%,创 2013 年 9 月以来最大单月增幅。⑤ 同时,恐怖袭击还和移民、难民、族群矛盾等问题夹杂在一起,刺激西方国家的排外情绪,⑥ 加重了对外政策倾向保守的压力。

未来,国际政治和安全环境仍然将是影响全球化和世界经济发展的重要因素。两次世界大战虽已过去,但并不意味着历史不会重演。发达国家国内矛盾重重的今天,如何避免将国内问题引向国外进而爆发国家间冲突,应该是我们从历史中深刻吸取的教训。

---

① http://trade.ec.europa.eu/doclib/docs/2006/september/tradoc_113440.pdf. (上网时间:2016 年 10 月 1 日)
② "Russian sanctions to cost Europe € 100bn", http://europe.newsweek.com/russian-sanctions-could-cost-europe-100-billion-328999. (上网时间:2016 年 12 月 20 日)
③ 数据来源:欧盟统计局,"newsrelease", http://ec.europa.eu/eurostat/documents/2995521/7720354/3-03112016-AP-EN.pdf/bf3d493b-9596-4ac9-b5ff-4e078523622a. (上网时间:2016 年 12 月 28 日)
④ "布鲁塞尔恐袭 比利时首季 GDP 少 0.1%",《联合早报》网, http://www.zaobao.com/realtime/world/story20160502-612240。(上网时间:2016 年 10 月 3 日)
⑤ "恐怖袭击致法国 8 月份失业率上升",中国商务部网站, http://www.mofcom.gov.cn/article/i/jyjl/m/201609/20160901402494.shtml (上网时间:2016 年 10 月 3 日)
⑥ "The new political divide", *The Economist*, July 30th, 2016, p.17.

第十九章　德国重新崛起与美欧币权竞争

从一战、二战、冷战的历史看，欧洲向来是世界格局变化之核心，而当前的欧洲格局似乎又要迎来新的裂变，英国公投要脱离欧盟，一体化进程出现史无前例的倒退，族群矛盾、恐怖袭击、外交挑战，都让欧洲苦不堪言，欧洲的"衰落"似乎不再有争议。而在这一过程当中，德国似乎又要重新崛起，在重重困难的欧洲国家中表现得一枝独秀，其影响力的上升已经不容置疑，也无法遮掩。"德国的欧洲，还是欧洲的德国"，这一老的命题似乎又要回到人们的视线中。由此而来的一个问题是，伴随着德国的重新崛起，货币权力会不会重新分配？

一、步履蹒跚的欧洲

21世纪本应对欧洲来说是一个充满希望的世纪。2000年，欧盟出台了雄心勃勃的《里斯本议程》，决心要把欧洲建设成"世界最具竞争力的知识经济体"。但现实是，欧洲距离这一目标渐行渐远，不但经济发展迟缓，而且一体化问题频出。展望未来，在相当长一段时间内，欧洲作为一个整体，似乎都难以找到扭转颓势的希望。

第一，经济恐将持续发展迟缓。经济是欧盟整体发展的基础，但从经济基本面看，未来相当长一段时间，都可能呈现活力不足、增长缓慢的局面。其一，老龄化加速。这是制约欧洲经济活力的结构性因素。欧洲的老龄化问题由来已久，但似乎没有解决办法，问题越来越严重。位于布鲁塞尔的著名智库"欧洲政策研究中心"（CEPS）的报告显示，欧盟赡养比（劳动年龄人口与老龄人口之比）2005年为2.1∶1，2015年降至2∶1，2035年将进一步降至1.5∶1。能够工作的年轻人比例越来越低，需要赡养的老人越来越多，再加上欧洲国家优厚的福利制度，这势必加重社会负担、削弱增长潜力。其二，创新活力不足。作为劳动力成本高的发达经济体，欧洲要再现经济活力，必须从创新上找出路，与美国一样。但不同的是，欧洲的福利体制并不能营造出类似硅谷的创新环境，欧盟在全球范围内的专利比例也呈下降趋势。而且，债务危机后，欧洲为应对多重危机加重了政府财政负担，用于创新的支出更为受限。欧盟的目标是研发支出占GDP比例达到3%，但2000年以来一直在2%左右徘徊。其三，政策选择受限。欧洲各项危机都有深刻根源，短期无法根本解决，加之欧元区"单一货币、不同财政"的制度弊端，难对经济问题及时拿出有效方案。总之，欧盟经济实力将呈现持续下滑局面，其占世界经济比重预计2030年将下滑至17%，而2015年还有22%。以上估算还把英国包括在内，英国脱离后，欧盟的GDP还要损失约1/6，占世界的比重也就更低。

第二，社会矛盾势将频仍。在经济形势不佳情况下，社会矛盾可能进一步恶化。一方面，"民粹主义"大行其道。英国公投"脱欧"显示，草根对国家体制、精英统治的不满已升至新高点。未来随着经济持续低迷和贫富差距拉大，民众的失望、绝望、不满情绪恐有增无减。结果之一是，公投可能成为决定国家命运的重要工具，引发不同政见者的分歧和矛盾。另一方面，族群矛盾更突出。伴随外来移民、难民持续涌入，欧洲本土白人比重持续下滑，族群间的文化、宗教矛盾日益尖锐，难以调和。原有的"欧洲认同"已被抛弃，社会一定程度上被"撕裂"。统计数据显示，欧洲的穆斯林人口比例每10年就会上升1个百分点，2015年为6.5%，预计2030年将升至8%。

第三，政治凝聚力下降。多重危机冲击下，对于国家未来如何发展，各种力量在政治上难以形成团结和共识，突出表现在以下方面：其一，政治版图碎片化。在民粹主义盛行的背景下，以往处于"边缘地带"的极端政党支持率迅速攀升，已对至少十几个国家的政局产生显著影响，在希腊、波兰、比利时等国，民粹政党已经执政或参政。欧洲议会预计，2019年欧洲议会换届选举时，极右政党将有希望赢得37%的议席，而2015年的数字是20%。同时，中左、中右的主流政党日渐失势，民意基础显著下滑，骨干出走、自立门户也将增多，常致政府不稳乃至难产。欧洲极端政党的激进主张"不会解决、只是制造问题"①，进一步加剧矛盾、撕裂社会，并严重扰乱各国合作进程。其二，分离主义抬头。欧洲目前约有20个地区存在分离倾向，其中英国的苏格兰、西班牙的加泰罗尼亚、法国的科西嘉和意大利的威尼斯最为突出。英国"脱欧"极大地刺激了上述地区分离势力，新一轮"独立运动"可能跃跃欲试。欧洲理事会主席图斯克警告，欧洲政治"充斥着悲观和不满，固有价值观正遭冲击"。②

第四，一体化彷徨无路。英"脱欧"颠覆了一体化进程"不可逆"的传统认知，给欧盟未来带来巨大"想象空间"。今后一段时间，一体化都难以找到明确发展方向。英国《金融时报》称，欧盟前景"唯一确定的就是不确定性"。其一，各方意见不一。欧委会主席容克主张加强欧盟机构"集权"，认为过度迁就民意将"一事无成"；德国总理默克尔认为，还是应"倾听"选民意见；中东欧国家"独立性"则明显增强，"维谢格拉德"集团影响力上升；法国国力下降，领导人国内事务缠身，已经无暇"设计欧洲"。其二，面临强大阻力。欧洲一体化程度已很高，进一步深化涉及重要的主

---

① Eszter Zalan, "Juncker: EU 'not at risk' of disintegration", *EU Observer*, https://euobserver.com/political/135082. （上网时间：2016年11月14日）

② "Is Your Project to Unify Europe Falling Apart? Blame Russia", Sputnik News, https://sputniknews.com/europe/201605081039268292 - european-officials-anti-russian-hostility/. （上网时间：2016年11月12日）

权让渡，加之各国快速上升的极端政党多排外、疑欧，将各种国内难题归咎于一体化"惹的祸"。法国的"国民阵线"、德国的"选择党"、意大利的"五星运动"均主张退出欧元区。在此局面下，要取得重要进展将十分艰难。

第五，外交勉强苦力支撑。欧盟外交渐失实力支持，国际影响力恐持续衰减。一是"硬实力"下滑，与大国博弈更被动。欧洲经济复苏乏力，财政收入捉襟见肘，军费"赤字"短期内难以有效弥补。2015年国防预算仍相当于2006年水准。欧洲议会报告称，"未来十年，欧全方位军工研发能力将不复存在"。未来，欧洲在军事上将更为倚重美国，在与俄博弈中更为被动。欧委会主席容克坦言，"世界变大，我们却变小"。二是"软实力"受挫，弱化对周边地区和国家的影响力。欧洲一贯以经济援助、吸纳入盟等"软实力"作为影响周边、实现自身战略目标的手段。比如以欧盟成员国资格为诱饵，引导周边国家进行欧盟所期待的政治和经济改革，进而实现自身安全和经济发展。但在经济疲软、一体化艰难的情况下，欧洲对周边国家吸引力下降。比如，土耳其在短期入盟无望的情况下，在应对难民危机、打击极端主义等问题上与欧洲合作程度有限。同时，在经济形势不佳的形势下，欧盟也未能实现发展援助额占国民收入0.7%的总体目标，对非影响力也有所下降。欧盟2016年6月推出新版全球战略，提出"有原则的实用主义"，反映其外交有心无力，政策趋于"内敛"。

第六，安全面临"内忧外患"。外部看，周边风险将持续向欧渗透。乌克兰危机多年来持续发酵，北约与俄罗斯关系剑拔弩张，2016年7月北约华沙峰会正式批准向中东欧地区派驻军队，俄罗斯则公开将"伊斯坎德尔"导弹部署至加里宁格勒，军事对峙进一步固化，擦枪走火风险在上升。在伊拉克和叙利亚，战火依然绵延不绝，利比亚的形势也没有好转。由于中东地区动荡，危机向欧洲边境蔓延，恐怖分子藉难民潮混入欧洲。很多人都在担忧，身为欧洲公民的数千"外籍圣战者"可能"返乡"，成为欧洲的"定时炸弹"。内部看，难民、恐袭问题将麻烦不断。据联合国难民署统计，2016年1—9月抵欧难民人数仍近30万，3月"欧土难民协议"签署后，经希腊入欧难民人数显著下降，但经地中海中路抵意大利难民人数则持续走高，难民偷渡路线更趋复杂，前三季度偷渡难民死亡或失踪人数已逼近2015年全年总数。由于难民来源地危机未除，难民涌欧仍将持续。2016年，欧洲就发生多起重大恐怖袭击事件：3月22日，比利时首都布鲁塞尔机场和地铁站发生系列爆炸袭击；7月14日，在法国南部旅游城市尼斯，暴恐分子驾车冲入人群造成84人死亡；7月18—24日，德国一周内连续发生4起涉恐事件，社会风声鹤唳。同时，虽然连遭恐袭，但欧洲反恐合作机制进展迟缓，安全情报部门人力资源不足，刑侦手段受限，多国领导人都认为恐怖袭击难以杜绝。

现在的欧洲已经不再是我们过去熟悉的繁荣和稳定的欧洲。在巴黎遭遇恐怖袭击后，甚至有人将巴黎称为"巴黎斯坦"，凸显出欧洲的"衰败"。虽然还仍有观点认为，"瘦死的骆驼比马大"，欧洲作为一支国际力量仍然不容忽视。这当然有道理，谁会去忽视世界的第一大经济体呢？但问题是，我们需要认识到在全球格局中，欧洲正在发生的趋势性变化，以及欧洲内部权力格局的结构性变化。

二、活力焕发的德国

在欧洲作为一个整体加速衰落的同时，欧洲内部却有一支力量跃然崛起。虽然这个国家毫无意愿在欧洲耀武扬威，但谁也掩盖不了它实力的提升和影响力的扩张。这个国家就是德国，它既是欧洲的支柱，但有时也让欧洲人紧张。

当代德国经济的成功可以从前总理施罗德说起。德国工业实力强，但也和欧洲其他国家一样，面临结构性改革这一共同难题。在整个欧洲"谁改革、谁下台"，让各国领导人在改革上不得不有所顾忌。但施罗德执政期间，不顾阻力进行了较为彻底的结构性改革，有效拉低了经济成本，保证了德国经济在欧洲以及全球范围内的竞争力。历史很残酷，"谁改革、谁下台"的魔咒在德国也得到了应验。施罗德也确实因为改革丢失了选票，提前结束了政治生涯，但却给德国留下了宝贵的历史遗产。就连施罗德的继任者、大选竞争对手默克尔，也对施罗德的魄力赞赏有加，坦承正是施罗德的改革为德国经济发展铺平了道路。

卸下高成本包袱的德国经济轻装上阵。在欧洲其他国家为改革问题苦苦挣扎的时候，德国经济已经准备好异军突起。债务危机中，希腊等南欧国家身陷困境，需要外部援助来缓解政府融资困境，不得不看德国的脸色行事，德国似乎在凭一己之力来挽救欧洲。二战后，德国和法国一直被认为是欧洲的两台"发动机"。但债务危机后，法国这一发动机似乎已经熄火，只留下德国支撑着欧洲的经济稳定。一直有这样一个说法，德国和法国作为两台发动机，彼此相互需要。法国需要德国来掩饰自己的虚弱；德国需要法国来遮挡自己的强大。

德国由于历史原因，不愿意突出自己在欧洲的"领导地位"，但债务危机的爆发，已经让德国的强大无法掩饰。债务危机，直接的和简单的来说就是钱的问题，需要钱来平复危机，而德国毫无疑问是最大的出资方，重要的决定没有德国的同意是不可能诞生的。德国影响力的一个突出体现就是，欧洲国家在债务危机后普遍执行的紧缩政策，虽然这一政策在欧洲引发了一定的争议，但在德国的坚持下，仍然得到了较为严格的执行。

在前面的"反全球化"部分，我们谈到了德国经济模式在经济发展和社会公平方面做得比较好，这只是德国经济的一个方面。那么，德国经济到底有多强大，我们还要来看一些重要的统计数字。

首先来看看财政状况，当欧洲其他国家还苦恼如何将财政赤字能够控制在《稳定与增长公约》限制范围值的时候，德国却享受着财政盈余，而且盈余越来越多。根据德国联邦统计局的数据，2016年德国财政盈为237亿欧元，达到了1990年两德统一以来的最高值。

接下来看看就业情况，债务危机后欧元区失业率一直居高不下，基本上都在10%以上，而德国2016年失业率降到了4%，这几乎是经济学理论上的充分就业率，就业人数达到4340万人，同样是两德统一以来最高。

还有贸易状况。2016年德国贸易额同比增长1.2%，顺差达到2529亿欧元，连续7年上升，贸易顺差占GDP比例达到8.6%，不仅是创造了德国历史记录，当前世界其他主要经济体中也没有谁能达到这一水平。

此外，2016年的数据还显示，当年德国房地产成交额达到590亿欧元，超过英国的570亿欧元，成为欧洲最具有吸引力的房地产市场，这也是英国10年来首次被挤下这一位置。

三、货币权力的转移

那么，德国经济的重新崛起对美欧间的币权竞争意味着什么呢？德国的强大是不是会导致货币权力在欧洲的重新分配呢？也就是说，德国是不是比以前拥有更大的货币权力呢？

从二战后的历史看，德国的货币权力问题确实值得深入思考。在欧元诞生前，德国马克稳定的币值受到很多市场投资者的青睐，大家都认为德国马克是稳定的货币，德国央行在货币供应量方面控制严格，贬值风险甚至比美元还小。许多国家的中央银行业信任德国马克，将其列为外汇储备。在欧洲，更是很多国家将自己货币与德国马克挂钩。这样，当德国央行货币政策调整时，欧洲其他国家一般也要随之调整，以维系汇率和资本流动的稳定。德国央行一定程度发挥着欧洲央行的作用，尽管当时欧洲央行并不存在。而且，德国央行调整货币政策完全是"自己的事"，至少程序上无须和其他国家协商，而其他国家的货币政策不得不跟着德国走。德国事实上很大程度上掌握着欧洲的货币权力。

欧元诞生后，德国央行已经没有货币政策制定权，同时欧洲央行拥有着很强的独立性，并不会听命于任何国家政府，包括德国政府。但德国对欧洲央行的影响仍在。欧元成立时，作为让德国放弃德国马克的条件，其他国家同意即将成立的欧洲央行继续将物价稳定作为"优先目标"，地点也设在了法兰克福，这一点我们在前面已经提及。所以，从历史的角度看，德国在欧洲的币权问题上，一直扮演着重要角色，不管是之前的马克，还是现在的欧元。

但德国的币权有一个突出的"隐形"特点，德国并不直接出现在欧洲币权的前台，而是事实上潜移默化地影响着欧洲，这与法国的高调做法有着明显不同。德国从来没有高调挑战美元的国际地位，而且当美国在货币问题上向自己施加压力时，比如美国要求德国马克升值，德国往往选择屈从。

现在的问题是，欧洲的经济和政治版图发生了"剧变"，英国已经决定离开欧盟，法国成了欧洲经济的"定时炸弹"，南欧国家的政府负债累累，德国的强大已经无法掩盖。欧洲的货币权力会向德国集中吗？德国会在美欧的币权竞争中扮演先锋的角色吗？前面我们讨论过，欧元的一大弱点是"非主权"货币，背后缺乏一个强有力的政府支撑，这个角色会落到德国身上吗？在这些问题上，德国应该还没有做好准备，由于历史原因，德国在欧洲不愿单挑大旗。但有些事情，似乎由不得德国自己。在大西洋彼岸的美国，特朗普政府已经将币权斗争的矛头对准德国，一场新的币权竞争似乎已经展开。

2017年1月底，特朗普就职不到两个星期，他提名的白宫国家贸易委员会主任彼得·纳瓦罗在接受媒体采访时公开指责德国，认为其操纵欧元汇率，导致欧元被"严重低估"，损害了美国和欧盟其他成员国利益。纳瓦罗的这一指责并非空穴来风，而是与特朗普竞选期间以及当选后的执政理念一脉相承。特朗普的选战白皮书就声称，"德国贸易政策受益于欧元，欧元区会变成德国的欧元区"。[①]

[①] "瞄准德国 美国指责欧元被低估要打'汇率牌'"，《人民日报》2017年2月7日。

而德国日益增长的贸易顺差，也给了美国新政府以口实。特朗普甚至还威胁，如果大众、宝马等汽车厂商不在美国建厂而是把汽车出口到美国，将加收35%的关税。美国政府似乎已经拿起汇率武器，来解决对德国的贸易逆差问题。有金融业人士已经开始担忧，纳瓦罗的上述言论已经"在货币战争中打响了第一枪"。

面对美国来势汹汹的"汇率操控"指责，严谨的德国人展现了诚实的一面，但也据理力争，这些在我们前面的讨论中也有所提及。德国财长朔伊布勒表示，"严格来说，目前的欧元汇率相对于德国的竞争力来说太低了，早在欧洲央行行长德拉吉着手采用扩张性货币政策时，我便予以警告，这将提高德国的出口顺差。我答应过不会公开抨击欧洲央行宽松立场，但我也不希望德国因为该政策而承担批评的后果"。德国总理默克尔回应称，德国一直要求欧洲央行保持政策独立性，德国不可能影响欧元汇率，"在贸易领域，德国一直同其他国家一起公平竞争"。[1] 德国央行行长魏德曼则直接对美国进行了反击。鉴于美国在金融危机后进行了多轮的量化宽松货币政策，魏德曼称，"正是美国而不是别的国家在金融危机后享受了近10年的竞争优势。"[2] 德国商界则认为，出口顺差是国家经济竞争力的表现。德国工商大会主席施维茨尔辩护称，出口多说明外界对"德国制造"需求大。

美国与德国的争论各有道理。首先从美国的角度看，欧元汇率确实帮助德国强化了贸易优势。德国工业实力和出口产品确实竞争力强，理论上讲，持续的贸易逆差应该导致该国货币升值，进而调节贸易平衡。对于这一点，德国的财政部长也给予了承认。德国经济部的数据显示，来自欧元区内的贸易顺差占德国GDP的比例2007年为4%，2015年降到了2%。这说明，德国的贸易顺差主要来自欧元区以外，宽松货币政策下的欧元汇率确实帮助了德国出

---

[1] "德国财长承认：相对德国竞争力，欧元汇率太低，但早就警告过欧央行"，《华尔街见闻》2017年2月5日。

[2] "Why currency manipulation rhetoric will grow louder", *Financial Times*, Feb 16, 2017.

口。但德国的观点更有说服力,从决策机制上看,德国不可能操纵欧元率。欧元汇率体现的是欧元区作为一个整体的经济状况,而非德国一个国家,而且欧元区的货币政策确实是由独立性相当强的欧洲央行作出的。实际上,德国对欧洲央行的宽松货币政策持反对态度,德国央行行长魏德曼多次对量化宽松政策提出批评。这可以说明,德国主观上无意通过压低欧元汇率带动出口。

在"汇率操纵"问题上,美德各执一词,各有道理,很难预测问题如何能够得到解决。但透过这一问题我们可以观察到,德国不论是否愿意,都已经站在了美欧币权竞争的前台,在货币问题上与美国发生明显分歧,而且这一分歧并非在技术层面,而是有很强的政治属性。也就是说,美欧之间的分歧并非是如何通过协调货币政策来共同促进经济平稳发展,而是在特朗普当选总统后,在"美国优先"的理念下,德国以及欧洲是否愿意继续接受美国的领导。正如前文所言,冷战后的美欧关系中,核心问题是领导权之争。特朗普上任后一段时间的迹象显示,其主张很难被德国接受,但德国有实力和美国在币权上一较高下吗?从德国的政策动向上看,德国正在币权问题上做着更多的准备。

在特朗普当选总统前后,德国有一项非常重要却又没有引起外界关注的政策动向,就是大批量向国内运送黄金。联邦德国在20世纪五六十年代经济快速发展时期,积累了大量的贸易盈余,很多都结算成了黄金,到两德统一时,大约90%以上保存在海外。2013年,德国央行出台了新政策,宣布计划于2020年前,将一半的黄金运回国内保存。2017年2月,德国央行宣布,2016年德国从国外运回黄金216吨,其中从巴黎运回105吨,从纽约运回111吨,运回后都存在法兰克福。这样,截至2016年底,德国央行储存在法兰克福的黄金已经达到1619吨,而其总的黄金拥有量是3378吨。也就是说,德国央行已经把47.9%的黄金储备保存在了国内,几乎提前三年多完成了预定目标,也为此花费了巨额资金。德国央行的这一举动也引发了种种猜测,有媒体援引专家的分析认为,德国如此急着搬回黄金，可能是要留一手，"预备在法国脱欧、欧元区解体的情况下，用黄金储备作担保重新发行德国马克"。①

欧债危机爆发后，欧元区解体逐渐地已经不再是禁忌话题，甚至在危机严重期间，还有机构设计出了解体路线图。几年以后，债务危机也没有完全过去，关于希腊的援助和改革问题，还进行着艰苦的谈判。2017年2月，德国社会研究和数据分析机构福沙舆论调查公布的最新调查结果显示，有53%的德国人不赞成对希腊进行债务减免，52%的德国人希望希腊退出欧元区。② 在这样的局面下，作为欧元区核心国家，为欧元区可能的解体有所准备，也在情理之中。

纳瓦罗指责德国操纵欧元汇率可能让德国确实感到"冤枉"，但这一指责却提醒我们注意一个新的动向，就是在欧洲内部，德国的货币权力可能越来越大。我们已经提到了德国的强大经济表现和黄金储备，这些都是德国的优势。德国经济崛起也引起了欧洲伙伴的关注。欧盟委员会认为，德国需要加大国内投资和消费，通过提高进口来纠正巨额的贸易顺差。根据欧盟委员会的定义，经常项目顺差占国内生产总值的比例连续3年超过6%，就存在危险的"宏观经济不平衡"。2017年2月，欧盟委员会贸易委员莫斯科维奇在布鲁塞尔公开批评德国，认为德国巨大的外贸顺差为整个欧元区制造了"明显的政治和经济扭曲"，对德国自己也是"不健康的"。③

德国尚未对欧委会的要求做出具体的政策回应，欧委会也没有权力对德国采取强制措施，未来就此展开谈判的可能性比较大。这意味着，德国手里掌握着谈判砝码，可以对欧盟和其他欧洲国家提要求，而这就是权力。拥有强大经济实力和黄金储备的德国，相比其他国家而言，更不惧怕欧元区解体，这意味着德国在与其他国家的博弈中，占据着绝对主动权。如果未来的欧元区还是一个整体，

---

① "德国黄金加速'返乡'"，《经济日报》2017年2月23日。
② "调查显示超半数德国人希望希腊退出欧元区"，新华社，2017年2月25日。
③ "欧委会再批德国外贸顺差'不健康'"，德国之声网站，2017年2月23日。

重大决策还需通过协商、博弈共同做出，但可能会比以往更多地体现德国的意志，这也就是实力转化为权力的过程。

那么，德国会作为欧洲的"代言人"，成为美国在币权问题上的直接对手吗？目前看，这种可能性并不是很大。欧元的未来无非两种场景：存续或者崩溃。如果欧元继续存在，真正能让欧元区作为一个整体行使货币权力的话，必须要成立欧元区的财政部，这在可预见的未来是不可能的，德国无法成为欧元区的财政部；如果欧元崩溃，各国重新回归主权货币，马克即将再次成为欧洲的核心货币，德国也将成为欧洲的货币权力中心，就像欧元成立之前一样。但问题是，德国作为一个地区大国，并没有美国那样的全球野心，无意挑战美元的全球主导地位。至少，德国在货币问题上，不会成为与美国实力相当且跃跃欲试的竞争对手。

第二十章 人民币国际化与美欧币权竞争

人民币的国际地位与中国作为世界第二大经济体的规模并不相称,人民币国际化是中国经济发展的客观需要,也是中国明确的对外战略目标。欧洲作为发达经济体和现代金融的发源地,拥有欧元、英镑等国际货币,但却没有对人民币采取冷漠或排斥态度,相反对人民币国际化给予了积极支持,甚至成为人民币国际化的"突破口"。[①] 中欧货币和金融合作的快速进展,很大程度上和美欧之间激烈的币权竞争有关。

一、中欧货币合作快速进展

近年来,人民币国际化得到了欧洲的大力支持,欧洲央行、欧洲各国政府、欧盟机构等都十分积极。中欧金融合作也被认为是人民币国际化取得快速进展的原因之一。[②]

其一,签署大额货币互换协议。在资本项目尚不能完全自由兑换的情况下,货币互换成为人民币国际化的一个重要手段。截至2015年底,中国人民银行与33个国家和地区的货币当局签署了双

[①] 熊园:"欧洲成了人民币国际化突破口",《上海证券报》,2014年9月15日。
[②] "人民币国际化报告:指数5年增长逾10倍",人民网,http://money.people.com.cn/bank/n1/2016/0725/c202331-28580575.html。(上网时间:2016年7月28日)

边货币互换协议,总额度达 3.3 万亿人民币。① 其中,人民银行与欧洲的两大央行,也就是英国央行和欧洲央行,签署货币互换协议的时间早、金额大。2013 年 6 月,中英两国央行签署了 2000 亿人民币货币互换协议,2015 年 10 月,双方续签并将金额扩大至 3500 亿人民币/350 亿英镑。2013 年 10 月,中国人民银行与欧洲央行签署 3500 亿人民币/450 亿欧元的货币互换协议。中国人民银行与欧洲两大央行分别签署 3500 亿的货币互换规模仅次于与香港金融管理局和韩国央行续签的 4000 亿元和 3600 亿元,② 其 7000 亿的总规模达到了货币互换总量的 21%。

其二,为人民币在欧交易提供便利支持。2014 年以来,中资银行已经在伦敦、法兰克福、巴黎和卢森堡获得了人民币清算业务资格,这有利于欧洲企业和金融机构使用人民币进行跨境交易。从表 1 中可以看出,截至 2015 年 5 月,中资银行在 15 个国家和地区取得了人民币业务清算资格,其中欧洲占 4 个,比例达到 26.7%。而且,2014 年之前,中资银行在境外取得的人民币业务清算资格都是在中国大陆周边地区,而在欧洲取得清算业务资格后,向其他国家和地区的扩展速度明显加快。这在一定程度上可以显示出,人民币业务在现代金融发源地欧洲取得进展,对于其他地区有一定的象征意义和示范效应。同时,欧洲还拥有欧元和英镑两大国际货币,而这两大货币也并没有把正在国际化的人民币拒之门外。2014 年 6 月和 9 月,人民币与英镑、欧元分别实现了直接交易,不必通过美元折算,这很大程度上降低了交易成本。2015 年 10 月 29 日,上海证券交易所、德意志交易所集团、中国金融期货交易所还共同成立了"中欧国际交易所"(简称"中欧所"),总部设在德国法兰克福,其定位是在欧洲打造离岸人民币资产的交易和定价中心,为国际投资者提供人民币投资产品,首批现货产品已于 2015 年 11 月 18 日挂

---

① "央行:双边本币互换协议总额度已超过 3.3 万亿",中国新闻网,http://www.chinanews.com/cj/2015/12-04/7656335.shtml。(上网时间:2016 年 7 月 15 日)

② "央行与香港金管局续签货币互换协议",人民网,http://finance.people.com.cn/n/2014/1128/c153179-26108688.html。(上网时间:2016 年 6 月 15 日)

牌交易。人民币已经成为全球第四大结算货币，但在投资货币方面与其他主要国际货币仍有不小差距，因此中欧所向欧洲市场推广人民币投资产品，意义重大。德意志交易所集团首席执行官贾伟德表示："中欧所推动人民币国际化迈出关键一步。"[1]

表1 境外人民币清算行安排

时间	国家/地区	清算行
2003年12月	香港	中国银行（香港）有限公司
2004年12月	澳门	中国银行澳门分行
2012年12月	中国台湾	中国银行台北分行
2013年2月	新加坡	中国工商银行新加坡分行
2014年6月	英国	中国建设银行（伦敦）有限公司
2014年6月	德国	中国银行法兰克福分行
2014年7月	韩国	交通银行首尔分行
2014年9月	卢森堡	中国工商银行卢森堡分行
2014年9月	法国	中国银行巴黎分行
2014年11月	加拿大	中国工商银行（加拿大）有限公司
2014年11月	澳大利亚	中国银行悉尼分行
2014年11月	卡塔尔	中国工商银行多哈分行
2015年1月	马来西亚	中国银行（马来西亚）有限公司
2015年1月	泰国	中国工商银行（泰国）有限公司
2015年5月	智利	中国建设银行智利分行

资料来源：人民币国际化报告（2015年）。[2]

其三，官方机构支持发行人民币债券。这是欧洲国家政府及公共机构支持人民币国际化的直接举措。2014年英国政府成为首个发

---

[1] 德意志交易所网站："Shanghai Stock Exchange, Deutsche Börse and China Financial Futures Exchange jointly establish CEINEX", http://deutsche-boerse.com/cn/dispatch/en/listcontent/navigation/chinese/News/Content_Files/20151029-Shanghai-Stock-Exchange-Deutsche-Borse-and-China-Financial-Futures-Exchange-jointly-establish-CEINEX.htm?teaser=ShanghaiStockExchange, DeutscheBörseandChinaFinancialFuturesExchangejointlyestablishCEINEX。（上网时间：2015年12月12日）

[2] 《人民币国际化报告（2015年）》，中国人民银行，2015年6月，第13页。

行人民币债券的外国政府,并将发债所得的 30 亿元人民币列入"外汇平衡账户",此前该账户只有美元、欧元和加拿大元,此举也被视为英国认可人民币为国际货币。2015 年 2 月,法国社会保障债务管理基金(CADES)在巴黎泛欧交易所(Euronext)发行了 30 亿人民币债券,成为首个在欧元区发人民币债的公共机构①。除直接发行人民币债券外,欧洲还支持中国官方机构在欧发行人民币债。2015 年 10 月中国人民银行在伦敦发行 50 亿人民币央行票据,2016 年 5 月中国财政部在伦敦发行 30 亿人民币国债,两次均为首次在境外发行。

其四,在国际机构中支持人民币。一个货币的国际化还需要国际金融机构的支持,比如美元霸权的形成,很大程度上得益于二战后美国对世界银行、国际货币基金组织的影响力。人民币国际化要发展,也需要有国际金融机构作为依托。2015 年 11 月,人民币成功加入国际货币基金组织的特别提款权(SDR)货币篮子,这被视为人民币国际化的一个重要"里程碑"。在人民币申请"入篮"的过程中,美国出于维系美元霸权的考虑,态度并不积极,相比之下,欧国家则普遍支持。② 在世界银行方面,由于改革难以推进,中国主导成立了更适合本地区发展的"亚洲基础设施投资银行"(AIIB),这也有利于未来增加人民币在国际借贷中的使用。在"亚洲基础设施投资银行"筹建过程中,欧洲国家也积极支持,英国、法国、德国等主要大国都作为创始国加入。此外,在欧洲国家支持下,欧洲复兴开发银行 2015 年 12 月还决定吸纳中国为股东,并表示希望加强与亚投行的合作。③

---

① "法总理:法公共投资机构发行人民币债券意义重大",人民网,http://world.people.com.cn/n/2015/0130/c1002-26482849.html。(上网时间:2016 年 7 月 25 日)

② "欧洲国家力挺 人民币离 SDR 货币篮子更近一步",中国新闻网,http://www.chinanews.com/gj/2015/04-04/7185022.shtml。(上网时间:2016 年 7 月 15 日)

③ "The European Bank for Reconstruction and Development (EBRD) announced Monday it had approved China's application for membership in the bank", http://sputniknews.com/business/20151214/1031747206/ebrd-approves-china-bank-membership.html(上网时间:2015 年 12 月 18 日)

在欧洲的积极支持下，人民币国际化在欧洲进展十分迅速。环球银行金融电信协会（SWIFT）数据显示，2016年2月，欧洲有376家金融机构与中国进行支付业务时使用人民币（比2014年同期上升17%），仅次于亚太地区（557），远领先于美洲（124）和中东非洲地区（74）。英国人民币交易量占全球离岸交易比例达到5.9%，已成除香港外最大人民币离岸交易中心，法国、卢森堡、德国也居靠前位置（参见图1）。

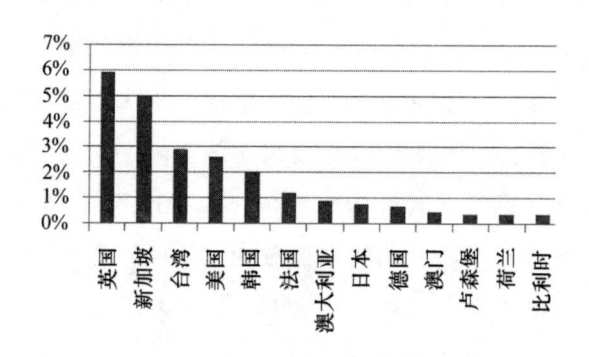

图1 人民币离岸中心交易量占比（除香港）

数据来源：环球银行金融电信协会（SWIFT）2016年6月数据。[①]

二、动力来自客观需求

首先，中欧经贸体量庞大，人民币在欧洲有潜在使用需求。自2004年以来，欧盟已连续12年是中国的第一大贸易伙伴，中国则是欧盟第二大贸易伙伴。根据欧盟委员会的统计数据，2015年中欧货物贸易量达5209亿欧元，其中欧盟出口1705亿欧元，进口3504亿欧元。[②] 从图2中可以看出，进入21世纪以来，中欧贸易对欧盟

[①] "RMB Tracker June 2016", https://www.swift.com/sites/default/files/resources/swift_bi_rmbtracker_slides_june2016_en.pdf.（上网时间：2016年7月12日）

[②] 欧盟官方网站:"EU's trade with China", http://trade.ec.europa.eu/doclib/docs/2012/march/tradoc_149251.pdf.（上网时间：2016年7月20日）

的重要性不断上升，双边商品贸易占欧盟总量的比重，从2002年的7%，已经上升到2015年的14.8%。相比之下，欧盟与第一大贸易伙伴美国贸易的比重总体呈下滑趋势，从2002年的24%一度跌至2010—2013年的15%以下，2014年后有所回升，但2015年的数据（17.6%）与高峰值相距甚远。欧盟与俄罗斯贸易的比重因为乌克兰危机发生后的相互经济制裁，近年急剧下滑，2015年欧俄贸易量锐减27%，①俄罗斯已经失去欧盟的第三大贸易伙伴地位，让位给瑞士。而欧盟与瑞士的贸易比重近十几年发展平稳，没有大的变化，不及与中国贸易量的一半。从这些数据可以看出，在欧盟的主要贸易伙伴中，中国地位呈现出明显的上升趋势，更多使用人民币有利于与中国进行贸易时减少汇率波动风险，降低交易成本。

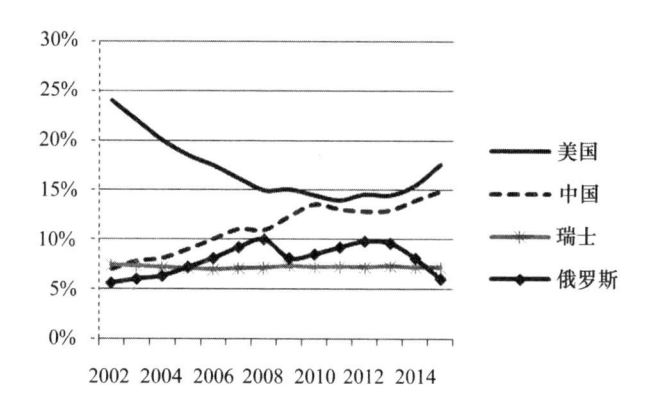

图2　欧盟与主要伙伴贸易量占其总量比例（2002—2015年）
数据来源：欧盟统计局。②

除中欧愈加紧密的贸易联系外，中国对欧投资近年表现出的强劲势头，也刺激了人民币交易在欧洲更趋活跃。在以往的全球经济

---

① 欧盟官方网站："EU's trade with Russia"，http://ec.europa.eu/trade/policy/countries-and-regions/countries/russia/。（上网时间：2016年7月20日）
② "EU's top trading partners in 2015"，http://ec.europa.eu/eurostat/documents/2995521/7224419/6-31032016-BP-EN.pdf/b82ea736-1c73-487f-8fb5-4954774bb63a。（上网时间：2016年7月25日）

格局中，发达国家传统上是对外投资的主体，发展中国家往往是对外投资的接受者，这一点也适用于过去的中欧之间。但欧债危机以来，中国对欧盟直接投资出现了"跳跃式"增长。① 2004 年中国对欧盟直接投资存量仅 0.73 亿美元，2012 年达到 61.2 亿美元，2015 年达到创纪录的 230 亿美元，其中流入最多的五个国家分别是意大利（78 亿美元）、法国（36 亿美元）、英国（33 亿美元）、荷兰（25 亿美元）以及德国（13 亿美元），共占中国对欧投资总额的 78%。② 中国企业大规模海外投资，必然考虑资产计价、贸易结算以及融资等问题，使用人民币无疑意味着更方便、更安全，促进了人民币在欧洲的发展。从中国在欧洲的投资数据也可以看出，中国投资的流入地与人民币交易较为活跃的国家，如英国、法国、德国，基本吻合。

其次，欧洲经济持续疲软，欲搭"中国快车"摆脱困境。自 2009 年债务危机爆发以来，经济增长一直是困扰欧洲的棘手难题。欧元区成为唯一两度陷入衰退的主要经济体，失业率也一直保持在 10% 以上的高水平（欧盟平均水平也超过 9%）。③ 欧洲经济困境主要在于福利体制僵化、研发创新缓慢、经济与货币联盟制度缺陷等自身难题。欧盟对这些问题认识得十分清楚，但解决起来却困难重重，进展十分缓慢，经济也就难有起色。在从内部难以找到解决经济难题办法的情况下，借助外部力量显得尤为重要，中国作为世界第二大经济体，也自然成为其倚重的目标。2016 年 6 月，欧盟委员会发表了新对华政策文件《欧盟对华新战略要素》，这一文件反映出欧洲在如何看待对华关系上的基本共识。该文件开篇即明确指出，欧盟发展对华关系应致力于就业、增长和投资，以巩固欧盟的

---

① 赵柯："中国对欧盟直接投资：特征、动因及趋势"，《国际贸易》2014 年第 6 期，第 52 页。
② "2015 年中国对欧美直接投资达 400 亿美元"，http://finance.ifeng.com/a/20160310/14262401_0.shtml.（上网时间：2016 年 7 月 15 日）
③ 欧盟统计局网站："Total Unemployment Rate"，http://ec.europa.eu/eurostat/web/lfs/data/main-tables.（上网时间：2016 年 7 月 28 日）

国际地位。① 在欧洲愈加重视通过发展对华关系带动经济的背景下，就人民币国际化进行合作成为很好的选择。

中国经济实力提升和中欧经贸关系发展，客观上增加了欧洲市场对人民币的需求。在欧洲的金融中心开展人民币业务，不仅可以给经济活动提供货币支持，同时可从金融交易中获取利润，创造更多就业机会。事实上，伦敦、卢森堡、法兰克福、巴黎等欧洲金融中心，在人民币业务上一定程度形成竞争关系。同时，欧洲可以借人民币国际化争取更多合作机遇。欧洲清楚人民币国际化对中国的战略意义，在这一问题上提供支持和进行合作，可有力拉近中欧关系，进而争取更多商业机会。人民币国际化在欧洲的对华合作中，也处于十分重要的位置，相关合作协议的签署很多都是在领导人互访期间，营造了融洽的双边合作氛围，如中国财政部在伦敦发行国债，是习近平主席访问英国期间两国达成的共识，成为开启中英"黄金时代"的一部分。②

第三，欧洲有意借人民币制衡"美元霸权"，降低外部经济风险。美元及其国际主导地位，对欧洲来讲是不小的挑战。欧元自诞生之日就被视为美元的竞争对手，美国也一直在关注欧元的发展及对美元的影响。欧元区开始运转后，虽然有"天生缺陷"，但却处于完善和修复过程之中，南欧等"外围国家"的增长速度快于"核心国家"，各国经济向趋同的方向发展。但2008年美国华尔街金融危机后，这种趋同的趋势被扭转，南欧国家经济快速下滑，债务比例迅速攀升，欧元区经济走向失衡，甚至一度面临解体风险。引发这一风险的导火索，正是美国和美元。美欧鉴于紧密的经济和金融联系，金融危机对欧洲的冲击本身就大。但更为重要的是，美国为维系美元国际地位，向欧元这一竞争对手转移风险。③ 2011年，时

---

① "Joint Communication to The European Parliament and The Council, Elements for a new EU strategy on China", European Commission, Brussels, June 22, 2016, p. 2.
② "中英金融合作迈入'黄金时代'"，新华网，http://news.xinhuanet.com/fortune/2016-06/13/c_1119035494.htm.（上网时间：2016年7月25日）
③ 刘明礼："论欧洲的去美元化"，《现代国际关系》2016年第1期，第52页。

任法国总统萨科齐公开对美元主导国际货币体系提出质疑，认为"正是由于对美元的依赖，才让危机的影响更加严重"。①

欧洲支持人民币国际化虽然不直接针对美元，但一定程度上可对"美元霸权"形成制衡，降低美国再次向欧洲转移经济风险的概率。其一，鉴于美元的全球使用情况，人民币国际地位提升将侵蚀美元的份额，长期看将对美元地位构成潜在威胁，美使用货币权力不再"无所顾忌"，甚至可能敦促美改善财务和债务状况，进而降低向外转移风险的必要性。其二，欧"大张旗鼓"支持人民币国际化，一定程度也是向美国发出信号，显示欧洲在货币问题上不再"忍气吞声"，警示美国自律。法国国际问题专家弗朗索瓦·戈德芒认为，美国将自身经济安全置于首要位置，不顾盟国利益，欧洲只能更多使用欧元和人民币。②

从英国方面看，英美之间力求保持"特殊关系"，但在货币问题上却充满"恩怨情仇"。二战后，美国正是通过肢解"英镑体系"才建立起"美元霸权"。在1956年的苏伊士运河危机中，美国更是在金融市场上大量抛售英镑，导致英国外汇储备几近枯竭，不得不按照美国的意愿撤军。③当前的英镑虽然已无力和美元竞争，但英国也无意帮助扶持美元地位，而是更为看重中国崛起和人民币国际化过程中的商业机遇，这一点在英国率先申请加入亚投行问题上已经表现得非常明显。

---

① "French Leader Outspoken Currency Reform", *Washington Times*, January 10, 2011, http://www.washingtontimes.com/news/2011/jan/10/in-talks-with-obama-sarkozy-circumspect-on-role-of/.（上网时间：2015年12月16日）

② François Godement, "How the US treats its allies: the European banking system under threat", June 10, 2014, European Council on Foreign Relations, http://www.ecfr.eu/article/commentary_how_the_us_treats_its_allies_the_european_banking_system_unde272.（上网时间：2015年12月11日）

③ [美]乔纳森·科什纳，李巍译：《货币与强制：国际货币权力的政治经济学》，上海：上海世纪出版集团，2013年版，第75页。

三、规划未来与规避风险

从以上各项因素看,欧洲支持人民币国际化的动力将会继续存在,中欧货币合作仍然前景可期,但也有问题值得探讨。一方面,人民币国际化在欧洲仍然存在一些问题,中国还需要对这些问题加以关注、认真分析并力求改善,以保持发展的可持续性。另一方面,人民币国际化在欧洲快速推进的时候,英国公投意外"脱欧",中国还需要研判这一历史性事件对欧洲金融格局以及人民币国际化进程的影响,并相应调整政策。

首先,从人民币国际化在欧洲面临的难题看,中国可以考虑更多由"官方强推"转向"市场培育"。当前国际货币体系为牙买加体系,一个货币的国际地位最终由市场决定。从目前的情况看,中欧合作为人民币国际化在欧洲发展搭建了良好的平台,但市场主体对持有和使用人民币仍有疑虑。第一,欧洲投资者不熟悉人民币产品。欧洲资本市场多为机构投资者,习惯将较为熟悉的公司作为投资对象。而中国公司距离较远,了解其情况渠道相对有限,加之欧洲媒体不时有中国公司产品质量缺陷、财务造假等负面报道,人民币产品要赢得欧洲投资者青睐并不容易。第二,欧洲市场不适应中方决策方式。投资者持有人民币计价资产,势必关注中国相关政策变化。欧洲投资者已适应政策制定者提前释放信号、与市场互动沟通的决策方式,而中国的"内部决策"在欧洲较难被理解,往往让投资者准备不足,进而对人民币"望而却步"。国际货币基金组织总裁、法国前财长拉加德也曾公开呼吁"中国政府要更好地和市场沟通"。[①] 第三,担忧中国经济和金融波动。作为欧盟第二大贸易伙伴,中国经济"一举一动"在欧都备受关注,甚至被放大。2015

[①] "China's economic leaders struggle to explain thinking to world", http://www.ft.com/cms/s/0/71ad991a-c4a9-11e5-808f-8231cd71622e.html#axzz4FgDG4P4p. (上网时间:2016年7月16日)

年以来,中国经济减速、资本市场波动在欧被解读成世界经济下滑、大宗商品价格下跌的主要原因,尤其将中国股市波动与欧洲股市下跌相关联,对人民币形象构成了负面影响。当前,欧投资者对中国经济"硬着陆"、人口老龄化、地方政府和企业债务杠杆高、人民币贬值预期、商业银行不良贷款增加等仍有顾虑,制约了持有人民币及相关产品的积极性。欧盟新发表的《欧盟对华新战略要素》认为,中国向可持续发展模式转型的过程十分复杂,可能在国内外产生多次震荡,欧盟必须想办法应对中国"结构性经济下滑"。[①] 第四,资本项目不可自由兑换。这是困扰人民币国际化的主要难题,亦是在欧洲面临的严峻挑战。目前虽然人民币离岸市场可自由兑换,但资金池仍小、产品较少、流动性不足,离岸市场和在岸市场又处分割状态,这给欧投资者管理资产带来不便。加之当前美元强势势头渐起,以及美欧资金往来的便利,人民币资产吸引国际投资者难度加大。

  对于这些问题,并非欧洲政府层面能够解决。欧洲是发展成熟的市场经济,有其自身运作规律和模式,人民币在欧洲发展,还需要适应其市场环境。比如,中国还需要加强保持宏观经济的稳定性,发展更为公开、公平、公正的资本市场,有序推进资本项目对外开放,提高经济决策的可预期性等等。从这些问题可以看出,对外经济合作可以起到促进作用,但人民币国际化发展前景的根本仍在国内,切不可因为在欧洲取得"成功"而忽略了内部建设这一根本。从美元、欧元的发展历程也可看出,不论是成功还是危机,决定性因素都来自内部。

  其次,从欧洲局势的角度看,英国"脱欧"导致欧洲金融格局版图变迁,人民币国际化在欧洲布局需要更多考虑"双管齐下"。英国不仅是人民币第二大离岸中心,更是人民币在欧洲布局的中心,其交易量远远超过其他欧洲国家,这与英国在欧洲金融格局中

---

① "Joint Communication to The European Parliament and The Council, Elements for a new EU strategy on China", European Commission, Brussels, June 22, 2016, p. 3.

的"核心地位"有直接关系。但2016年6月23日英国公投"脱欧"后,其金融地位将会受到冲击。其一,稳定的宏观经济环境被破坏。英国与欧盟的"分家"谈判预计将持续数年,结果充满不确定性;分离势力在英国的苏格兰、北爱尔兰一直存在,这两个地区也多数支持留欧,脱欧结果给了他们从英国分离出去的新理由,国家统一受到威胁。① 其二,英国可能"痛失"欧盟统一大市场。英国自身的优势以及可以自由进入欧盟大市场便利,铸就了英国的金融中心地位,许多世界大型金融机构都选择在英国与欧洲国家进行交易。② 目前,欧盟85%的对冲基金资产、70%的离岸衍生品交易、51%的海上保险都在伦敦。③ 整个欧洲与美国、亚太的资金流动,50%以上是通过伦敦的金融机构进行的。④ 英国在脱欧谈判中预计将力争继续自由进入欧盟大市场的权利,但很难达到目的。根据欧盟2014年颁布的金融工具市场指令(MiFID Ⅱ),"第三方国家"金融机构要在欧盟经营,须欧委会认定该国法律和监管框架与欧盟"等同"。这意味着,英国银行要在欧洲大陆经营,必须遵守欧盟愈加严格的金融监管规定,这对一向主张放松监管的英国来说很难接受。⑤ 其三,英国将面临来自欧洲大陆的竞争。欧债危机后,欧元

---

① 冯仲平:"英国脱欧及其对中国的影响",《现代国际关系》2016年第7期,第3页。

② "Worldwide Currency Useage and Trends, Information paper prepared by SWIFT in collaboration with City of London and Paris", EUROPLACE, December, 2015, p. 12, https://www.cityoflondon.gov.uk/business/economic-research-and-information/research-publications/Documents/Research-2015/SWIFT_ Currency_ Evolution.pdf.(上网时间:2016年7月26日)

③ "The economic consequences of leaving the EU", Center for European Reform, April 2016, p. 69, http://www.cer.org.uk/sites/default/files/publications/attachments/pdf/2014/report_ smc_ final_ report_ june2014 - 9013. pdf. (上网时间:2016年7月29日)

④ "Worldwide Currency Usage and Trends, Information paper prepared by SWIFT in collaboration with City of London and Paris", EUROPLACE, December, 2015, p6, https://www.cityoflondon.gov.uk/business/economic-research-and-information/research-publications/Documents/Research-2015/SWIFT_ Currency_ Evolution.pdf.(上网时间:2016年7月26日)

⑤ "The economic consequences of leaving the EU", Center for European Reform, April 2016, p. 80, http://www.cer.org.uk/sites/default/files/publications/attachments/pdf/2014/report_ smc_ final_ report_ june2014 - 9013. pdf. (上网时间:2016年7月29日)

区认识到机制缺陷,加紧金融一体化步伐,如筹建银行业联盟、资本市场联盟等,长期看金融实力将提升,这对英国来讲是严峻挑战。① 2016年6月公投结果公布后,7月初法国即出台多项措施,如延长外国企业免税期限、为外国员工提供更多生活便利等,要和英国展开竞争。巴黎大区议会主席瓦莱丽·佩克雷斯直言,"我们希望将巴黎建成欧洲顶级金融中心。"②

英国"脱欧"一定程度冲击了人民币国际化在欧的发展路径,人民国际化"借伦敦走向世界"的效果恐不如从前。但总体而言,带来更多的是机遇。如果中国能够顺势同时强化与英国和欧元区的货币合作,人民币国际化在欧可能迎来新的发展局面。先从英国的角度看,"脱欧"并不会给伦敦的金融中心带来"毁灭性"打击。作为国际金融中心,伦敦有很多自身优势,如基础设施完善、专业人才聚集、语言通用、政策开放透明等等,③ 这些都不会因"脱欧"而丧失。而且"脱欧"后,英国金融监管将摆脱欧盟的束缚,政策上可能更具灵活性。在可预见的未来,伦敦的部分金融业务会出现外流,但金融中心地位受到根本性冲击的可能性较小。英以金融立国,新政府成立后,如何维系金融中心地位也势必摆在重要位置,这给中英货币合作提供了新的机遇。中国不宜因"脱欧"而轻视英国,相反应借此机遇加强合作,更多在英国开展人民币业务。再从欧洲大陆角度看,其加强金融实力将是大势所趋。欧元区对于将欧元的交易中心放在伦敦一直不放心,认为难以保障内支付系统的安全。2014年,欧洲央行曾要求,从事欧元产品交易的清算所地点应设在欧元区,由于英告状到欧洲法院并胜诉,才未能执行。英"脱

---

① Charles Grant, "Could eurozone integration damage the single market", Center for European Reform, September 2015, http://www.cer.org.uk/publications/archive/bulletin-article/2015/could-eurozone-integration-damage-single-market. (上网时间:2016年7月18日)

② "巴黎欲'挖'伦敦金融中心墙角",新华网,http://news.xinhuanet.com/world/2016-07/08/c_129125821.htm. (上网时间:2016年7月10日)

③ "The economic consequences of leaving the EU", Center for European Reform, April 2016, p.70. http://www.cer.org.uk/sites/default/files/publications/attachments/pdf/2014/report_smc_final_report_june2014-9013.pdf (上网时间:2016年7月29日)

欧"后"不在船上",将无力阻止日后欧洲央行的类似决定,相关业务向巴黎和法兰克福转移难以避免。① 由于英"脱欧"事发突然,欧元区内部的金融中心建设规划尚不清晰,巴黎、法兰克福、卢森堡、都柏林等各具优势,未来是"一枝独秀"还是"多点开花"尚不清楚。不论如何,欧元区不论是客观形势还是主观意愿上看,都将强化金融实力建设,也将期待与外部合作。中国可以考虑根据各个具有发展潜力金融中心的特点,各有侧重地开展人民币业务,如法兰克福结算业务、巴黎的非洲业务、卢森堡的投资业务,把握历史机遇。

欧美币权竞争的动向值得中国政府和学界研究和重视,中国宜对二者互动的前景和性质有清晰认识,顺势而为,在把握住历史合作机遇的同时,也要力避风险。美欧"币缘纷争"程度有限,二者的紧张关系不宜高估,中国还需要谨慎处理与美欧关系。美国打压欧元,主要目的在于转嫁风险,而不是要搞垮欧洲;欧洲"反抗"美元目的是制约美滥用币权,而无意"罢黜"美元的全球领导地位。美欧二者在欧洲安全、反恐等问题上,仍有重大共同利益,双方尚不至于因为货币分歧引发全面的政治对抗。

中国不宜在美欧货币分歧上"选边站",避免形成"拉一边、打一边"的三角关系,而应继续保持人民币国际化既有节奏和定力,在美欧分歧的"夹缝"中寻求发展。一方面,不刺激美国的敏感神经。对美而言,美元地位不容任何国家染指。欧洲作为美盟友,在货币问题上与美国"对抗"也主要采取"迂回策略",不直接针对美。美国对欧洲则保持关注,"有限容忍"。中国作为美国的"竞争对手",人民币国际化如果过于"大张旗鼓",难免引起美国的警惕和遏制。另一方面,与欧洲合作要低调。人民币国际化仍处"初级阶段",尚不至对美元构成现实威胁。加之在美元强势的情况

---

① "The economic consequences of leaving the EU", Center for European Reform, April 2016, p. 82, http://www.cer.org.uk/sites/default/files/publications/attachments/pdf/2014/report_smc_final_report_june2014-9013.pdf.(上网时间:2016年7月29日)

下，压制人民币紧迫性不强。但未来随着人民币国际地位走强，美国的财政问题再出现恶化，中美竞争可能难以避免。中欧货币合作如过于"热络"，可能引发美不满和施压。

人民币国际化关键要练好"内功"，不能仅靠政策推动。债务危机后，欧元区内部机制建设取得明显进展，包括强化财政纪律、成立欧洲金融稳定机制、组建银行联盟等，另还有"雄心勃勃"的远景规划，如法总统奥朗德提出的"欧元区政府"、欧委会主席容克等提出"欧元区发展蓝图"等。中国经济规模虽在接近美欧，但国内金融体制仍待进一步完善，这是人民币国际化的关键。中国还需要培育稳定、公开、透明、健康发展的资本市场，减少国外舆论借机恶意炒作的机会；加快银行体系改革，提高效率和服务水平，降低交易成本；有序扩大银行、保险、养老市场的外资准入，为离岸与在岸人民币良性流动创造条件。

结　语

本书从币权的基本概念入手，对美欧币权竞争进行了梳理，进而总结美欧币权竞争的基本特点，以及对美欧双边关系的影响，并展望了未来。现将本书的主要结论归纳如下，并在此基础上探讨美欧币权竞争衍生出来的值得进一步研究的问题。

一、主要结论

（一）美欧币权竞争真实存在

货币虽然表面看是经济现象，但背后却有复杂的政治博弈，是国家主权的重要象征，是政府治理国家的重要权力工具。从国际层面看，货币赋予一个国家的权力，还可以跨越国界，在国家间产生影响。这些权力包括：国际货币体系的主导权；对他国货币予以打击的权力；影响其他国家政治与安全政策的权力；威胁国际货币体系的权力。币权是实现国家战略目标的有效工具，非常具有诱惑力，因而成为国家间竞相追逐的目标，但这种权力只能掌握在少数国家手中，相关竞争也只能在拥有强大的经济、金融、军事等实力的大国、强国（国家集团）之间展开。

回顾历史，美欧由于在近代历史的实力和影响力，成为了币权竞争的主角。二战后，布雷顿森林体系的建立、苏伊士运河危机、布雷顿森林体系的解体，都是美欧币权竞争的经典案例。欧元诞生后，欧洲通过统一货币整合了内部资源，被公认是美元霸权的"唯一竞争对手"，美欧的币权竞争进入新的阶段。美国对欧元的潜在威胁保持警惕，并通过各种手段予以遏制、打压，但同时也保持合作，共同维护经济稳定。欧元区在统一货币后，致力于内部的"物价稳定"，在挑战美国币权方面，动作有限。

2008年金融危机后，美欧币权竞争展开新一轮角逐，美国由于在危机中实力受到重创，货币霸权受到威胁，进而选择打压竞争对手来转移风险，手段包括金融机构做空欧元、拒绝欧洲金融改革要求、评级机构频繁打压、舆论竭力唱衰等等。在美国的打压下，欧元区遭到严重冲击，金融危机后不久就爆发了债务危机，并且不断发酵、蔓延，实体经济也陷入"二次衰退"，欧元的国际地位也呈现明显的下滑趋势，这从欧元占国际储备份额、占国际交易比重等各项指标中都能体现出来。面对美国的竞争手段，欧元区采取的回应主要是弥补自身缺陷，如欧元区机制改革、成员国福利体制改革、调整欧洲央行货币政策等等，针对美国的政策主要是对国际评级机构加以约束。

（二）美欧币权竞争属于"合作性竞争"

美欧之间的币权竞争主要在两方面：一是国际货币体系主导权的竞争；二是对其他国家外交与安全政策影响力的竞争。前者，美国有明显的既得优势，欧洲清楚自己的实力和定位，争夺目标主要限于欧洲范围之内；后者，美国认可欧洲的"势力范围"，没有强烈的意愿将其夺走。由此可见，美欧之间的币权竞争并非是全方位的国家竞争，而是局部地区和领域的竞争，而且竞争中双方根据自己的实力和势力范围，相互了解对方的底线，多数情况下能够形成默契，避免直接对抗。由于共同利益的存在，美欧在进行币权竞争的同时，也在进行着合作。这主要体现于美欧共同主导的多边机构和国家集团：比如在国际货币基金组织和世界银行，美国人当世行行长、欧洲人当IMF总裁成为二战后的"不成文的惯例"；在七国集团，美欧定期就经济形势和货币政策情况沟通协调。因此，美欧之间的币权竞争的性质可以说是"合作性竞争"，而不是零和博弈的"破坏性竞争"。事实上，美欧币权竞争的性质，与美欧之间竞争的整体性质是相同的。美欧之间的竞争不大可能导致传统意义上的地缘政治冲突，而是更多地体现为"合作性竞争"。①

具体而言，美欧币权竞争存在三种方式。一是通过完善自己提升市场竞争力。对于国际关系领域的"四大币权"，这些权力并不是通过国际协定、国际组织和相关规则等法律形式直接赋予某个货币强国的，很多是既定规则下市场"自由选择"的结果。美元与欧元在市场上的竞争，如同微观经济学里所讲的，两个生产同样商品的厂商，要靠产品质量来争取市场份额。由于市场是"聪明的"，不论是美国还是欧洲，想要获得更多币权，都必须做同样的事情：就是把自己的货币做得更好、更安全、更有吸引力。自从欧元成立后，这种竞争就一直存在，因为市场一直存在而且是持续的，是一种"常态"，美欧之间从来没有中断这种竞争。

二是通过外交手段影响第三方行为。外交手段虽然在市场之外，但却能影响市场主体的行为，让市场参与者不仅从经济利益角度选择货币，而且有更多的战略考虑。比如在石油富饶的中东地区，美国可以用外交拉拢、安全庇护等手段，让这些石油出口国用美元而不是其他货币进行石油计价、结算和储备。与市场竞争"做好自己的事"相比，外交谋划的目标并不在于自己，而是通过改变其他国家的行为，借此来提高自己的竞争优势，其目标是除竞争对手之外的第三方。

三是通过直接交锋压制对手。第二次世界大战后，美国在与英国的竞争中，就用"怀特计划"战胜了"凯恩斯计划"，终结了英镑霸权，建立起美元主导的布雷顿森林体系。布雷顿森林体系下，美国在苏伊士运河危机中，成功利用币权阻止了英国和法国对埃及发动进攻。二十世纪六七十年代，在法国的冲击下，布雷顿森林体系解体。欧元诞生后，美国的竞争对手更为明确和单一，美国通过科索沃战争、伊拉克战争等手段对欧元的发展加以制约。2008年金

---

① 赵怀普：《当代美欧关系史》，北京：世界知识出版社，2011年版，第426页。

融危机后,美国担心在危机中失去币权,对欧元发动了正面进攻,并导致了欧元国际地位的下滑。

不论哪一种竞争方式,还都没有引发美欧之间全面的政治对抗,竞争都是有限度、有底线的,这种竞争还没有给双方的战略合作造成实质性冲击。

(三)美欧的币权竞争愈加激烈但有边界

在以往的美欧币权竞争中,欧洲几乎都是输家,因为欧洲缺乏与美国强烈对抗的能力和意愿,不得不在竞争中做出让步,因而竞争激烈程度有限,但形势正在发生变化。一方面,此次金融危机和债务危机已经成为欧元区进一步深化一体化的催化剂。金融危机后,欧元区在机制性建设方面采取多项重大举措,如强化财政纪律、建立欧洲金融稳定机制、建立银行业联盟、福利体制改革等等,另外还有诸多筹划中的规划,包括法国提出的"欧元区政府"、欧委会主席等提出的"五主席报告"等等。虽然这些机制建设不会一蹴而就,但毫无疑问较债务危机前已经进步很多,这意味着未来的美欧币权竞争中,欧元的底气比以前更足,虽然和美国还有很大差距,但这种差距在缩小。

另一方面,从美国角度看,美国经济出现重大失误的可能性不能排除,其中最关键的就是美国的财政问题。希腊、西班牙、葡萄牙等国家发生的危机说明了这一点。政府赤字时间越长,所支付的利息就越多,债务越滚越多。有一天,投资者可能醒悟,并得出结论:这些债务不可持续,美国政府支付的利息不过是"庞氏骗局",于是开始大规模抛售证券,进而导致美元急剧贬值,资金大量出逃。从历史经验看,这一场景的发展并不是渐进式的,而是突变式的。

未来,美欧币权竞争有两个的潜在冲突点。

第一个是中东。欧洲如果试图赢得欧佩克国家对其货币的支持,可能导致严重的冲突。从欧洲的角度看,与美国争夺中东是有诱惑力的。由于涉及到的资金数额巨大，有利于欧元成为"大欧元"，也有利于强化欧洲在中东影响力。同时，这对中东也是有诱惑力的，这有利于外汇储备多元化，平衡美国在中东的"压倒性"影响。众所周知，中东国家时不时就会探索寻找美元的替代品，只不过找不到而已。现在欧元的出现，让这些国家有了新的希望。2015年7月，伊朗与国际社会就核问题达成协议，困扰中东稳定、石油输出、伊朗与西方关系多年的问题掀开了新的一页，伊朗将重新思考与西方的关系。由于涉及美国的重大利益，美国对于欧洲在货币问题上的挑战容忍度是很低的，未来的潜在冲突风险不能忽视。

第二个潜在冲突点是，欧元和人民币的关系长期看也有可能刺激美国。中欧合作已经取得了不小的进步，这既有金融危机后欧元在美元打压下欧洲有意识加强与中国货币合作的因素，同时也是中国国力上升和人民币国际化战略加速推进的结果。这一动向尚未触发美国的公开反应。一则可能因为中欧货币合作道理上并无不妥之处，美国不好公开表态；二则可能因为人民币国际化尚属初级阶段，国内金融市场尚需完善、资本项目也未完全对外开放，人民币在全球外汇储备份额仍然"微不足道"，短期内不至于对美元造成实质性威胁。但长期看，随着人民币地位上升，不能排除美国对欧洲支持人民币国际化做出反应。

币权竞争虽然日趋激烈，但竞争边界仍然存在，引发全面政治对抗可能性较小。作为货币霸权国家，美国对唯一竞争对手的一举一动都会加以关注。欧元区任何在欧洲之外建立有组织货币集团的尝试，都会将"低政治"的市场竞争，转变为"高政治"的外交对抗。尤其是涉及到美元的传统势力范围，比如拉美和东南亚。基于此，尽管很有诱惑力，欧洲可能还是会把这种想法藏在心里，对自己的行为加以限制，避免与美国发生直接对抗，以免伤害更为重要的政治和安全利益。此外，欧盟的新成员国，从地理和历史上看，都希望与华盛顿保持紧密关系。很难想象，欧洲会达成在货币问题上与美国公开决裂的共识。因此，未来美欧币权竞争更可能在市场领域展开。

（四）币权竞争对美欧关系有影响

美欧作为世界第一和第二大经济体，双边关系对国际格局的影响不言而喻。以往对于美欧关系的研究，主要是从传统的政治、外交、安全等角度进行分析，货币问题在双边关系中所占分量不大，但这一问题变得越来越重要。

首先，币权竞争对美欧关系的影响体现在政治领域。美欧政治关系的核心问题是领导权问题。二战后，欧洲作为战场受创严重，美国出于冷战和遏制苏联的需要，从经济、安全等方面全面扶持欧洲，因而美欧虽然是紧密同盟，但却处于不平等地位，即美国充当盟主而西欧国家扮演小伙伴的角色，这一不平等关系成为美欧摩擦和冲突的根源。冷战结束后，随着共同敌人的消失和欧洲安全威胁的下降，美欧对领导权的认知分歧愈加明显。在币权问题上的竞争，导致美欧领导权的争夺范围更大，程度更为激烈，这主要包括美欧在国际金融体系改革主导权之争、对新兴国际金融机构的影响权之争、与中东国家经贸合作主导权之争、国际评级市场主导权之争等方面。

其次，币权竞争对经贸关系有影响，但是间接的。从双边贸易、投资的情况来看，金融危机后，币权竞争并没有给美欧经贸关系带来直接影响。不仅如此，双方在贸易政策上还取得了重大突破，开启了举世关注的TTIP谈判，虽然这一谈判可能随着特朗普当选而夭折。这些说明，币权上的紧张关系并没有直接扩散到其他经贸领域，这一定程度上和币权竞争的"隐蔽性"和经贸合作的"共赢性"有关。但币权竞争的间接影响还是有的，在美元的打压下，欧洲经济陷入"二次衰退"，对美欧的贸易和投资量带来了负面影响，统计数据清晰显示，2009年美欧的贸易和投资数量有明显下滑，但这一影响并没有体现在政策领域。

第三，币权竞争给美欧安全合作造成了一定难题。美国打压欧元，引发了债务危机以及经济持续低迷，欧洲国家政府不得不紧缩财政，给美欧防务合作带来的直接结果就是，欧洲防务支出的削减。债务问题"长期化"阴影下，欧盟委员会预测成员国公共财政的紧缩压力还将存在至少20年。防务领域可能长期面临与教育、社会福利部门"争开支"的困局。而在欧洲防务预算和能力下降的同时，美国由于自身的全球战略调整，却要求欧洲承担更多的责任。欧洲防务预算的下降和美国要求欧洲承担责任的增加，不可避免地成为双方防务合作的分歧。但为了欧洲安全这一共同利益，双方也都在寻求解决办法，在一些重大危机面前也表现出很强的协调能力。欧洲并没有因为美国在货币问题上的打压，而在安全领域采取任何不合作的"报复措施"。

（五）新时代下美欧币权竞争仍会继续

在特朗普当选美国总统后，美欧币权竞争进入了一个新的时代。特朗普就任美国总统不到半月，白宫国家安全顾问纳瓦罗就对欧元发起了进攻，认为德国操纵欧元汇率，帮助其实现贸易顺差。欧元作为世界第二大国际货币，其汇率由市场决定。欧元诞生后，美国政府还没有过这样直接地指责欧洲"汇率操纵"。针对美国的说辞，德国也立即予以了反驳。这一定程度显现，美欧之间的币权竞争似乎更为激烈和直接。

但与以往不同的是，美国所处的形势已经于金融危机后的几年有所不同。美国经济已经很大程度得到恢复，尽管还有草根阶层处境恶化、贫富差距拉大等难题，但是其经济和金融实力的回升已经足以捍卫美元的国际地位，事实上，美国人可能感觉美元有些过强了。在这样的背景下，美国的币权竞争目标已经不再是通过打压欧元转嫁风险，而是一定程度压低美元汇率，进而刺激出口和拉动美国就业，缓解中下层的不满情绪。

美国的新招给欧洲带来了新的难题，确切地说主要是德国的难题。德国人认为美国的指责并无道理，德国人没有操纵欧元汇率，其出口顺差来自本国产品的强大竞争力。退一步讲，即便像德国马克时期一样，德国人愿意在汇率问题上让步，恐怕实际操作中也难以实现，因为货币政策决定权在欧洲央行手里。新的时代，美欧关系面临着新的紧张，可能是冷战结束后最紧张的时期，双方在防务预算、经贸谈判、意识形态等诸多方面都面临着严峻的分歧。有学者认为，美欧关系有四个支柱：安全、经贸、历史和价值观。而在特朗普上台后，就只剩下历史了。① 我们很关心，在新的时代，在美欧币权竞争更为突出和整个美欧关系都更为紧张的时代，双方是否还能否恪守住币权竞争的底线，避免发生全面的政治对抗。在美欧新的竞争中，德国作为一股经济力量已经毫无疑问地崛起，问题是相应的政治影响力扩张会到何种程度，德国在何种程度上获得更多的币权。

二、新的思考

作为国际关系学界的学者，不论研究哪个具体领域，总离不开对国际格局的观察和思考。而当今时代发展的一个突出特点就是"国家利益金融化"，即国家利益被金融所主导、金融利益成为国家利益主要表现形式的过程。金融化并不局限在一国范围之内，而是一种全球性的趋势——金融强国实际上充当全球食利者的角色，比如核心货币国家可以通过增发货币来实现对其他国家利益的侵占。② 在这样的背景下，通过本书的写作，笔者切身感觉到，影响国际格局和国际关系的不再限于以往的地缘政治因素，更多的是金融化的国家利益，而币权又是强国争取这些利益的重要手段。也就是说，未来主要力量间围绕币权的竞争将愈加激烈，世界格局的演变突破

---

① 中国现代国际关系研究院副院长冯仲平研究员在一次关于美欧关系研讨会上提出的观点。

② 王湘穗："币缘和中国的币缘战略"，原载《战略与管理》，2009年第5/6期合编本，转引自：http://www.aisixiang.com/data/70351 - 2.html。（上网时间：2016年4月15日）

了原有的地缘框架。

进行币权竞争的美欧，各自以自己为核心，已经形成了美元圈和欧元圈。两大币缘圈内，各国基本利益的一致性导致相近的政治态度，随之而来的是对国际事务的一致立场，并最终构建币缘圈的共同安全体制。因此，从币权竞争的角度看，"美西方"的概念可能将不再符合未来时代格局的特点，美国与欧洲因为金融利益争夺和币权竞争不再同属一个阵营。

而且，未来的币权竞争可能不限于美欧之间。美欧争夺币权各自面临难题，美国整体实力相对下滑是大的趋势，而欧元区的机制建设预计将进展缓慢，人民币的国际化越来越多地受到国际社会认可。未来如人民币确实崛起，也将无可避免地构建自己的币缘圈，主要范围可能在中国周边以及欧亚地区。因此从币权的角度看，世界版图从当前的美欧逐鹿向欧美亚三极格局转变，三大币缘圈的竞争与博弈将更趋复杂。

币权虽未取代传统的地缘政治分析框架，却为学界研究国际格局提供了新的视角，国际格局研究考虑的因素更为丰富。这也意味着，相关研究更为复杂，但也更贴近现实。值得关注的还有，币权竞争可能影响一个国家的安全政策，比如评级下调将提高国家借债成本、加重财政负担、制约军费支出进而促使调整安全政策，这在美欧币权竞争中已有体现。在考虑币权因素后，未来分析国际安全问题时也需要新的"安全观"。

本书对币权问题进行了一次新的探索，从理论、历史、现实、规律、影响、未来等多个方面进行了思考，以求对币权问题的认识进一步系统化。但回顾整篇书稿，仍有很多缺憾和不足，有待进一步挖掘、论证、研究。

第一个是谁是"欧"的问题。本书研究为追求历史深度，将币权竞争的年代延展至二战。因而，在不同的历史时期，"欧"有不同的代表者，比如：在布雷顿森林体系建立过程中，英国代表欧洲；在布雷顿森林体系解体过程中，法国代表欧洲；在欧元诞生后，欧元区代表欧洲。基辛格有句名言称，"想给欧洲打个电话，却不知道打谁的号码"。这一问题在货币领域也同样存在，就像文中讨论的一样，即便欧元诞生后，谁能代表欧元区也仍然是问题。

第二个问题是如果能有更多一手材料，论述将更为有力。本书提及了美国向欧元转嫁风险的手段，如舆论唱衰、金融机构做空、评级机构打压等，主要是基于公开材料和基本原理的分析，如果能够获得更多第一手材料，直接证明这些机构攻击欧元不仅是出于逐利，而是与美国政府和美国国家战略有直接关系，将增强说服力。

第三是本书写于一个"不确定性"的时代，英国脱欧、特朗普胜选颠覆了很多我们对传统政治规律的认知，世界似乎处于一个"剧变"的时期。这些"意外"说明我们对这个世界正在发生的深刻变化仍然认识有限，这些变化到底对未来意味着什么，对美欧币权竞争会有怎样的影响，书中总结的规律、特点是否还适用，这一切只能交给时间来检验。

参考文献

一、中文著作

1. 丁一凡：《欧元时代》，北京：中国经济出版社，1999年版。
2. 杜厚文、王广中：《欧元的世纪：欧洲经济与货币联盟理论与实践》，北京：法律出版社，2003年版。
3. 方明：《全球货币战略：大国崛起》，北京：中国法制出版社，2013年版。
4. 冯绍雷：《构建中的俄美欧关系：兼及新帝国研究》，上海：华东师范大学出版社，2010年版。
5. 金圣荣：《欧元大崩溃：主权债务危机引发的欧洲经济大衰退》，北京：电子工业出版社，2010年版。
6. 龙骁：《国家货币主权研究》，北京：法律出版社，2013年版。
7. 鲁世巍：《美元霸权与国际货币格局》，北京：中国经济出版社，2006年版。
8. 缪建民：《欧元的使命与挑战》，北京：中国经济出版社，2011年版。
9. 陶坚、林宏宇主编：《中国崛起与国际体系》，北京：世界知识出版社，2012年版。
10. 王湘穗：《中美博弈的历史逻辑》，武汉：长江文艺出版社，2012年版。
11. 王湘穗：《币缘论：货币政治的演化》，北京：中信出版集团，2017年版。

12. 王建：《货币霸权战争：虚拟资本主义世界大变局》，北京：新华出版社，2008年版。

13. 修晶：《货币国际化与国际货币竞争》，北京：中国社会科学出版社，2012年版。

14. 严行方：《美元陷阱》，太原：山西经济出版社，2012年版。

15. 余治国、叶楚华：《欧元必死：揭开欧债危机的真相》，北京：中国经济出版社，2012年版。

16. 张淑静：《欧元闯关》，北京：中国政法大学出版社，2013年版。

17. 赵怀普：《当代美欧关系史》，北京：世界知识出版社，2011年版。

18. 郑耀东等：《欧元——改变世界经济格局的跨国货币》，北京：中国财政经济出版社，1998年版。

19. 中国现代国际关系研究院美欧研究中心：《北约的命运》，北京：时事出版社，2004年版。

20. 中国战略思想库：《蜕变与抉择——虚拟资本主义时代与中国的复兴》，北京：中国计划出版社，2015年版。

21. 庄起善：《世界经济新论》，上海：复旦大学出版社，2012年版。

22. 周弘、彼得·荣根、朱民：《德国马克与经济增长》，北京：社会科学文献出版社，2012年版。

23. 周弘、江时学主编：《欧洲发展报告（2012—2013）：欧洲债务危机的多重影响》，北京：社会科学文献出版社，2013年版。

二、中文译著

1. ［德］奥托马·伊辛等著，康以同、陈娜、刘潇潇译：《欧元区的货币政策：欧洲中央银行的策略和决策方法》，北京：中国金融出版社，2010年版。

2. ［美］巴里·埃森格林著，陈召强译：《嚣张的特权：美元的兴衰和货币的未来》，北京：中信出版社，2011年版。

3. ［美］巴里·埃森格林著，何帆等译：《镜厅》，北京：中信出版集团，2016年版。

4. ［美］保罗·沃尔克、［日］行天丰雄著，于杰译：《时运变迁：世界货币、美国地位与人民币的未来》，北京：中信出版集团，2016年版。

5. ［美］彼得·希夫、约翰·唐斯著，陈召强译：《美元大崩溃》，北京：中信出版社，2008年版。

6. ［美］查尔斯·金德尔伯格著，徐子健、何建雄、朱忠译：《西欧金融史（第二版）》，北京：中国金融出版社，2010年版。

7. ［美］大卫·M.安德鲁编，黄薇译：《国际货币权力》，北京：社会科学文献出版社，2016年版。

8. ［美］多米尼克·萨尔瓦多等著，贺瑛等译，《欧元、美元和国际货币体系》，上海：复旦大学出版社，2007年版。

9. ［美］弗朗西斯·加文著，严荣译：《黄金、美元与权力：国际货币关系的政治（1958—1971）》，北京：社会科学文献出版社，2011年版。

10. ［美］理查德·邓肯著，王靖国、李蕾、孙宇新、曲东军译，《美元危机：成因、后果与对策》，大连：东北财经大学出版社，2007年版。

11. ［美］罗伯特·吉尔平著，杨宇光、杨炯译：《全球政治经济学：解读国际经济秩序》，上海：上海人民出版社，2013年版。

12. ［美］罗伯特·吉尔平著，杨宇光等译：《国际关系政治经济学》，上海：上海世纪出版集团，2011年版。

13. ［美］罗伯特·基欧汉著，苏长和、信强等译：《霸权之后：世界政治经济中的合作与纷争》，上海：上海世纪出版集团，

2012年版。

14. [美]罗伯特·基欧汉、约瑟夫·奈著，门洪华译：《权力与相互依赖》，北京：北京大学出版社，2012年版。

15. [荷]玛德琳·赫斯莉著，潘文、石坚译：《欧元：欧洲货币一体化简介》，重庆：重庆大学出版社，2011年版。

16. [美]迈克尔·赫德森著，嵇飞、林小芳等译：《金融帝国：美国金融霸权的来源和基础》，北京：中央编译出版社，2008年版。

17. [美]乔纳森·科什纳著，李巍译：《货币与强制：国际货币权力的政治经济学》，上海：上海世纪出版集团，2013年版。

18. [美]乔纳森·科什纳著，欧阳珑译：《美元大趋势》，大连：东北财经大学出版社，2012年版。

19. [美]小约瑟夫·奈著，张小明译：《理解国际冲突：理论与历史》，上海：上海世纪出版集团，2009年版。

20. [日]小林正宏、中林伸一著，王磊译：《从货币读懂世界格局：美元、欧元、人民币、日元》，北京：东方出版社，2013年版。

21. [美]约翰·珀金斯著，杨文策译：《一个经济杀手的自白》，广州：广东经济出版社，2007年版。

22. [美]约瑟夫·格里科、约翰·伊肯伯里著，王展鹏译：《国家权力与世界市场：国际政治经济学》，北京：北京大学出版社，2008年版。

三、外文原著

1. Binbi, Federiga, & Angelescu, Irina, *The Frontiers of Europe*: *A Transatlantic Problem?*, Washington: Brookings Institution Press, 2011

2. Brown, Brendan, *Euro Crash*: *The Exit Route from Monetary Failure in Europe*, London: Palgrave Macmillan, 2012

3. Canzoneri, Matthew B. & Ethier, Wilfred J. & Grilli, Vittorio, *The new transatlantic economy*, Cambridge: Cambridge University Press, 1996

4. Chorafas, Dimitris N., *Breaking up the Euro: the End of a Common Currency*, London: Palgrave MacMillan, 2013

5. Cohen, Benjamin, *The Future of Global Currency: The Euro Versus The Dollar*, London and New York, Routledge, 2011

6. Dorman, Andrew D. & Kaufman, Joyce P, *The Future of Transatlantic Relations, Perception, Policy and Practice*, Redwood: Stanford University Press, 2011

7. Duncan, Richard, *The Dollar Crisis: Causes, Consequences, Cures*, Singapore: John Wiley & Sons, 2003

8. Eichengreen, Barry, editor, *Transatlantic economic relations in the post-cold war era*, New York and Washington D. C.: Council on Foreign Relations, 1998

9. Eichengreen, Barry, *The European Economy Since 1945*, Princeton and Oxford: Princeton University Press, 2007

10. Eichengreen, Barry, *Exorbitant Privilege: The Rise and Fall of the Dollar and the Future of the International Monetary System*, Oxford and New York: Oxford University Press, 2011

11. Eichengreen, Barry, *Globilizing Capital: History of the International Monetary System*, second edition, Princeton and Oxford: Princeton University Press, 2008

12. Forsberg, Thomas & Herd, Graeme P., *Divided West: European Security and the Transatlantic Relationship*, London: Chatham House, 2006

13. Friedman, Milton, & Schwartz, Anna Jacobson, *A Monetary History of the United States 1867 – 1960*, Princeton and Oxford: Princeton University Press, 1963

14. Fröhlich, Stefan, *The New Geopolitics of Transatlantic Relations: Coordinated Responses to Common Dangers*, Washing D. C.: Woodrow Wilson Center Press, Baltimore: The Johns Hopkins University Press, 2012

15. Gavin, Francis J., Gold, Dollars, and Power: *The Politics of International Monetary Relations 1958 – 1971*, Chapel Hill: The University of North Carolina Press, 2004

16. Guay, Terrence R., *The United States and The European Union: The Political Economy Of A Relationship*, Chicago: Fitzroy Dearborn Publishers, 2001

17. Hancke, Bob, *Unions, Central Banks, and EMU: Labour Market Institutions and Monetary Integration in Europe*, Oxford and New York: Oxford University Press, 2013

18. Hanhimaki, Jussi M. & Zanchetta, Barbara & Schoenborn, Benedikt, *Transatlantic Relations Since 1945: An Introduction*, London and New York: Routledge, 2012

19. Hosli, Madeleine O., *The Euro: A concise Introduction to European Monetary Integration*, Boulder: Lynne Rienner Publishers, 2011

20. Hudson, Michael, *Global Fracture: The New International Economic Order*, London and Ann Arbor: Pluto Press, 2005

21. Kindleberger, Charles P., *A Financial History of Western Europe*, Second Edition, Oxford and New York: Oxford University Press, 1993

22. Kindleberger, Charles P., *Manias, Panics, Crashes, A History of Financial Crisis*, London: Palgrave Macmilan, 2011

23. Kindleberger, Charles P., *The World in Depression 1929 – 1939*, Revised and Enlarged Edition, Oakland: University of California Press, 1986

24. Laursen, Finn, *The EU, Security and Transatlantic Relations*,

Brussels: P. I. E. Peter Lang, 2012

25. Mayer, Thomas, *Europe's Unfinished Currency: the Political Economics of the Euro*, Copenhagen: Anthem Press, 2012

26. Mercier, Paul& Papadia, Francesco *The Concrete Euro: Implementing Monetary Policy in the Euro Area*, Oxford and New York: Oxford University Press, 2011

27. Möttölä, Kari, editor, *Transatlantic relations and global governance*, Washington, D. C. : Center for Transatlantic Relations, 2006

28. Nye, Joseph S. , *The Paradox of American Power: Why the World's Only Superpower Can't Go It Alone*, Oxford and New York: Oxford University Press, 2002

29. Rickards, James, *Currency Wars: The Making of the Next Global Crisis*, New York: Portfolio, 2011

30. Rochon, Louis-Philippe& Seccareccia, Mario, *Dollarization: lessons from Europe and the Americas*, London and New York: Routledge, 2003

31. Rynning, Sten, *Nato Renewed: The Power and Purpose of Transatlantic Cooperation*, London: Palgrave, 2005

32. Salvatore, Dominick, Dean, James W. , Willett, Thomas, *The dollarization debate*, Oxford and New York: Oxford University Press, 2003

33. Schiff, Peter D. , *Crash Proof: How to Profit from the Coming Economic Collapse*, Hoboken: John Wiley & Sons, 2007

34. Schwok, Reneé, *US. -EC relations in the post-cold war era: conflict or partnership?* Boulder: Westview Press, 1991

35. Siklos, Pierre L. , *Challenges in Central Banking: The Current Institutional Environment and Forces Affecting Monetary Policy*, Cambridge: Cambridge University Press, 2010

36. Skalnes, Lars S. , *Markets, And Grand Strategy: Foreign Eco-*

nomic Policies As Strategic Instruments, Ann Arbor: The University of Michigan Press, 2000

37. Solow, Robert M. & Hamilton, Daniel S, *Europe's Economic Crisis: Transatlantic Perspectives*, Washington, D.C.: Center for Transatlantic Relations, 2011

38. Stevens, Robert Warren, *A Primer on the Dollar in the World Economy*, New York: Random House, 1972

39. Vardi, Noah, *The Integration of European Financial Markets: The Regulation of Monetary Obligations*, London and New York: Routledge, 2011

40. Veeser, Cyrsu, *A World Safe for Capitalism: Dollar Diplomacy and America's Rise to Global Power*, New York: Columbia University Press, 2007

41. Voskopoulos, George, *Transatlantic Relations And European Integration: Realities and Dilemmas*, Hyderabad: The ICFAI University Press, 2006

四、期刊论文

（一）中文

1. 陈雨露："东亚货币合作中的货币竞争问题"，《国际金融研究》，2003 年第 11 期。

2. 丁一凡："从伊拉克战争看美欧关系的走向"，《世界经济与政治》，2003 年第 8 期。

3. 何帆："货币即政治"，该文为《嚣张的特权》一文中文版的序，见巴里·埃森格林《嚣张的特权》，北京：中信出版社，2011 年版。

4. 胡琨："欧元区最后贷款人机制的制度创新"，《欧洲研究》，

2012 年第 6 期。

5. 黄河、杨国庆、赵嵘："美元霸权的困境及其走向"，《现代国际关系》，2008 年第 11 期。

6. 贾晓璇："简述公共产品理论的演变"，《山西师大学报》，2011 年 5 月。

7. 兰永海、贾林州、温铁军："美元'币权'战略与中国之应对"，《世界经济与政治》，2012 年第 3 期。

8. 李巍："货币竞争的政治基础——基于国际政治经济学的研究路径"，《外交评论》，2011 年第 3 期。

9. 李巍："制衡美元的政治基础——经济崛起国应对美国货币霸权"，《世界经济与政治》，2012 年第 4 期。

10. 李晓、丁一兵："欧洲货币一体化的推动力与大国关系——从国际政治经济学角度的考察"，《学习与探索》，2007 年第 5 期。

11. 刘军红："美元贬值：全球资本的政治博弈"，《瞭望》，2010 年第 44 期。

12. 刘军红："全球化与国际金融货币体制改革"，《现代国际关系》，2010 年第 7 期。

13. 刘军红、孙晓青："关注调整中的国际货币体制权力结构"，《开放导报》，2008 年 2 月。

14. 刘卫东："金融危机对美国国际地位的影响"，《思想理论教育导刊》2010 年 5 月刊。

15. 宋国友："中国对外金融战略：从美元中心到货币制衡？"，《现代国际关系》，2010 年第 8 期。

16. 孙溯源："认同危机与美欧关系的结构性变迁"，《欧洲研究》，2004 年第 5 期。

17. 孙晓青："欧元的国际化与欧美地缘经济之争"，《现代国际关系》，2000 年第 6 期。

18. 王莉、曲兵、余翔、李超："评欧美'跨大西洋贸易与投资伙伴关系'前景"，《现代国际关系》，2013 年第 4 期。

19. 王湘穗："币缘政治：世界格局的变化与未来",《世界经济与政治》,2011 年第 4 期。

20. 王湘穗："币缘秩序的解体与重构——当前国际政治的新焦点",《现代国际关系》,2009 年第 3 期。

21. 王湘穗："从大西洋同盟到太平洋世纪——全球力量重心转移的历史趋势",《现代国际关系》,2012 年第 1 期。

22. 王湘穗："地缘与币缘交织的格局之变",《现代国际关系》,2013 年第 4 期。

23. 王湘穗："币缘：金融化时代的国际关系",《现代国际关系》,2008 年第 3 期。

24. 邢骅："跌宕起伏的美欧关系",《国际问题研究》,2007 年第 2 期。

(二) 英文

1. Alesina, Alberto& Barro, Robert J., Currency Unions, *The Quarterly Journal of Economics*, Vol. 117, No. 2 (May, 2002)

2. Bergsten, Fred, The Dollar and the Euro, *Foreign Affairs*, Vol. 76, No. 4 (Jul. -Aug., 1997)

3. Bogle, John C., The End of " Soft Dollars"?, *Financial Analysts Journal*, Vol. 65, No. 2 (Mar. -Apr., 2009)

4. Clairmont, Frederic F., Dilemmas of Imperialism: Enfeebled Dollar, *Economic and Political Weekly*, Vol. 36, No. 45 (Nov. 10 - 16, 2001)

5. Clairmont, Frederic F., The Euro Crash, *Economic and Political Weekly*, Vol. 35, No. 41 (Oct. 7 - 13, 2000)

6. Davidson, Paul, The Declining Dollar, Global Economic Growth, and Macro Stability, *Journal of Post Keynesian Economics*, Vol. 28, No. 3 (Spring, 2006)

7. Devereux, Michael B. & Shi, Shouyong, Vehicle Currency, *Inter-

national Economic Review, Vol. 54, No. 1 (February 2013)

8. Dornbusch, Rudi, Euro Fantasies, *Foreign Affairs*, Vol. 75, No. 5 (Sep. -Oct., 1996)

9. Eichengreen, Barry, The Dollar Dilemma: The World's Top Currency Faces Competition*Foreign Affairs*, Vol. 88, No. 5 (September/October 2009)

10. Feldstein, Martin, EMU and International Conflict, *Foreign Affairs*, Vol. 76, No. 6, 1997

11. Fields, David& Vernengo, Matías, Hegemonic currencies during the crisis: The dollar versus the euro in a Cartalist perspective, *Review of International Political Economy*, Vol. 20, No. 4 (August 2013)

12. Fountain, John, Premium Dollars, *Financial Analysts Journal*, Vol. 31, No. 2 (Mar. -Apr., 1975)

13. Girón, Alicia, Crisis, Dollar and Shadow Financial System, *Journal of Economic Issues*, Vol. 46

14. Hensman, Rohini& Correggia, Marinella, US Dollar Hegemony: The Soft Underbelly of Empire, *Economic and Political Weekly*, Vol. 40, No. 12, Money, Banking and Finance (Mar. 19 – 25, 2005)

15. Hockenos, Paul, U. S. & Europe: Partnership of Equals, *World Policy Journal*, Vol. 25, No. 4 (Winter, 2008/2009)

16. Hodgson, Godfrey, Dollar Power, *The World Today*, Vol. 56, No. 3 (Mar., 2000)

17. Liss, Jodi, Making Monetary Mischief: Using Currency as a Weapon, *World Policy Journal*, Vol. 24, No. 4 (Winter, 2007/2008)

18. Naím, Moisés, Missing Link: Cheap Dollar Diplomacy, *Foreign Policy*, No. 137 (Jul. -Aug., 2003)

19. Nye Jr, Joseph S., The US and Europe: Continental Drift?, *International Affairs* (Royal Institute of International Affairs 1944 –), Vol. 76, No. 1 (Jan., 2000)

20. Otero-Iglesias, Miguel & Steinberg, Federico, Reframing the euro vs. dollar debate through the perceptions of financial elites in key dollar-holding countries, *Review of International Political Economy*, Vol. 20, No. 1 (February 2013)

21. Vaubel, Roland, Currency Competition and European Monetary Integration, *The Economic Journal*, Vol. 100, No. 402 (Sep., 1990)

22. Wightman, David Randal, Europe and the Dollar, *Review of International Political Economy*, Vol. 1, No. 2 (Summer, 1994)

23. Wright, Kenneth M., Dollar Pooling in the Sterling Area, 1939 – 1952, *The American Economic Review*, Vol. 44, No. 4 (Sep., 1954)

五、网络资源

1. 欧洲中央银行网站: European Central Bank, http: //www. ecb. europa. eu

2. 欧盟统计局网站: Eurostat, http: //epp. eurostat. ec. europa. eu

3. 布鲁塞尔国际经济研究所网站: Brussels European and Global Economic Laboratory (BRUEGEL), www. bruegel. org

4. 欧洲改革中心网站: Centre for European Reform, www. cer. org. uk

5. 英国皇家国际事务研究所: Chatham House (Royal Institute of International Affairs, London), www. chathamhouse. org. uk

6. 欧洲政策中心网站: European Policy Centre, EPC (Brussels), www. epc. eu

7. 彼得森国际经济研究所: Peter G. Peterson Institute for International Economics, www. iie. com

8. 美国大西洋理事会: Atlantic Council, www. atlanticcouncil. org

9. 中国宏观经济信息网: www. macrochina. com. cn

后　记

　　笔者长期从事欧洲经济问题的研究，欧债危机的爆发以及席卷全球，使得欧洲经济问题受到国际关系学界"前所未有"的重视，至少从本人的学术生涯来看是如此。在忙碌地跟踪和分析欧债危机的几年时间里，形势变化很快，有很多问题值得研究，却来不及深入思考，美元与欧元关系便是其中之一。笔者带着兴趣、疑问和困惑，最终将美欧之间的币权竞争作为博士论文选题。从问题的思考，到选题的确定，到完成博士论文，再到完成书稿，历时数年时间。在付梓之际，感慨万千。

　　21世纪是中国崛起的时代，也是中国人忙碌的时代，在北京这样的大城市尤其如此。一边工作一边读书，在学习、工作、家庭之间寻找微妙的平衡，几年的生活可谓体验了各种苦辣酸甜。但也只有在这样的经历之后，才逐渐体会学习的意义所在——不是为了一纸文凭，不是为了一份成果，而是在于掌握一种方法，它既是研究问题的基本规则，也是为人处世之道。

　　能有这样的收获，首先要感谢自己的导师——国际关系学院校长陶坚教授。能够有幸师从陶教授，才使本书的研究成为可能。博士论文写美欧币权问题源于自己平时的困惑和兴趣，但对研究的难度估计不足，论文确定选题以及开题期间，陶老师投入大量时间和精力指导，文章题目和框架数次调整，为后来的写作奠定了基础，铺平了道路。论文写作后期，陶老师不仅帮助完善结构、充实内容、改进论证方式，更是纠正了文中许多错别字等技术问题，文章又是几易其稿。看着自己每次递交的论文在老师那里都翻得褶皱，感激之情难以用言语表达。在完成博士论文之后，已经"筋疲力尽"的我对于是否进一步完成书稿,一度犹豫不决。正是在陶老师的鼓励下,才又重新鼓起勇气,振作精神,再次踏上了书稿写作的征程。

回顾写作过程,感觉自己是幸运的,除了导师的悉心指导外,更是请到五位国际问题研究学界顶尖学者作为博士论文评审和指导老师,分别是中国现代国际关系研究院的冯仲平、刘军红研究员,北京航空航天大学的王湘穗教授,外交学院的赵怀普教授,国际关系学院的张士铨教授。冯仲平副院长一直是我在现代院工作的主管领导,也是我从事欧洲和相关问题研究的领路人,平时工作中的言传身教对我提高学术修养帮助非常大。刘军红老师对我的每次求教都耐心指导,不论工作还是学习都是如此。王湘穗教授的指导帮我打开了币权研究的大门,赵怀普教授的建议使我坚定了从币权角度研究欧美关系的信心,张士铨教授让我对相关问题研究更具理论深度。五位老师的意见和学识令文章写作视野大开,收获颇丰,十分感激。

时逢本书即将截稿之际,王湘穗老师的《币缘论:货币政治的演化》恰好出版,对我来说是"悲喜交加"。高兴的是,可以方便地系统学习王老师关于币缘问题的阐述,有了不少的新的收获;遗憾的是,如果这本书如果能够早点时间出版的话,或许我在货币政治问题上的探索可以少走一些弯路,至少可以节省一些时间。毕竟,过去这方面的系统研究还是太少,平时搜集文献都是"零零星星",唯恐有遗漏之处。如今一书在手,可以尽情享受。

论文的写作还要感谢自己工作和学习的单位——中国现代国际关系研究院。作为国家高端智库,现代院丰富的资源给研究工作提供了梦寐以求的平台。读博期间,现代院各位博士生导师的授课,让学生能够全面了解国际问题研究各领域的前沿动态、研究方法等等,对于选题至关重要。现代院研究生处辛勤的组织管理、图书馆丰富的藏书也给学习研究提供了坚实的保障。现代院出版基金的支持,更是本书能够面世的直接助力。

博士论文写作期间，也就是2014年，笔者赴美国丹佛大学科贝尔国际关系学院进修半年，这对写作来说至关重要。丹佛大学安静、优雅、便利的图书馆至今让我印象深刻，回味久远，在那里读书是工作、学习，更是一种享受，沉浸在知识的海洋里，每一天都觉得很充实，对本书帮助最大的几本英文书籍，几乎都是在那里细细研读的。那是一段难忘的岁月，感谢丹佛大学中美合作中心主任赵穗生教授的邀请和帮助。

读博期间，同学间的友情和相互学习、相互帮助，也是一大收获。写作博士论文过程中，关于论文具体格式、程序等问题，得到了王鸿刚、张志新、曲兵、杜冰等前届同学的宝贵经验。在开题和答辩时，辛苦王朔、杨芳作为资深同门做答辩秘书。也要感谢自己所在工作部门领导张健研究员，对于论文写作期间处理工作与学习关系方面给予的理解和支持。

博士论文写作的最后阶段，还得到了五位同行专家的宝贵意见。达巍研究员、张运成研究员、王文峰研究员、羌建新教授、陈卫国副教授，他们对论文的认可让我倍受鼓舞，他们提出的疑问让我对问题的思考更为深入，他们的意见让文章的论证更为严谨、内容更为丰富。在撰写书稿期间，本人也是尽最大努力对几位老师提出的问题重新思考，一些想法在书稿中已经得到体现。但限于时间精力和水平有限，对于一些非常宝贵的建议，比如陈卫国老师提出的建立币权指数的建议，达巍老师提出的考虑币权主体多元化的建议，在书中还未能实现，这是一个不小的缺憾，期待将来能够有机会弥补。对于各位老师的意见，笔者也深刻感觉到，学海无涯，在工作和学习的道路上，还有很长的路要走。

当然，书稿的出版离不开时事出版社领导和同仁的支持，感谢王基建社长、苏绣芳副社长对这一写作题目和框架的支持，更是感谢责编王力对通篇书稿的修改和校对，他在我写作前对我讲的注意事项，让我少走了很多弯路，同样也要感谢出版社的美编等同事。

最后，要深深地感谢自己的家人。写作期间，夫人刘兰芬对笔者时间和精力的投入总是能予以理解,承担起操持家务的重担,没有一句怨言。不仅如此,已经获得博士学位的她,还在论文写作上提出诸多建议,并帮助校对了整篇书稿。女儿柚子已经 7 岁多,在她拥有记忆的大部分时间里,我几乎都在写论文和书稿。"爸爸的论文写完了吗?",已经成了她的口头禅。岳父岳母帮助操持家务,让我免去了很多后顾之忧。而不能经常探望同在北京的父母,总是让我心怀愧疚。唯有努力完成学业和书稿,以感谢家人的理解和支持。

　　有人说,在完成书稿以后,关于这一问题的研究和写作工作就可以告一段落了。我不知道会否如此,如果真的是这样固然好,可以放松和调节一下自己,重新规划一下学术生涯,毕竟过去的几年,在美欧币权问题上,投入了太多的时间和精力。如果读者在读过这本书后,能够指出其中的错误与不足,笔者将感激不尽,这意味着继续对这一问题的研究,又有了新的理由。

刘明礼

2017 年 4 月